U0336514

超越想象的
ChatGPT教育
人工智能将如何彻底改变教育

［土］
（Caroline Fell Kurban）　　（Muhammed Şahin）
卡罗琳·费尔·库班　穆罕默德·萨欣　著

刘雁　译

The Impact of
ChatGPT
on Higher Education
Exploring the AI Revolution

机械工业出版社
CHINA MACHINE PRESS

在本书中，两位作者围绕"伴随 ChatGPT 的出现，学生、教师和高等教育机构的角色变化"这一主题，不仅回顾了 ChatGPT 的发展过程，还对与其相关的伦理问题（如隐私、偏见和透明度）进行了考察。同时，本书还分析了 ChatGPT 的输入质量与输出效果、ChatGPT 的局限性与挑战、与 ChatGPT 的真人感互动、作为个人助理 / 导师的 ChatGPT、ChatGPT 对用户学习的影响以及教育环境中通用型机器人的局限性。通过深入研究聊天机器人的历史与发展，本书制定了评估 AI 影响力的理论框架，阐释了 AI 聊天机器人发挥潜力、重塑教学根基的方式，引导教育者、决策者与学子们在快速变化的教育技术大潮中把握正确的航向，利用技术为我们创造一个公平和包容的未来。

This translation of The Impact of ChatGPT on Higher Education: Exploring the AI Revolution by Caroline Fell Kurban, Muhammed Şahin, is published under licence from Emerald Publishing Limited of Emerald Publishing, Floor 5, Northspring, 21-23 Wellington Street, Leeds LSl 4DL.

北京市版权局著作权合同登记号　图字：01-2024-2895

图书在版编目（CIP）数据

超越想象的ChatGPT教育 ：人工智能将如何彻底改变教育 / （土）卡罗琳·费尔·库班 (Caroline Fell Kurban)，（土）穆罕默德·萨欣著 ； 刘雁译. -- 北京 ：机械工业出版社，2025. 1. -- ISBN 978-7-111-77106-7

Ⅰ. G40-03

中国国家版本馆CIP数据核字第2024ZT4869号

机械工业出版社（北京市百万庄大街22号　邮政编码100037）
策划编辑：坚喜斌　　　　　　责任编辑：坚喜斌　陈　洁
责任校对：樊钟英　薄萌钰　　责任印制：刘　媛
唐山楠萍印务有限公司印刷
2025年2月第1版第1次印刷
145mm×210mm·10.75印张·3插页·249千字
标准书号：ISBN 978-7-111-77106-7
定价：69.00元

电话服务　　　　　　　　　　网络服务
客服电话：010-88361066　　机 工 官 网：www.cmpbook.com
　　　　　010-88379833　　机 工 官 博：weibo.com/cmp1952
　　　　　010-68326294　　金 书 网：www.golden-book.com
封底无防伪标均为盗版　　机工教育服务网：www.cmpedu.com

献 词

    我们谨以此书献给土耳其 MEF 连锁学校（MEF Schools）和 MEF 大学（MEF University）的创始人、毕生致力于教育革命的伊卜拉希姆·阿里坎（İbrahim Arıkan）博士。阿里坎博士的终极梦想是将 MEF 大学建成一所全面实施翻转学习的高校，但遗憾的是，他还没能亲眼见证这一梦想的实现就离世了。作为一位在从幼儿园到大学的各教育阶段都倡导教学改革的先锋人物，他始终信奉"以每位学生个性为先"的民主教育方式。

    在其主办的教育机构中，阿里坎博士始终践行全方位的教师学术独立制，并致力于创建有助于滋养每位学生潜力的学习氛围，这两项举措均对教育界产生了持久的影响。他的精神将长存于那些有幸与他相识的师生心中。在继续秉承其教育理念之际，我们可以自豪地宣布，阿里坎博士的梦想已然成真。MEF 大学已成为一所创新的、全面实行翻转教学的大学，赋能学子们掌控自身教育、乐于终生学习。

    我们相信，若阿里坎博士在世，他对 MEF 大学选择的创新发展方向——通过融合 ChatGPT 等前沿科技进一步提升教与学的体验——亦会深感自豪。作为教育界的先行者，他一贯奉行的教育理念是采用新颖有效的教学方法，尽可能为学生提供最优教育。这种精神将不断激励着我们在教育中追求卓越。为此，我们特献上此书，以表达对他的无尽怀念。

推荐序

在充满活力与不断进化的教育界，最深刻的转变之一是教育与各类新兴科技的融合。作为一名"全民同享高品质教育"的倡导者，我发现当前这个技术进步的时代正是一段迷人的转型期。本书深入探讨了人工智能（AI）在教育中的应用，并特别关注 ChatGPT 等 AI 聊天机器人及其对学习环境造成的影响。

我很荣幸能为本书作序。一是因为两位作者对一个重要话题进行了细致缜密的探索。二是因为本书的主旨引起了我的共鸣。在职业生涯中，我也始终致力于提高学生的学习效果与实现优质教育的民主化同享。

位于伊斯坦布尔市的 MEF 大学是本书讨论的"ChatGPT 与高等教育融合"项目的研究基地。作为一座代表创新的灯塔，该高校将 AI 技术融入教学的实践尝试为这项研究提供了得天独厚的环境。在本书中，两位作者对 ChatGPT 进行了批判性审视，讨论了其发展历程、使用过程中涉及的各种伦理考量，以及对 AI 技术的伦理准则进行一场全球性广泛研讨的必要性。

从担任美国教育部副部长到作为美国教育理事会（American Council on Education）的主席，我目睹了科技与教育的优质融合对"全民同享高品质教育"产生的积极影响。在本书中，两位作者通过深入研究聊天机器人的历史与发展，制定了评估 AI 影响力的理论框架，进行了文献综述并开展了一项探索性的案例研究，阐释了 AI 聊天机器人发挥潜力、重塑教学根基的方式。

两位作者呈现的不仅是一本精心打磨的著作，更是一件可用于未来研究的利器。本书在最后几章提供了一份指南，指导我们如何有效地、合乎伦理地将 AI 技术融入课堂与教育机构。我在职业生涯中也曾试行过几项早期的教育科技方案，如果在那时能读到这份指南就太理想了。

本书呈现的深刻见解绝不仅限于 ChatGPT 在教学中的应用，而是能够引导教育者、决策者与学子们在快速变化的教育技术大潮中把握正确的航向。两位作者不仅对教育中的 AI 聊天机器人进行了全面的研究，还促使我们思考如何利用这项技术为所有学习者创造一个公平和包容的未来。

就全局而言，AI 与教育的融合尚是一片新领域，而本书对所有冒险闯入者而言是一份必备指南。我们正处于教育新时代的边缘——一个 AI 助力我们共同实现教育公平、卓越、普及目标的时代。

希望读者们不仅仅是阅读本书，还能依照书中的真知灼见行动起来，从而确保优质教育在未来对全体学子都"触手可及"。

美国教育理事会主席

泰德·米切尔（Ted Mitchell）

前　言

很荣幸能在此向大家介绍我们的新书《超越想象的ChatGPT 教育：人工智能将如何彻底改变教育》。作为 MEF 大学的首任校长，我可以自豪地说，我们大学一直处于创新与尖端教育方法的最前沿。

自 2014 年建校起，作为世界上第一所完全实行翻转教学的大学，我们一直致力于为学生提供他们在未来事业中获得成功所必备的种种技能。同时，我们意识到教育领域正处于不断的发展变化之中，教学手段也必须与时俱进。因此，我很高兴能在本书中和大家分享我们的研究成果——ChatGPT 对学生、教师和高等教育机构的潜在影响。

我校一向致力于将新技术融入教学实践，而且是首批采用翻转学习法的"元老级"院校。此后，翻转学习法的有效性逐渐获得公认，这足以证明我校的前瞻性。此外，我们还率先使用了自适应学习数字平台，为学生提供个人化与个性化的学习体验。

随着新技术与新方法的不断引入，ChatGPT 等 AI 技术在教育中的潜力令我们激动不已且充满期待。但至关重要的是，我们应深入探索与理解 AI 对大学生、大学教师乃至大学本身的影响。另外，随着 AI 飞速而彻底地转变着我们生活的方方面面，大学应在全球 AI 对话中发挥至关重要的作用。

本书深入分析了我校进行的一项探索性案例研究，并考察了 ChatGPT 对各利益相关方的潜在影响。我们希望通过分享来自不同从业者的经验、轶事与观点，让读者得以一窥发生在我校内部的教学转型，并为有志于从事类似研究的其他机构提供一份有益的参考。对于能站在全球 AI 对话的前沿并为该领域的知识进步做出贡献，我们深感激动。

穆罕默德·萨欣

MEF 大学校长

致　谢

在创作本书的过程中，我们幸运地得到了来自各方的大力支持、帮助与启发。在此，特向所有为本书做出贡献的人士深表谢意。首先要感谢的是我们的学生，尤其是莱文特·奥尔凯（Levent Olcay）、乌特坎·埃尼斯·德米雷吉尔（Utkan Enis Demirelgil）、尼达·乌伊贡（Nida Uygun）和梅米特·欧桑·安鲁（Mehmet Oğuzhan Unlu），他们为本研究带来了宝贵的热情与深刻的见解；以及学生志愿者穆罕默德·杜尔孙·萨欣（Muhammed Dursun Şahin）的勤恳辅助。

同时，我们必须向伊卜拉希姆·阿里坎教育与科学研究基金会（İbrahim Arıkan Education and Scientific Research Foundation）表达深切的谢意，该基金会是我们追求卓越教育道路上的指路明灯。

此外，我们要向本校全体教职员工致以真挚的感谢，他们是本项目创新想法与持续动力不可或缺的源泉。如：科学与工程研究生院（Graduate School of Science and Engineering）院长兼计算机工程系（Department of Computer Engineering）主任毛希丁·戈珂曼（Muhittin Gökmen）教授对迈克斯·泰格马克（Max Tegmark）、盖瑞·马库斯（Gary Marcus）、欧内斯特·戴维斯（Ernest Davis）和斯图尔特·罗素（Stuart Russell）等人工智能理论家的宝贵见解，极大地加深了我们对 AI 的理解。教育学院（Faculty of Education）院长穆斯塔法·厄兹坎（Mustafa Özcan）教授在本研究开展期间，为我

们提供了不断的反馈和坚定的支持。教学研究与最佳实践中心
（CELT）负责人帕克·多乌·欧兹德米（Paker Doğu Özdemir）
与其团队，以及校图书馆的工作人员，特别是埃尔图鲁尔·奇
曼（Ertuğrul Çimen）和埃尔图鲁尔·阿克约尔（Ertuğrul
Akyol）也为本项目提供了持续支持与宝贵贡献。

　　我们还由衷感谢以下几位校外同行：美国教育理事会主席
泰德·米切尔为本书精心作序，对我们的工作成果进行了全方
位的介绍；芬兰拉彭兰塔工业大学（Lappeenranta University
of Technology，LUT）终身教授莱昂纳德·契储金（Leonid
Chechurin）为我们提供了犀利的点评；英国西英格兰大学
（University of the West of England）的朱丽叶·戈德赫（Juliet
Girdher）博士凭借对海德格尔[○]的专精，让我们得以从海德格
尔哲学视角深度理解 AI。

　　不得不提的还有我们 AI 智库的成员们：埃罗尔·圣克莱
尔·史密斯（Errol St Clair Smith）、托马斯·梅内拉（Thomas
Menella）、丹·琼斯（Dan Jones）、朱莉·罗斯 – 克莱曼（Juli
Ross-Kleinmann），他们的缜密讨论对本书最终思路的成形大
有助益。

　　最后，我们必须诚挚地感谢爱墨瑞得出版社对本书出版所做
的努力。归根结底，本书展示了协作的力量和对知识的追求。每
一位参与其中的成员都充实了我们的工作，在本书中留下了一道
不可磨灭的印记。对此，我们将始终铭记并真诚感激。

　　○　马丁·海德格尔（Martin Heidegger，1889—1976），德国哲学家，20 世纪存
　　在主义哲学的创始人和主要代表之一。——译者注

目　录

第一章
ChatGPT 对高等教育的影响：
个案研究

AI 的革命性影响

古往今来，各种技术进步都曾颠覆传统做法，迫使个人适应与权衡新兴技术的潜在利弊。从印刷机到黑板，从计算机到互联网，每一项创新都曾影响教与学的方式。而人工智能（AI）则将会成为推动下一次教学飞跃的催化剂。尽管 AI 自 20 世纪 50 年代中期就已出现，但直至数据挖掘、各种高级算法以及拥有海量内存的强大计算机在近期逐一面世，其价值才愈发突显。从 20 世纪 50 年代的"问题解决"到 20 世纪 60 年代的"仿人推理"，从 20 世纪 70 年代的"早期地图测绘项目"到 21 世纪初的"智能助手"开发，AI 已经取得了一系列令人瞩目的进展。

现在，AI 已走进千家万户的日常生活，如包括苹果手机的语音助手 Siri 和亚马逊的智能音箱 Alexa 在内的个人家居助理、自动驾驶汽车、智能法律助手等。它还催生了 AI 辅助商店、AI 医院和无处不在的物联网。在高等教育领域，各类 AI 技术的融入使传统教学实践具备了蜕变的潜力。随着 AI 聊天机器人程序 ChatGPT 的面世，这一颠覆性程序又将 AI 推至了一个新时代。那么，ChatGPT 究竟为何物？

聊天生成预训练转换器（ChatGPT）的面世

ChatGPT 是一款由美国开智公司（OpenAI）研发的影响巨大的人工智能聊天软件。通过自然语言处理（NLP）⊖技术，它能为学生提供动态的、与真人对话类似的聊天体验，因此对教育产生了颠覆性影响。自 2022 年 11 月 30 日面世以来，ChatGPT 已在教育领域引发了一场变革，让学子们在求学之旅中能够随时获取所需信息、个性推荐和持续支持。然而，其使用也引发了人们对学术诚信的担忧。一些教育机构要么完全禁用 ChatGPT，要么采用更严格的评估方式以打击基于 AI 的作弊。这引发了全球教育者们的热议，ChatGPT 究竟是机遇还是威胁？

ChatGPT 的运行机制是，借助 NLP 技术理解并以对话的形式回复人们的提问。通过先进的算法和机器学习技术，ChatGPT 能利用庞大的数据集进行自我训练并生成类似真人的回复，从而成为一个与学生互动的利器。ChatGPT 对话的互动性与个性化使其在教育领域极具价值。学生可基于自己的学习需求，随时随地获得问题的答案、相关资源和为他们量身定制的建议。在求学之旅中，无论是寻求解说、指导还是补充信息，ChatGPT 都是一个可靠且随时可用的支持系统。此外，教师可以利用 ChatGPT 提高解决常规问题的效率，从而进一步提高学生的学习体验。这些"常规问题"包括回答常见问题、提供课程相关信息等。教师可借助 ChatGPT 自动回复此类问

⊖ 自然语言处理（Natural Language Processing, NLP）是 AI 的一种形式，研究计算机和人类之间使用人类语言进行交互的方式。NLP 技术有助于计算机分析、理解和响应人类语言（语音和书面文本）。——译者注

题，这样就可以抽出更多时间与学生进行更有意义的互动。再者，ChatGPT 还可以提供及时的、个性化的反馈，为学生提供实时指导和支持。将 ChatGPT 融入教育环境能为师生双方带来更具吸引力和互动性的教学体验——学生可以受益于它所提供的即时协助、个性化指导和支持性的学习环境；教师可以借助它优化教学实践，实现更有意义的师生互动。

显而易见，ChatGPT 在高等教育中大有可为且潜力无限。但我们也必须警惕与它伴生的一系列问题。第一，应解决 ChatGPT 涉及的伦理问题和局限性。人们往往会对 ChatGPT 的以下问题有所担忧：它对启发式算法的依赖、内部机制缺乏透明度、能力与用户需求不匹配、提供的帮助存在局限性、可解释性⊖较低、偏见与公正性问题、提供信息的准确性与真实性问题以及与隐私和网络安全相关的伦理考量因素。第二，应深入调查 ChatGPT 对高等教育与其他行业的影响。ChatGPT 等 AI 技术导致了就业市场的巨变，不少职位消失和转型。因此，我们需要对传统工作模式进行重新评估。在教育领域，各教育机构和公司正面临着颠覆性的挑战。ChatGPT 改变了教育工作的职能，让人们对人类专业知识和批判性思维能力的价值产生了质疑。第三，应仔细评估 ChatGPT 对财务造成的影响，以及使用和持续支持 ChatGPT 研发涉及的成本。第四，应防止 AI 权力的集中和大公司对 AI 技术的主宰。目前，AI 正被少数几家占据支配地位的科技公司所控制和影响，这使人们对 AI 产品与服务在多样性、选择范围和公平竞争这三方面的有限性深感担忧。因此，解决与 ChatGPT 相关的数据所有权、隐私

⊖ 可解释性（interpretability）是指人们能够理解和解释一个模型的决策过程和结果。由于 ChatGPT 采用了深度学习的方法，模型的结构相对复杂，导致其可解释性较低。——译者注

和潜在垄断行为也属当务之急。建立健全相关的政策与法规是 AI 被合乎伦理地、负责任地、可追责地使用的基本保障。第五，应突出调查的重要性。迄今为止，鲜有研究涉及 ChatGPT 对授课、学习和高等教育机构的具体影响。可用的个案研究有限，缺乏学生视角，未能充分理解调整教学目的和教学实践的必要性——这些都使我们对该 AI 聊天软件在教学中的作用缺乏应有的认识。因此，考虑到 ChatGPT 在高等教育中的发展潜力与潜在隐患，对它进行详细调研是势在必行的。

自 2020 年初新冠疫情在全球肆虐起，教学方法就发生了重大改变。但较之于疫情，ChatGPT 的出现对教学方式的影响更为显著。虽然随着疫情的消退，高校与高校教师可以选择回归传统教法，但方兴未艾的 ChatGPT 和 AI 聊天机器人程序却让这条"回头路"没那么好走。事实上，ChatGPT 可谓是教育领域内爆发的新一轮"疫情"。对此，教育界该如何应对？

MEF 大学对 ChatGPT 的回应

MEF 大学位于土耳其的伊斯坦布尔市，是一所极具开拓精神的非营利性私立大学，自创立起就一直积极采用前沿、创新的教育方法进行教学。该大学由伊卜拉希姆·阿里坎博士创立，旨在通过为学生提供未来职业所需技能、满足当代各行业与社会的动态需求，彻底改变高等教育。通过对基础设施和尖端技术的战略性投资，MEF 大学巩固了其"前瞻性高等学府"的声誉。自 2014 年建校起，MEF 就成为教育界的开路先锋，在整所校园彻底实施翻转学习法。该教学方法强调在教学时以学生为中心，重在培养其批判性思维。所谓翻转学习，是指学生在课下尽力自学课程内容，并在课上将所学理论付诸实际应用；而教师则化身为引导者或辅导者，为学生们提供更针对个人需求的答疑解惑。然而，MEF 大学并未止步于此。为贯彻其"优化学习体验、拥抱教育创新"的承诺，在 2019 年，该校逐步淘汰了传统的期末考试，代之以"以项目为基础、以产品为重心"的期末评估，从而培养学生对知识的主动学习与灵活应用。此外，各种数字平台和自适应学习技术⊖已无缝融入课程，针对每位学生的独特需求，为他们提供交互资源和量身定制的学习之旅。大规模开放在线课程（MOOC，以下简称"慕课"）的融入进一步增加了学生自主学习的机会，最终发展为集"翻转学习、自适应学习、数字学习和主动学习"于一体的综合学习模式（Şahin & Fell Kurban, 2019）。在 2020 年新冠疫情暴发时，这种综合模式已证明了其价值。当时，其他传统高校还在艰难地向在线教学过渡，但 MEF 大学却已凭借该模式促成了"线下→线上"教学的无缝转型。该校对前沿技术、主动学习和个性化教育的重视保障了其向远程学习的平稳过渡。它所获得的各项赞誉，包括经土耳其全国学生满意度调查被评定为"有效应对疫情的顶尖大学"，以及获得 2020 年度的黑板催化剂教与学奖⊖，无不彰显出 MEF 大学对全新教育格局的成功适应。在此基础上，该校还在 2021 年开设了一门名为"数据科学与 AI"的辅修课，使全校各院系学生都有机会掌握包括数

⊖ 自适应学习技术（Adaptive Learning Technology）：基于学生的个人能力或技能素养，动态调整课程内容的水平或类型的技术，从而提高学习者主动学习以及在教师干预下学习的学习绩效。——译者注

⊜ 黑板催化剂教与学奖（Blackboard Catalyst Award for Teaching and Learning）："黑板"（Blackboard）是一家美国教育技术软件公司，自 2005 年设置了名为"催化剂大奖"（Catalyst Award）的全球教育评选奖项，该大奖共分九个分项，其中一项是"教与学"（Teaching and Learning）。该公司已在 2021 年与另一家教育技术产品公司"选集"（Anthology）公司合并。——译者注

据管理、数据分析、机器学习和深度学习在内的全面技能，以待日后在工作中使用。通过上述战略性举措，MEF 大学对开拓性创新的投入和对高新技术的投资使其成为在学生培养方面的佼佼者，其毕业生能满足各行业和社会不断升级的需求。

2022 年 11 月 30 日，ChatGPT 的公开面世使得 MEF 大学教师们就"ChatGPT 将会给高等教育带来哪些潜在机遇和挑战"这一话题展开了激烈讨论。讨论结果是，校内有三名教师自愿从 2022 年 12 月到 2023 年 1 月对 ChatGPT 的教学应用进行初步尝试，包括将 ChatGPT 引入课程设计和课堂活动，并考察它对学生考核和考试的影响。这次尝试促使 MEF 大学在 2023 年 1 月专门召开了一场教职员工大会，会议先是介绍了 ChatGPT 的起源和潜在影响，再由上述三位教师分享了该聊天软件与各种教学情境相融合的具体案例。会议上所表达的各种观点均表明，有必要在 MEF 大学内开展一次深入的案例研究，从而全面探讨 ChatGPT 对高等教育的影响。具体而言，该案例研究旨在了解 ChatGPT 可能会使学生、教师和高校这三方的"角色"发生怎样的转变。认识到该问题的重要性和进一步探索的必要性，本书介绍的研究项目就此确定了主题，即"ChatGPT 对高等教育的影响"。

本研究项目的核心目标是深入探索 ChatGPT 在高等教育领域对学生和教师的潜在影响。通过沉浸式研究，我们尝试挖掘 ChatGPT 这项变革性技术在高校应用时可能会遭遇的挑战和障碍，从而了解 ChatGPT 等 AI 聊天软件在重塑教育格局方面所起到的变革性作用。我们的首要目标是探索 ChatGPT 与教育的融合会如何重新定义学生、教师与高校本身的角色。在调研中，我们希望了解该 AI 聊天软件可能对教育界的动态与责任造成的改变，以及这些改变对"教育者＋学习者＋大学学府"这一整体产生的深远影响。此外，本研究将对"AI 技术与高等教育的融合"这一主题展开更为广泛的讨论。我们尝试找出以下三个关键问题的答案："ChatGPT 对大学生的影响""ChatGPT 对大学教师的影响"以及"ChatGPT 对大学学府的影响"，从而对 AI 时代的教学实践、教育政策制定、AI 技术与高等教育机构的未来融合这三个方面产生影响并为其提供指导。最后，本研究旨在深层次地理解与 ChatGPT 相关的潜在益处与注意事项，从而确保它能与高等教育有效地、负责任地相融合。

本书的目标与内容

本书旨在全面分析 MEF 大学进行的探索性案例研究，深刻挖掘 ChatGPT 对相关三方（教师、学生与高校）的潜在影响。通过来自各方的视角、经验和教学轶事，我们希望为读者解读本校内部各种根本性转变的深层原因，并借助我们的发现对"ChatGPT 对高等教育的影响"这一话题做出更为广泛的讨论，从而为其他同样面临 ChatGPT 冲击的院校提供有价值的参考意见。

第一章包括对 ChatGPT 的见解，强调了本研究重在调查 ChatGPT 在高等教育中的作用，并说明了研究背景、理由、目标和问题。第二章探讨了聊天程序的出现、局限性与可能涉及的伦理问题；ChatGPT 对就业和教育的深远影响以及应随之调整的教育政策；制定有力政策以应对 AI 潜在风险的必要性。第三章将批判理论与现象学相结合，为本研究构建了一个理论框架。该框架有助于我们全面考察 ChatGPT 的种种影响，包括权力动态、社会结构、主观体验和观念意识，从而更深入地了解其实用性和更广泛的影响。第四章对高等教育中的 ChatGPT 进行了文献综述，确认了其中有价值的见解与认识不足之处，并说明本研究会如何弥补这些不足，增进对 ChatGPT 的理解。第五章介绍了本项目采用的研究方法，即对 MEF 大学开展定性的探索性案例研究。我们首先利用访谈、观察、研究日志和调查来收集数据；而后使用主题分析法⊖对上述数据进行解释并确认研究主题。本研究最终确认了六大主题：ChatGPT 的输入质量与输出效果、ChatGPT 的局限性与挑战、与 ChatGPT 的真人感互动、作为个人助理 / 导师的 ChatGPT、ChatGPT 对用户学习的影响、教育环境中通用型机器人的局限性。第六章首先对上述主题进行了逐一解释，并将它们与研究问题、数据、文献综述和理论框架联系起来；接着讨论了从上述发现和解释中获得的实际意义。第七章讨论的是 ChatGPT 造成的五种伦理影响，包括评估 AI 检测工具、细查 AI 文献引用系统、重新思考 AI 时代的"抄袭"、培养 AI 伦理专长以及加强大学伦理委员会的作用。第八章探索了 AI 产品可能会引发的种种影响，并据此阐明所有学生都能公平使用 AI 聊天软件的必要性；促进行业协作并借此了解 AI 研究成果的重要性；如何做出有关各种专用聊天软件的决策；将提示词工程⊖这门课加入课程大纲的重要性。第九章探索了 AI 技术对教育可能

⊖ 主题分析法（Thematic Analysis）：主题分析法是一种在定性分析中经常会用到的数据分析法，指对搜集到的文本内容（如采访内容）进行归纳整理，从而提炼出一些研究主题。——译者注

⊖ 提示词工程（Prompt Engineering）是一种 AI 使用技术，通过设计和改进使用者输入 AI 的提示词来提高 AI 的输出表现。在 AI 环境中，提示词（prompt）是指输入语言模型的指令或询问，从而引导模型生成特定的输出。例如，在 ChatGPT 中输入"中国的首都是哪座城市？"，这个问题就是一个提示词。——译者注

产生的影响，重点讨论了 AI 对基础学习的影响：如何通过翻转学习应对 AI 的挑战，如何设计出可抵御 AI 滥用的考核与教学策略，以及培养师生 AI 素养的重要性。第十章主要强调本研究在知识和研究方面所做的贡献。我们在这一章中首先概述了研究结构⊖，总结了独到见解和关键发现，重温了六大研究主题。而后，我们讨论了本研究所采用的结合了技术与哲学的理论框架对推动 AI 话语的意义。我们还探讨了 AI 对高等教育机构的实际影响。此外，我们主张各高校应负有积极参与全球 AI 对话的道德义务。接下来，为改善本研究的诸多不足，我们概述了在未来研究中克服这些不足之处的方法。我们还为学术界同人推荐了几个相关的研究方向，以供他们对 AI 在高等教育中的作用进行进一步的探索。最后，本章强调了人类才是人工智能叙事的作者，有能力根据人类共同的价值观和期望决定 AI 技术的发展方向。

　　总而言之，本书综合探讨了 ChatGPT 对我校和高等教育的影响。深入的案例研究令我们收获了对 ChatGPT 等 AI 工具变革性力量的深刻认识。通过分享这些认识及其可能产生的更广泛的影响，我们希望在该研究领域促成有意义的讨论、批判性的参与和目标明确的行动。希望我们的努力能为其他高校提供有价值的指导，令我们反思自身经历并畅想一个在 AI 技术加持下教育得以蓬勃发展的未来。我们热情邀请广大教育者、大学领导者与教育机构加入，共同负责任地发挥 AI 的潜力，为教育界打造一个前途似锦的未来。

　　⊖　研究结构：指研究项目或论文的组织结构，包括引言、文献综述、研究方法、结果分析和结论等部分。——译者注

第二章
AI 聊天机器人：现状概览

聊天机器人的出现与发展

人工智能（AI）凭借其处理海量数据以及与真人高度类似的任务执行能力，一举改变了人类的生存方式（Anyoha, 2017）。AI 在发展初期曾屡遭瓶颈，但突破性的逻辑理论家⊖程序展示了其未来潜力（Anyoha, 2017）。而后，AI 在 20 世纪 90 年代和 21 世纪初蓬勃发展，在研究经费匮乏的情况下仍达成了各项里程碑式的目标（Anyoha, 2017）。会话式 AI 系统的发展尤为显著，ELIZA⊖、ALICE⊖和 SmarterChild⑩等代表性的聊天机器人纷纷面市（Adamopoulou & Moussiades,

---

⊖ 逻辑理论家（Logic Theorist）是一款于 1956 年发布的可进行自动推理的计算机程序，由美国计算机科学家、AI 先驱艾伦·纽厄尔（Allen Newell）和赫伯特·A. 西蒙（Herbert A. Simon）共同开发，别称"史上首款 AI 程序"。——译者注

⊖ ELIZA（伊丽莎）是世界上第一款聊天机器人，由麻省理工学院教授约瑟夫·魏泽鲍姆（Joseph Weizenbaum）于 1966 年开发，可使用模式匹配和替换方法来模拟对话。——译者注

⊖ ALICE（爱丽丝）是"人工语言网络计算机实体"（Artificial Linguistic Internet Computer Entity）的缩写，作为一款受伊丽莎启发，由理查德·S. 华勒斯（Richard S. Wallace）博士于 1995 年开发的开源聊天机器人，爱丽丝曾三次获得 AI 界的权威奖项"勒布纳人工智能奖"（Loebner Prize）。——译者注

⑩ SmarterChild（智娃）是一款于 2001 年面市的聊天机器人，可通过预编程对问题做出反馈，相当于苹果手机的 Siri 这类语音搜索工具的早期版本。——译者注

2020; Shum et al., 2018）。2022 年 11 月，一家位于美国旧金山市的人工智能研发机构"开智"（OpenAI）发布了一款名为"ChatGPT"（聊天生成预训练转换器）的聊天机器人程序。这款受自然语言处理（NLP）模型支持，并配有 1750 亿个参数的超强聊天机器人迅速获得了 100 万名用户。该公司早在 2020 年开发的 GPT-3.0 能通过任何文本进行学习并执行各种任务，这标志着语言模型[⊖]技术的显著进步（Rudolph et al., 2023）。

随后，开智公司先后在 2022 年推出了 ChatGPT-3.5，在 2023 年推出了 GPT-4.0。值得注意的是，如微软这样的公司已将 ChatGPT 无缝整合至旗下的各类产品中（Milmo, 2023a; Waugh, 2023）。此外，ChatGPT 的日益流行还引发了人们对"搜索引擎之未来"的热议，其中以谷歌（Google）搜索引擎最受关注（Paleja, 2023b）。谷歌对此的回应是，它在搜索引擎中融合了自家技术，包括一套自然语言建模算法系统 LaMDA 和基于 LaMDA 的一款聊天机器人"学徒巴德"（Apprentice Bard）（Milmo, 2023a）。谷歌母公司"字母表公司"（Alphabet）的 CEO 桑达尔·皮查伊（Sundar Pichai）对谷歌的 AI 研发能力极为自信（Milmo, 2023a），并已公布将聊天机器人融入谷歌旗下产品的各种计划。不仅如此，其他公司也纷纷涌入 AI 聊天机器人领域。2023 年 4 月，推特（2023 年 7 月已更名为"X"）的 CEO 埃隆·马斯克（Elon Musk）提出要创建一款名为"TruthGPT"的聊天机器人，从而对抗 ChatGPT 对有争议问题（如 ChatGPT 涉嫌炮制虚假信息、操

⊖ 语言模型（Language Model，简称 LM）是一个用于建模自然语言（即日常语言）的概率模型。简而言之，语言模型的任务是评估一个给定的句子在日常语言中出现的概率。在自然语言处理的诸多应用中，语言模型都起到了关键作用，如机器翻译、语音识别、文本生成等。——译者注

纵舆论等）的不作为态度。马斯克强调，研发一套不会引发上述争议的 AI 系统是必要的，Truth GPT 将使用自带的加密货币，激励用户参与"真相数据"的训练和贡献，从而为用户生成基于真实数据的回复（Sabarwal, 2023）。元平台公司（Meta Platform Inc.，原名为 Facebook）也在 2023 年 7 月发布了一套高阶 AI 系统 "Llama 2"。元平台公司的 CEO 马克·扎克伯格（Mark Zuckerberg）自豪地宣布，微软将成为其合作伙伴，共同将该系统用于研究和商业目的（Sankaran, 2023）。综上所述，目前业界在机器学习模型开发领域已领先于学术界，但未来会怎样？

开智公司表示，其长期目标是创造"通用人工智能"（AGI）（Brockman & Sutskever, 2015）。所谓 AGI，是指具备堪比人类智力，能够理解、学习与应用知识的 AI 系统。人类无须为每项特定任务具体编程，AGI 有能力执行各式新任务，适应各类新环境。因此，较之于目前可用的专用型"狭义 AI"系统，AGI 的水平更高。科技企业家陈思齐（Siqi Chen）宣称，GPT-5.0 将在 2023 年年底实现 AGI，这一消息使整个 AI 界大为激动（Tamim, 2023）。尽管他的说法尚未获得开智公司的承认，但却表明生成式 AI 正在取得重大进展（Tamim, 2023）。开智公司的 CEO 萨姆·奥尔特曼（Sam Altman）则更进一步，暗示 AI 系统的表现甚至有可能远超 AGI（Sharma, 2023）。他指出 AI 当前的发展轨迹已显示出其非凡潜力，它必将会在不远的将来具备前所未有的能力和影响力（Sharma, 2023）。总之，AI 对人类生存的变革性影响，加之 ChatGPT 等聊天机器人的高速发展，必将引发各行各业与整个 AI 领域的巨变。然而，AI 的发展中也潜藏着一些我们应警惕的问题。

AI 面临的挑战与伦理问题

随着 ChatGPT 等 AI 聊天机器人的持续进化与在日常生活中的日益普及，我们也开始更多地认识到此类应用程序的诸多局限性。围绕着 ChatGPT 的最大问题是它的运作方式的不透明性，即便设计师也无法完全了解其工作原理。他们曾尝试用 AI 来解释 ChatGPT 背后的模型，但由于 GPT 等大型语言模型都存在的黑匣[⊖]现象，此法并未奏效（Griffin, 2023）。这种缺乏透明度[⊜]的情况使人们担忧该聊天机器人是否会引导用户偏见，以及向用户传播错误信息。研究人员正尝试采用解释性研究以理解其 AI 模型的内部原理（Griffin, 2023）。解释性研究的一种方法是研究系统内的单个参数，但一个系统内通常包含数十亿个参数。面对如此繁复的数据，采用人工检查显然不切实际。为此，开智公司的研究人员借助 GPT-4.0 对系统进行自动化检查（Griffin, 2023）。尽管 AI 系统至今仍无法像真人一样有能力对自己得出某一特定结论的过程进行解释，但研究人员仍乐观地认为，随着研究的持续，AI 技术有望进化到这个水平（Griffin, 2023）。但要达到这个水平，AI 领域尚需克服不少挑战，主要包括使用日常用语描述 AI 系统的运行机制以及了解个体参数对 AI 系统的整体影响（Griffin,2023）。

ChatGPT 的核心是包括语法、词汇和文化语境在内的语言处理。尽管它能够执行大量与语言相关的任务，但其理解力

⊖ 黑匣（blackbox）：若一套模型能提供一个特定的判断或预测，但人们对其得出该结论的每个步骤知之甚少或一无所知，这就是所谓的"黑匣"现象。——译者注

⊜ 透明度（transparency）是指模型所具有的表达能力及其决策过程能被人类理解的能力。——译者注

有限，仅限于通过训练数据所学到的语言模式。与人类不同的是，ChatGPT 缺乏真正意识或自我意识，需依赖启发法[⊖]做出决策。该方法是 AI 模型在复杂情况下做出有效决策的一种实用的经验工作法（Kahneman, 2011）。在语言处理中，启发法有助于 AI 在语境中进行句型分析、识别语言模式和推断词句含义。ChatGPT 通过基于大量文本数据训练的深度学习[⊜]，可对真人用户的提问做出相关且语意连贯的回复（Sánchez-Adame et al., 2021）。然而，语言的不断发展与复杂性使 AI 聊天机器人的发展颇为受限。

ChatGPT 现有的一些缺陷不仅使其知识库存在知识缺口，还会导致它无法生成正确回复（Johnson, 2022; Rudolph et al., 2023）。比如，ChatGPT 经常会重复某些短语、拒绝回答问题，或者只对调整了措辞或句型的问题做出回复（Johnson, 2022）。此外，人们还观察到包括 ChatGPT 在内的一些聊天机器人会在人机交流中使用性别歧视、种族主义言论，以及传播虚假信息（Johnson, 2022）。上述问题均源自 AI 模型的行为与人类价值观和期望之间的"不对齐[⊜]"（Ramponi, 2022）。ChatGPT 等大型语言模型的训练以最优化其目标函数为目的，但在生成文本时，该目标函数未必能与人类价值观经常保持一致（Ramponi, 2022）。因此，在需要可靠性和信任度的人机交流系统中，这

⊖ 启发法（heuristics）是指 AI 系统通过尝试和试错或定义模糊的各种规则，找出解决方案的一种问题解决法。——译者注

⊜ 深度学习（Deep Learning）是机器学习（Machine Learning）的一个子集，而机器学习又是 AI 的一个分支，能够使计算机从数据中学习并执行通常需要人类智慧才能完成的任务。深度学习使用人工神经网络，可以通过大量数据进行学习、预测或分类。——译者注

⊜ 在 AI 语境中，"对齐"（alignment）就是确保 AI 系统的目标、决策和行为与人类的价值观和利益相一致，避免出现 AI 选择执行与人类意图不一致的行为，即"不对齐"。——译者注

种"不对齐"会影响用户体验，从而阻碍聊天机器人的实际
应用（Ramponi, 2022）。以下是"不对齐"的几种常见表现
（Ramponi, 2022）：

- **无效帮助**

  当一个语言模型无法准确理解和执行用户提供的特定指令
时，它提供的帮助就是无效的。

- **幻觉**

  一个语言模型生成虚假或错误信息，就相当于它产生了
"幻觉"。

- **缺乏可解释性**

  当人类难以理解语言模型做出某一特定决策或预测的过程
时，它的运作方式就是不透明的、无法解释的。

- **生成带偏见或恶意的输出**

  当语言模型在预训练过程中接触到存有偏见或恶意的数据之
后，即便该模型并未刻意编程，也可能会生成带有偏见与恶意的
输出信息。

　　那么，这种"不对齐"因何发生？语言模型中的转换器⊖
是通过"下一个标记预测"（Next-Token-Prediction）和"掩
码语言建模"（Masked-Language Modeling）这两种方法来
学习语言的统计结构的（Ramponi, 2022）。但由于语言模型
无法区分重大错误与微小错误，这两种方法可能会引发一些
问题，导致该模型在完成更复杂的任务时出现"不对齐"的

　　⊖ 转换器（transformer）是由谷歌在 2017 年提出并首先应用于机器翻译的神经
　　　网络模型结构，用于自然语言处理任务。它是由谷歌公司提出的一种基于注
　　　意力机制（Self-Attention）的神经网络模型，被广泛应用于机器翻译、问答
　　　系统、文本摘要、对话生成等任务。——译者注

情况（Ramponi, 2022）。为解决该问题，开智公司计划发布一款限定版的 ChatGPT-3.5，同时利用监督学习（Supervised Learning）和强化学习（Reinforcement Learning，包括通过人工反馈进行强化学习）的"组合拳"逐步提高其各项性能，从而达成对该模型进行微调并减少有害的输出内容的目的（Ramponi, 2022）。整个过程包括三个步骤，但其中的第二步和第三步可被连续迭代。

- **步骤一**

  用被标记的数据对一个预训练语言模型进行微调，从而创建一套监督策略。

- **步骤二**

  根据数据标记工们对该策略模型输出内容的投票创建一个比较数据集，并根据这些数据训练一套新的奖励模型。

- **步骤三**

  利用该奖励模型，通过近端策略优化（Proximal Policy Optimization，PPO）算法进一步微调并改进步骤一的监督策略。

  （Ramponi, 2022）

开智公司使用一个审核用应用程序接口（API）来检测 ChatGPT 生成的内容是否有违其内容政策[⊖]，并确保避免生成有害言语，如性别歧视言论和虚假新闻（Johnson, 2022）。但该审核系统并不完美。比如，一位推特用户就曾绕过该系统在推特上分享了不良内容（Johnson, 2022）。开智公司承认，其语言模型产品的确面临挑战并存在缺陷，连性能卓越的 ChatGPT-4.0 都有可能产出有害或错误信息（Waugh, 2023）。

⊖ 内容政策（Content Policy）：指一个组织或平台制定的关于内容发布和使用的规则和准则。——译者注

尽管该公司正积极致力于通过监督学习与加强学习、与外部研究人员合作的方式来提高系统性能，但其语言模型的可解释性问题与"幻觉"问题仍悬而未决（Waugh, 2023）。

AI 伦理也是一个不断发展的领域，尤其是随着生成式 AI 系统（GAI）的崛起，设计者们在打造 AI 系统时，要愈加审慎考量有关公正、偏见和伦理方面的因素（Maslej et al., 2023）。斯坦福大学 AI 研究所发布的《2023 年人工智能指数报告》（*The 2023 Artificial Intelligence Index Report*）强调了 AI 系统存在的不公正与偏见，并认为此类有害内容会导致许多潜在恶果，如分配不公（当机会或资源都由某些个人或团体掌握时）和恶意代表（当某些个人或团体被污名化或刻板化时）（Maslej et al., 2023）。华盛顿大学的计算机语言学家埃米莉·本德（Emily Bender）警告说，语言模型存有偏见的问题要归咎于其培训数据，而此类偏见会引发严重后果（Grove, 2023）。据追踪 AI 伦理误用事件的"AI、算法与自动化事件及争议"（AIAAIC）数据库所示，与 AI 相关的伦理问题正呈现上升趋势（Maslej et al., 2023）。例如，AI 在美国监狱的使用引发了人们对歧视的担忧，而伦敦用于防范帮派暴力的 AI 工具"帮派暴力矩阵"（Gang Violence Matrix）也因偏见而遭到批评（Maslej et al., 2023）。能根据文字生成图像的 AI 绘画工具"中道"（Midjourney）同样引发了伦理担忧（Maslej et al., 2023）。公平的算法是防止此类事件发生的根本所在，但目前涉及 AI 的事件和争议仍不断增加，因此保持伦理警惕性也极为必要（Maslej et al., 2023）。为解决 AI 偏见，各式应用软件纷纷面世。字母表公司旗下智库组织"拼图"（Jigsaw）推出了一款名为"视角"（Perspective）的应用程序接口，该应用程序接口能借助 AI 技术评估言辞中的恶意。随着这款应用程序接口中 AI 应用比重的不断增加，该应用程序接口的使用量已增长了 106%（Maslej et al., 2023）。"超通用语言理解评估○"测试中包含的一套性别偏见检测工具"Winogender"能判断各个 AI 系统中与职业相关的性别偏见，并评估刻板代词的使用。对指令数据集进行微调后得到的多款"指令优化模型"（Instruction-Tuned Model）已显示出了性能上的提升，但这些模型可能会依赖刻板印象做出判断（Maslej et al., 2023）。BBQ 基准和 HELM 基准○能在问答系统中评估语言模型是否存在偏见以及是否公正，强调了在"准确性"与"偏见"这两大指标之间的权衡（Maslej et al., 2023）。此外，机器翻译模型一直在努力解决代词的性别问题。比如，某个模型无法区分代词所指的性别，这会导致误译或"非人化"的可能（Maslej et al., 2023）。尽管存在上述问题，这些应用程序仍旧是有价值的工具，均有助于减少语言模型的偏见与倡导合乎伦理的 AI 实践。

会话式 AI 也引发了许多伦理担忧。瑞典吕勒奥理工大学（Luleå University of Technology）的研究者们发现，在被分析的聊天机器人中有 37% 被设定为女性，而在流行的商业聊天

○ 超通用语言理解评估（Super General-Purpose Language Understanding Evaluation, SuperGLUE）是由脸书 AI 研究院（Facebook AI Research，FAIR）、谷歌旗下的"深思科技"（DeepMind Technologies）、纽约大学和华盛顿大学联合推出的一套自然语言理解（NLU）测试系统，用于评估会话式 AI 深度学习模型的语言能力。——译者注

○ BBQ 基准，全称为"问题回答型偏见基准"（Bias Benchmark for QA），以问答的方式检测语言模型是否对某一类社会人群存在刻板印象的一种偏见测试基准。——译者注

○ HELM 基准，全称为"语言模型整体评估"（Holistic Evaluation of Language Models），该评估基准采取多指标的方式以提高语言模型的透明度。——译者注

机器人中有 62.5% 被默认为女性——"女聊天机器人"的比例偏高或偏低，都有可能加深偏见（Maslej et al.,2023）。此外，AI 对话系统可能因过于人性化而令用户感到不适，对话数据集里的许多例子也都被评定为聊天机器人不可能生成或令人感到不适的输出内容（Maslej et al.,2023）。要解决此类问题，增进与用户的沟通，实施明确的政策干预以及了解聊天机器人的缺陷都是至关重要的。"文本生成图像"（Text-To-Image）模型也存在偏见。元平台公司的研究人员发现，较之于由大型计算机视觉数据库"影像网"（ImageNet）训练出的模型，由图片分享 APP"照片墙"（Instagram）训练出的模型持有更少的偏见（Maslej et al.,2023）。倡导对社会、环境和伦理负责的 AI 视觉模型 SEER[⊖]对人类形象的刻画也更为公正（Maslej et al.,2023）。然而，在用户不知情的情况下使用公共数据进行 AI 培训可能是不合乎伦理的。一项针对预训练视觉语言模型的比较研究显示，较大的模型普遍存在性别偏见。其中，"对比语言 - 图像预训练"（CLIP）模型生成的回复存有更多的偏见，但相关性却更高（Maslej et al.,2023）。三款 AI 图像生成软件 Stable Diffusion、DALL-E2 和"中道"（Midjourney）都表现出了偏见，生成了带有刻板印象的图像（Maslej et al.,2023）。例如，输入"CEO"这一提示词后，这三款软件都会生成一张身穿西装的男子的图片（Maslej et al.,2023）。

　　AI 伦理研究正呈现出显著发展，并在学术会议和出版物中广受关注。例如，跨学科学术会议"公平、问责与透明度（FAccT）大会"作为一个知名的算法公平和透明度研究交流平

　　⊖ SEER 取自英语单词"自监督"（self-supervised），是一款由脸书开发的计算机视觉模型。该模型包含 13 亿个参数，无须标记数据，可通过互联网上的任何一组随机图像自行学习。——译者注

台，自2018年以来，收到的提交论文数量增长了10倍。业界和政府相关人士也都表现出对AI伦理的兴趣，这表明它与当前的决策者、从业者和研究者息息相关（Maslej et al., 2023）。虽然欧洲对该领域的研究贡献也在与日俱增，但大多数论文作者仍来自北美国家等（Maslej et al., 2023）。近年来，讨论AI公平性和偏见的学术会议纷纷召开。其中，机器学习领域的顶级会议"神经信息处理系统（NeurIPS）大会"在2014年首次召开了以公平、问责与透明度为主题的研讨会（Maslej et al., 2023）。某些分会场讨论的主题，如"AI与科学""AI与气候"等，已凭借与日俱增的人气升级至大会的主要讨论主题。这种"升舱"现象反映了用于医疗保健和气候研究领域的AI应用正呈现激增态势（Maslej et al., 2023）。NeurIPS大会也见证了有关"AI模型可解释性"与"AI决策可说明性"的论文在数量上持续增长，尤其是在其主会场（Maslej et al., 2023）。此外，因果推理等统计方法正被用于解决AI模型的公平问题和偏见，因此研究者们向NeurIPS大会递交的基于因果推理和反事实分析的论文也出现了大幅增加（Maslej et al., 2023）。在机器学习中，隐私问题已成为AI领域一个主流关注点，NeurIPS大会举办了多场相关主题的研讨会，并将有关隐私的讨论移至主会场（Maslej et al., 2023）。现在，该大会要求作者们在提交论文时需附上一份"社会影响声明"，陈述其论文可能产生的伦理影响和社会影响。这一要求显示出NeurIPS大会对各种伦理考量因素的日益重视（Maslej et al., 2023）。此外，讨论AI公平问题与偏见的论文也大量涌现，有意参会者在人数上不断增加，这些现象都反映出研究者和从业者对该主题与日俱增的兴趣和重视（Maslej et al., 2023）。

AI算法还要面对事实性和真实性的问题。这促使设计者们开发出专门用于事实核查和以事实核查数据集打击虚假信息的 AI 应用。然而，有关"自然语言事实核查"的研究似乎已发生改变，曾被广泛使用的事实核查基准，如 FEVER 数据集◯、LIAR 数据集◯和论文《不同阴影下的真相》（*Truth of Varying Shades*）◯的引量均已出现停滞（Maslej et al., 2023）。自动事实核查系统都存在局限性，一是因为它们假定新的虚假主张（False Claim）存在相互矛盾的证据，二是因为有些数据集缺乏充分证据或使用了不切实际的事实核查相关论文作为证据（Maslej et al., 2023）。为解决上述问题，开智公司开发了 TruthfulQA◯基准，用于评估语言模型在智能问答◯中所提供答案的真实性，并在各个类别中检测错误看法（Maslej et al., 2023）。

◯ FEVER（意为"事实提取和验证"，英文为 Fact Extraction and VERification），该数据集由 185445 条事实陈述所组成，这些事实陈述是通过更改维基百科中的句子而生成的，随后在不知其出处的情况下被核查。这些陈述句会被分为三大类：支持、反对或信息不足。例如：刘德华是一名演员（支持）。刘德华的父亲是刘备（反对）。刘德华是胡歌最崇拜的偶像（信息不足）。——译者注

◯ LIAR（意为"骗子"，该数据库的命名出自一句英文习语"骗子，骗子，裤子烧光"，本意是为了教育小孩子不要撒谎），该数据集由美国加州大学圣巴巴拉分校计算机科学系助理教授王威廉（William Yang Wang，又名王洋）团队开发，可用于虚假新闻探测与事实核查搜索。——译者注

◯ 该论文全名为《不同阴影下的真相：虚假新闻与政治事实核查中的语言分析》（*Truth of Varying Shades: Analyzing Language in Fake News and Political Fact-Checking*），是一篇由华盛顿大学计算机科学与工程学院的汉娜·拉什金（Hannah Rashkin）博士为首撰写的学术论文。论文分析了虚假新闻的文体特征，并探讨了对政治新闻进行自动事实核查的可行性。——译者注

◯ TruthfulQA（意为"真实问答"）是一个由开智公司开发的基于问答的数据集和测试基准，用于评估机器在验证网络信息真实性方面的能力，可用于新闻事实核查。——译者注

◯ 智能问答（Question Answering）是自然语言处理的一个重要研究领域，其研究者希望能构建出一套可以对人类以自然语言形式提出的问题予以自动回答的系统。——译者注

聊天机器人等 AI 界面的实际益处虽多，但因为它们有可能进行侵入性数据收集，所以此类 AI 聊天程序会引发人们对自身隐私的担忧（O'Flaherty, 2023）。与搜索引擎不同，聊天机器人的会话性质会使用户放松戒备，透露出更多个人信息（O'Flaherty, 2023）。聊天机器人会收集各种数据类型，包括文本、语音、设备、位置和社交媒体活动，这些信息的泄露就是人们有可能收到定向广告的原因（O'Flaherty, 2023）。微软考虑在必应聊天（Bing Chat）中加入广告，谷歌的隐私政策允许该公司根据用户数据投发定向广告，此类举措愈发加深了公众的担忧（O'Flaherty, 2023）。不过，据说 ChatGPT 的隐私政策会把个人数据保护放在首位并禁止其商用（Moscona, 摘自 O'Flaherty, 2023）。

为应对数据隐私和网络安全问题，一些国家和公司最初禁止使用 ChatGPT 等生成性 AI 技术。例如，意大利通过了一项法令，禁止使用此类技术处理个人数据，理由是数据隐私可能受到威胁（Paleja, 2023c）。不过，在开智公司设法满足了各种监管要求后，该禁令已被取消（Robertson, 2023）。另一些公司则向员工发出警告。美国金融服务机构摩根大通（JP Morgan）和跨境电商平台亚马逊（Amazon）等公司就限制其员工使用 ChatGPT（O'Flaherty, 2023）。英国数据咨询公司 Covelent 则建议慎用 ChatGPT，劝告员工遵守公司的安全政策、避免与 ChatGPT 分享敏感信息（O'Flaherty, 2023）。甚至连开智与微软这类自家经营聊天机器人的公司也警告说，不要在与聊天机器人的对话中分享敏感数据（O'Flaherty, 2023）。上述举措无一不在强调，AI 聊天机器人严重威胁到了数据隐私。

有人担心，ChatGPT 等 AI 界面有可能会助长欺诈、传播虚假信息并引发网络安全攻击，甚至引发事关人类存亡的风险（O'Flaherty, 2023）。专家们警告说，由于聊天机器人具备完美的语言技能，可以使用多种语言生成内容，因此可能会被用于撰写更高阶的钓鱼邮件（O'Flaherty, 2023）。此外，聊天机器人可能会传播虚假信息，制作逼真的深伪视频，在各个社交媒体平台上传播有害宣传（Tamim, 2023）。这些事例中蕴含的风险已十分明显，聊天机器人已被用于生成虚假新闻等恶意目的（Moran, 2023）。此外，AI 还存在安全风险，能帮助网络犯罪分子实施更有力、更高效的网络攻击（O'Flaherty, 2023）。

在对 ChatGPT 等 AI 引擎进行内容审核的过程中存在对非洲工人的潜在剥削，这一事实同样引发了伦理担忧（Schamus, 2023）。这些工人日薪不足 2 美元，却要处理繁复单一到令人精疲力竭的在线内容来训练 AI 引擎。人们不禁质疑，他们辛苦维系的可持续与公平性何在（Schamus, 2023）？一家美国机构利用非洲劳动力进行数据挖掘和数据清洗的事实突出了一种伦理困境——利用经济欠发达地区的低收入人群造福那些更为富裕的地区。因此，要想负责任地开发 AI 工具，人们必须解决此类伦理问题。

AI 研究员兼伦理学家梅雷迪思·惠特克（Meredith Whitaker）强调，生成性 AI 重度依赖于从网上获取的海量监控数据（Bhuiyan, 2023）。然而，开智等 AI 公司并未披露这些数据具体是由哪些作家、记者、艺术家和音乐家创作的（Bhuiyan, 2023）。有人担忧，这种不问自取的行为可能会侵犯内容创作者们的版权、克扣了他们应得的补偿。当被问及开智公司准备如何补偿这些创作者时，其 CEO 萨姆·奥尔特曼只是含糊其辞地说，公司正在对此进行讨论，但却并未给出一个明确回复（Bhuiyan, 2023）。此外，由于新闻报道正是训练 AI

模型常用的文本类型之一，因此也有人担忧，AI 公司对网络数据"无偿使用"的行为也会影响到当地的新闻出版物。对此，奥尔特曼表达了他愿意维护记者版权的意愿，表示其公司正在思考可行性方案（Bhuiyan, 2023）。但显而易见的是，要想彻底解决此类问题，必须引入外部监管机制（Bhuiyan, 2023）。

AI 技术还会对环境产生不良影响。其中，各类大型语言模型对环境的破坏尤为令人担忧。在各数据中心，ChatGPT 等 AI 模型都需要配置高能耗的服务器，这会导致碳排放量的显著增加（McLean, 2023）。而电力的来源，无论是煤炭还是可再生能源，都会进一步影响碳排放水平（McLean, 2023）。此外，AI 模型的水足迹也极为可观。例如，微软的数据中心在 GPT-3.0 的训练阶段就消耗了 70 万升水，相当于成百上千辆机动车的耗水量（McLean, 2023）。因此，随着此类 AI 模型的持续发展，要解决其所引发的环境担忧，当务之急是找出可持续的解决方案（McLean, 2023）。

AI 对就业市场的影响

现在，AI 已不再是一个仅存在于电影中的未来概念。从个人到组织，从企业到政府，AI 技术已成为我们日常生活中的一个真实存在。AI 技术的进步使其得到快速应用。但能力越大、责任越大。历史学家尤瓦尔·诺亚·赫拉利（Yuval Noah Harari, 2018）建议道，要想理解各种技术挑战的实质，我们应首先讨论一些有关就业市场的问题。例如，2050 年的就业市场会是什么样？ AI 会影响到所有行业吗？如果是，它将如何影响、何时影响？在未来 10 年或 20 年间，数十亿人会成为"经济冗员"吗？从长远看，自动化是否会持续创造新工作岗位、带来更大的繁荣？本次 AI 革命是否会像以往的工业革命那样为人类带来积极影响，还是今时已不同往日？考虑到对这些问题的讨论仍在进行之中，专家们也未达成共识，因此本小节旨在对它们进行一些回复。

现在，有关 AI 和 AI 聊天机器人将对社会和行业产生哪些影响的主流讨论与日俱增。《2023 年 AI 指数报告》（*2023 Artificial Intelligence Index Report*）指出，美国经济中除农林渔猎这四个行业之外，几乎所有行业对 AI 相关技能的需求都在迅速增长。该报告强调，2021—2022 年，AI 相关的职位招聘已平均从 1.7% 增加到 1.9%（Maslej et al., 2023）。据美国科技新闻网站"商业内幕"（Business Insider）报道，像 ChatGPT 这样的 AI 技术可能会令包括金融、客户服务、媒体、软件工程、法律和教学等各个行业在内的工作岗位发生巨变，但其中得失难料（Mok & Zinkula, 2023）。此类巨变可能会以如下方式发生：

金融界普遍认为，不需要太久，AI 聊天机器人就应该能够处理复杂的财务问题，让金融顾问和首席财务官们得以借助其"智慧"进行实时决策。这类机器人还可能具备信息分析、模式检测和金融预测等功能。此外，ChatGPT 还将兼备分析数据、深入了解客户行为，以及整合信息、生成营销材料等能力，从而大大节省了金融业营销人员的时间（*How Will ChatGPT & AI Impact The Financial Industry?*⊖, 2023）。然而，ChatGPT 有可能会扰乱华尔街各个行业的工作，包括交易和投资银行业。这是因为 ChatGPT 能自动完成一些现在由数据分析师们负责的任务。不过该能力也不乏优点，其中之一就是它能让数据分

⊖ 该标题的中文含义为：ChatGPT 与 AI 会如何影响金融业？——译者注

析师们专注于完成那些更具价值的任务。然而，该能力也意味着 AI 可以完成一些最近的大学毕业生们正在投行所做的工作（Mok & Zinkula, 2023），从而有可能导致低级别或入门级工作的消失。

在客户服务与客户参与⊖领域，据《福布斯》报道，ChatGPT 等会话式 AI 能通过提供类似真人的对话服务为每位用户排忧解难，这很可能引发客户服务领域的一场变革。与仅能遵循预设路径进行呆板回复的传统聊天机器人不同，会话式 AI 能自动完成客服人员所需做的前期工作，从而使客服人员专注于服务高价值客户、应对需要人机互动的复杂情况。

在创意艺术领域，同样据《福布斯》预测，ChatGPT 可能会对广告策划、内容创作、文案创作、文字编辑与新闻报道等工作产生重大影响（Fowler, 2023）。此外，凭借 AI 强大的文本分析和理解能力，ChatGPT 很可能会彻底改变媒体相关工作，代替内容创作者完成对文章进行的撰写、编辑与事实核查工作，撰写剧本，以及为社交媒体撰写帖子与广告等文字任务（Fowler, 2023）。事实上，我们已经目睹了聊天机器人起草剧本（Stern, 2023）、撰写演讲稿（Karp, 2023）、创作小说（Bensinger, 2023），以及被公关公司用于"研究、开发、确定客户价值观或变化趋势，并在几秒钟内为客户制定最佳营销策略"（Martinez, 2023）。深为这一波 AI 新能力所苦的打工人群也随即做出了声势可见的反应。2023 年 5 月初，数千名电影和电视编剧在洛杉矶发起罢工，随后演员和电影行业其他岗位的成员也陆续加入进来。此次罢工不仅为了解决某些财务问

⊖ 客户参与（Customer Engagement）是指企业或品牌通过线上线下各种渠道与客户互动以加强关系的过程，如线上的社交平台宣传、短信营销以及线下的门店活动等，旨在提供价值来吸引客户进行交易与复购。——译者注

题，还希望能制定出一套规则以禁止电影公司使用 AI 生成剧本、排除人类编剧参与创作过程的做法（Hinsliff, 2023）。为提高效率和产出，新闻媒体也同样开始进行 AI 转型，利用 AI 生成的内容来创作其新闻稿件和社交媒体上的发帖，美国知名新闻网站"百资得"（Buzzfeed）正是其中之一（Tarantola, 2023）。不过，许多人都对"AI 制造"文稿的品质深表担忧（Tarantola, 2023）。另一个深受 AI 波及的领域是时尚界——AI 技术已渗透进时尚领域的方方面面，不仅能通过数据分析为新一季时装系列设计新款，还能"借鉴"创意总监们的设计草图和细节生成多元风格（Harreis, 2023）。

在工程领域，虽然 ChatGPT 可能会通过生成工程计算的答案和提供工程学知识的基本信息来辅助工程师工作，但它还无法像真正的工程师那样，为产品设计和开发的全程提供专门知识、专业技能和创新思路（Brown-Siebenler, 2023），因此尚且无法将人类取而代之。但在软件工程领域则不然，软件工程涉及大量人工操作并注重细节，而 ChatGPT 生成代码的速度又远高于人类。如此，AI 不仅有助于该行业提高工作效率、错误识别能力、编码速度，还有助于降低资源成本（Mok & Zinkula, 2023）。

在医疗保健领域，历史学家赫拉利（2018）通过比较医生和护士的不同工作职责分别说明 AI 对其各自的影响。医生主要负责处理医疗信息；而护士要履行职责，不仅需要认知技能，还需要具备一定的运动技能（手脚麻利）和情感技能（安抚病人）。赫拉利据此判断，人类在拥有一位可靠的护士型 AI 机器人之前，可能会更早实现"一户一医"的梦想——只要在智能手机中安装一款"AI 家庭医生"APP 即可。然而，护理业应长期被人类看护所主导，而且会因为人口老龄化而发展为一个成长型行业。现在，新的研究发现证实了赫拉利在 2018 年的预判。加州大学圣地亚哥分校最近做了一项研究，让人类医生和 ChatGPT 分别回答人们在现实生活中提出的健康问题，再由医疗专家组成的评审小组对双方的书面回复进行评判。评判结果是，专家组在大多数情况下（79%）更青睐 ChatGPT 的回答（Tilley, 2023）。研究人员还发现，在不知道哪份回复来自 AI 系统的前提下，就信息量和共情度而言，ChatGPT 的答案品质更高（Tilley, 2023）。此外，ChatGPT 甚至证明它有能力通过严格的美国医生执照考试，其答题正确率在 52.4% 到 75% 之间（Tilley, 2023）。

根据国际知名投行高盛集团（Goldman Sachs）最近出具的一份报告，生成式 AI 也可能对法律工作者产生深远影响。这是因为像助理律师、法务助理这种以语言能力为主的工作主要负责消化、整合海量信息，将其内容精华以一份法律摘要或法律意见的形式呈现出来以便于理解——这一过程很容易被自动化技术（AI）取代。也就是说，低级别或入门级的工作岗位容易被 AI 取代，在法律界亦然。不过，AI 无法完全自动化完成上述工作，它往往需要借助人类的判断才能理解客户或雇主需求（Mok & Zinkula, 2023）。此外，法律界已开始将 AI 用于案件办理。一家于 2015 年创办的 AI 法务公司"免付费"（DoNotPay）使用同名的 AI 聊天机器人帮助个人与大机构打官司，起诉其滥收费、用 AI 客服打营销电话和错发停车罚单等行为（Paleja, 2023a）。2023 年 2 月，在美国的一个法庭上，"免付费"公司帮助一名被告对其所收到的一张超速罚单提出质疑。这款聊天机器人能在智能手机上运行，通过一副耳机发出语音提示，指导被告对庭上的各种问题做出合适的回答（Paleja, 2023a）。在爱沙尼亚，AI 法官已经被用于解决各种小型合同纠纷，从而让人类法官有更多时间处理更为复杂的案件（Hunt, 2022）。澳大利亚也正在开展一个联合研究项目，研究AI 能为法庭带来的益处与挑战（Hunt, 2022）。总体而言，在全球法院范围内，AI 的受欢迎程度都在与日俱增。2021 年 3 月，中华人民共和国全国人民代表大会批准了"十四五"规划，旨在继续推进国家司法改革，包括加强智慧法院建设以实现中国的司法系统数字化（Cousineau, 2021）。此外，ChatGPT 还在司法考试中脱颖而出。在最近一场美国亚利桑那州的律师资格考试中，该 AI 程序的最新迭代版 GPT-4.0 所获成绩远超该州设定的分数线（Cassens Weiss, 2023）。值得一提的是，凭借其297 分超高得分，ChatGPT 在全体考生中的排名已接近前 10%（Cassens Weiss, 2023）。

与其他行业一样，ChatGPT 的出现也迫使各教育公司重新评估和审视其商业模式。据《泰晤士高等教育》（*Times Higher Education*）杂志的两位撰稿人汤姆·威廉姆斯（Tom Williams）和杰克·格鲁夫（Jack Grove）报道，美国教育技术公司齐格网（Chegg）的 CEO 丹·罗森斯维格（Dan Rosenswig）认为由于 ChatGPT 的出现，其网站所推教科书和课程辅助服务的新用户数量出现了下降。随着期中、期末各种考试的到来，该网站的许多潜在客户都纷纷转向基于 AI 技术的教育产品寻求帮助（2023）。他们认为，这种消费行为的转向是一种"不祥之兆"，预示着生成式 AI 的崛起将搅翻教育企业，并迫使它们快速调整其教育产品，以免短期内被市场淘汰（2023）。为了证明这一观点，两位撰稿人以一款多语种论文反抄袭系统"图尼丁"（Turnitin）和一个在线语言学习平台"多邻国"（Duolingo）为例，指出前者已迅速将一个 AI 探测器加入其系统，而后者则引入了 GPT-4.0 以帮助语言学习者们评估其语言技能（2023）。他们还特别指出，与现有教育企业"以 AI 为导向"的调整同时发生的是新一批初创企业的成立。它们为市场提供了功能多种多样，但准确性水平不一的教育服务，包括能提供个性化辅导的聊天机器人和已获专利的 AI 检测器（2023）。他们在文中援引了英国开放大学（Open University）教育技术学院荣誉教授迈克·沙普尔思（Mike Sharples）的判断——只有那些成功将 AI 融入其现有成熟产品中的大公司才能蓬勃发展。沙普尔思教授警告说，不这么做的公司就会走上"20 世纪 90 年代末柯达公司"的老路，因无法快速或有效地适应新技术而被竞争激烈的市场所淘汰（Williams & Grove, 2023）。该教授预测，众多教育公司会面临重大生存挑战，尤其是远程学习机构，因为学生们可能会认为 AI 能更好地执行任务；不过他又补充道，情况是否如此还有待观察（Williams & Grove, 2023）。两位撰稿人还在文中引用了英国 AI 教育技术专家萝丝·卢金（Rose Luckin）教授的描述。卢金是伦敦大学学院（University College London）知识实验室的负责人，一贯倡导"以学习者为中心"的教学设计理念。她认为 ChatGPT 等现有的 AI 平台有利有弊，优势在于它们能毫不费力地生成教科书和课程材料；而问题在于它们生成的教育产品不乏错误之处，需通过严格的品控对这些错误加以修正（Williams & Grove, 2023）。但她也承认即便如此，用 AI 编写教学产品还是远比人类自己从零开始编写更具成本效益（Williams & Grove, 2023）。综上所述，两位撰稿人得出两个结论：其一，出版界和教育技术界将因上述发展而经历重大变革；其二，各公司必须认识到这些变化，并评估学生需求和行业要求因此而发生的改变。这最终将有助于这些公司发现 ChatGPT 的不足之处，而后有效地查缺补漏（2023）。

如我们所见，AI 正在就业市场掀起重大变化，包括就业岗位的增加与减少。但有趣之处在于 ChatGPT 在淘汰旧岗位的同时也创造了新岗位。事实上，开智公司的联合创始人格雷格·布罗克曼（Greg Brockman）曾表示，有关 AI 工具会夺走人类工作的担忧多少有些杞人忧天；恰恰相反，AI 能有助于人们专心完成关键工作。他认为未来的关键在于那些高级技能，如对品质好坏的洞察力、对何时应探究细节的判断力等；此外，AI 一定能够辅助人类取得更大成就（Waugh, 2023）。科技类文章撰稿人菲奥娜·贾克森（Fiona Jackson）表示，由于 AI 能帮助人们以创纪录的高速完成任务，一些远程工作者早已暗自利用 AI 同时完成多项工作，并将这种身兼数职的情况称为"过度就业"（over-employed）（2023）。她报道说，这些人正在借助 AI 工具创作包括营销材料、报刊文章、博客发帖在内的优质文字内容，而且能在其雇主们不知情的情况下一人从事多份全职工作（Jackson, 2023）。她指出这种远程工作的开端可追溯至 2020 年新冠疫情的暴发，疫情迫使许多员工在随之而来的经济动荡中试图通过承担额外工作来维持生计。在此基础上，她认为 ChatGPT 的出现似乎为打工人提供了一种更先进的在线工具，增强了他们远程工作的能力，帮助他们在同一时间内有效管理多项任务（Jackson, 2023）。贾克森还特别指出，ChatGPT 生成的文本通常包含错误，但在一些工作者眼中这反而是件好事，因为这证明人类的专业知识仍有用武之地，人类可以对 AI 的工作结果进行把关（Jackson, 2023）。她进一步指出，许多利用 ChatGPT 来补充收入的打工者往往生活在失去工作的恐惧中，因为他们已经意识到，AI 的飞速发展终有一日会让他们失去工作岗位（Jackson, 2023）。一位员工甚至将 AI 对从业人员的影响比作纺织业当年从"众多织工们"

到"一名织布机操作工"的历史转型（Jackson，2023）。因此，
AI 看似是一种有用的工具，但它也给那些依赖传统工作的人带
来了一些重大风险。但 AI 会对非传统工作造成哪些影响？那
些新出现的工作岗位又会怎样发展？

我们甚至正在目睹一个因 ChatGPT 的出现而兴起的新就
业市场。在该市场中，各家公司正在积极寻觅"提示词工程
师"以挖掘聊天机器人的潜力；该工作包括提高 ChatGPT 的工
作性能与指导公司员工如何充分利用 ChatGPT 这项先进技术
（Tonkin，2023）。提示词工程师别名"AI 私语者"，专精于为
ChatGPT 等 AI 聊天机器人打磨提示词。该岗位一般都要求求
职者具备历史学、哲学或英语专业背景，擅长语言表达更是一
项必要条件（Tonkin，2023）。目前，市场对提示词工程师的需
求格外强烈，受谷歌支持的 AI 初创公司 Anthropic 在招聘广告
中以 33.5 万美元的高薪诚聘一位"提示词工程师和提示词库管
理员"，工作地点在美国旧金山市。该岗位的主要职责包括创
建一个提示词与提示词链（Prompt Chain）所构成的"提示词
库"，以及为客户撰写该词库的使用说明（Tonkin，2023）。此
外，另一家公司以 23 万美元招聘一位"机器学习工程师"，应
聘者需具有提示词工程方面的工作经验，有能力调教 AI 生成
最优产出（Tonkin，2023）。有趣的是，此类岗位甚至鼓励那些
条件并不完全符合招聘要求的求职者申请。开智公司 CEO 萨
姆·奥尔特曼强调了提示词工程师的重要性，声称"为一款聊
天机器人撰写高品质的提示词其实是一种令人惊叹的高水平技
能"（Tonkin，2023）。因此，一个新就业市场已然开放——但
为何这一切发生得如此迅速、如此自然？为何那些不满足所有
应聘条件的求职者也被建议申请该职位？这一切都是为了释放
AI 聊天机器人的隐藏实力（Capability Overhang，或称"能力

过剩"）。

　　提示词工程师之所以无须具有计算机科学或机器学习的背景，原因之一与"能力过剩"这一概念有关。美国科技媒体网站"边缘"（The Verge）的高级记者詹姆斯·文森特（James Vincent）在一篇名为《ChatGPT 证明 AI 才是终极主流，但事态正变得更离奇》（*ChatGPT proves AI is finally mainstream – and things are only going to get weirder*）的报道中特别提及了 AI 语境中的"能力过剩"——意指 AI 系统尚未被开发的仍有待研究者们发掘的隐藏技能与能力（2022）。由于其模型的复杂性，AI 的大部分潜力尚未得到开发利用，这就是所谓的"AI 黑箱"。而正是这种复杂性使人们很难理解 AI 究竟是如何运作的，又是如何得出特定结论的。然而，这种理解不足为 AI 未来的进步开启了更广阔的可能。文森特在文章中援引了 AI 政策专家杰克·克拉克（Jack Clark）对"能力过剩"所做的描述："现今的 AI 模型的能力远超我们的预期，但我们探索这些能力的技术尚未成熟。那么，哪些是我们因尚未探知还未察觉的 AI 潜能？"（Vincent, 2022）文森特还强调，ChatGPT 是一个最佳例证，证明"可及性"——一项新科技已发展到能被普通人在日常生活中使用的程度——是 AI 发展的必备要素。若缺乏使用上的可及性，AI 发展就会遇到阻碍。尽管 ChatGPT 建立在 GPT-3.5（GPT-3.0 的改进版）的基础之上，但直到开智公司在网络上提供了 ChatGPT 服务，该 AI 聊天软件能帮助广泛受众的潜力方得以充分展现。此外，该软件在网络上是免费发布的，这进一步增加了其使用上的可及性。再者，尽管有大量研究和创新在探索各 AI 模型的能力和缺陷，但互联网"智慧"的广度和复杂性仍是无可匹敌的。据文森特判断，随着 AI 技术对普通大众敞开方便之门，ChatGPT 的各种"隐藏技能"可能就要藏不住了（2022）。

这样一来，面对"AI 对就业市场的潜在影响"这一问题，专家们作何看法？萨姆·奥尔特曼对此持乐观态度，认为尽管 AI 技术无疑会影响就业市场，但也会为该市场创造更多的工作机会。奥尔特曼强调，将 GPT 这类 AI 工具仅仅视为工具，而非具有自我意志的"自主实体"，是极为重要的（Bhuiyan, 2023）。在他看来，GPT-4.0 及其同类 AI 工具有望专精于一些特定任务，但却无法完全取代人类完成全部的工作（Bhuiyan, 2023）。据他设想，GPT-4.0 在自动化完成某些特定任务的同时，也会催生一些新型、与时俱进的工作职能（Bhuiyan, 2023）。然而，奥尔特曼的乐观态度与英国政府前首席科学顾问帕特里克·瓦伦斯（Patrick Vallance）爵士的预判呈鲜明对比（Milmo, 2023c）。瓦伦斯的态度更为谨慎，预测 AI 将引发深刻的社会与经济变革，并且可能会对就业产生与工业革命不相上下的影响（Milmo, 2023c）。此外，经合组织（OECD）认为，各主要经济体均处于 AI 革命的边缘，这场革命可能会导致法律、医学、金融等高技术性行业失业人数的增加。据该组织统计，在其包括英国、美国、加拿大在内的全部 38 个成员中，约 27% 的就业岗位从事的工作均属于高技术性工作，面对 AI 驱动的自动化几乎无还手之力。该组织还特别强调，金融、医疗与法律事务这些需要从业者兼备广博教育背景与丰富实践经验的工作，均受到 AI 自动化突然而猛烈的冲击（Milmo, 2023e）。事实上，上述预测已开始成为现实。2023年 5 月，IBM 公司 CEO 宣布暂停招聘那些可能被 AI 取代的职位。如此一来，估计该公司 1/3 左右无须与客户直接交流的工作岗位，也就是约 7800 份职务都有可能受到影响（Milmo, 2023c）。AI 的影响也波及了股市。例如，美国知名在线教育公司齐格网在 2023 年 5 月修订了其财务预测，将业绩下降归咎于 ChatGPT 及其对齐格网客户增长的负面影响。该预测一出，不仅该公司的股价闪崩，还连带了包括英国知名教育品牌培生（Pearson）在内的多只教育股纷纷大跌（Milmo，2023c）。由此可见，AI 的负面影响已经存在，而且正在持续出现。

AI 对教育的影响

2023 年，费尔顿（Felten）等学者进行了一项研究，评估 AI 语言建模能力的进步对各种职业的影响程度。研究结果表明，教育界将受到尤为严重的打击。在他们认定的 20 个高风险职业中，教育界的失业率预计将占 85%。以下是失业风险由高到低的职业排名：心理学教师、传播学教师、政治学家、文化研究教师、地理教师、图书馆学教师，临床、咨询和校园心理学家、社会工作教师、英语语言文学教师、外国语言文学教师、历史教师、法学教师、哲学与宗教教师、社会学教师、政治学教师、刑事司法学教师、社会学家（Felten et al., 2023）。

显而易见的是，大学毕业生的情况因 AI 影响而出现了变化。据《2023 年 AI 报 告》（*2023 Artificial Intelligence Report*），多年来，美国各大学计算机科学专业 AI 方向应届毕业博士生的百分比一直在稳步上升。2021 年，AI 方向的应届毕业生为 19.1%，高于 2020 年的 14.9% 和 2010 年的 10.2%（Maslej et al., 2023）。而这些博士生的就业倾向也从学术界转向业界。2011 年，AI 博士毕业生去向业界（40.9%）和学术界（41.6%）的比例大致旗鼓相当。但自 2011 年后，大多数 AI 博士都选择投身业界。到了 2021 年，有 65.4% 的博士毕业生选择去 AI 公司工作，比选择学术界的 28.2% 高出两倍多（Maslej et al., 2023）。此外，在过去十年间，北美各高校计算机科学、计算机工程和信息领域每年的新员工数量一直保持相对稳定（Maslej et al., 2023）。2021 年，美国高校上述专业的新员工总人数为 710 人，较之于 2012 年的 733 人略低。此外，在这些新员工中拥有终身教职的人数在 2019 年到达顶峰，为 422 人；但到了 2021 年已降至 324 人（Maslej et al., 2023）。

美国私立大学与公立大学各自的计算机科学系在所获外部研究资金方面也愈发拉开差距。十年前，两方所获外部资金的中位数相差无几。但随着时间的推移，两方的差距越来越大，私立大学所获资助比公立大学多出了数百万美元（Maslej et al., 2023）。截至 2021 年，私立大学的经费中位数高达 970 万美元，而公立大学却只有 570 万美元（Maslej et al., 2023）。针对上述情况，大学正采取各种行动以应对这些变化，并将重点放在以下关键领域：基础设施、课程设置、教师招聘和教师留用。高等教育内幕网 ⊖ 撰稿人苏珊·达戈斯蒂诺（Susan D'Agostino）于 2023 年 5 月在该网站发表了一篇文章，介绍美国各高校对上述变化所做的最新应对措施。措施一：许多大学都增加了对 AI 师资和基础设施的投资。例如，奥尔巴尼大学（University at Albany）、普渡大学（Purdue University）和埃默里大学（Emory University）目前正在积极招聘大量 AI 领域的教师；南加州大学（University of Southern California）正投资 10 亿美元用于 AI 建设，计划新招 90 名 AI 领域的教职员工并建立一所专门的 AI 学院（D'Agostino, 2023）。佛罗里达大学（University of Florida）正在创建一个 AI 学术行动中心。俄勒冈州立大学（Oregon State University）也正

⊖ 高等教育内幕网（Inside Higher Ed）是美国一家在线新闻网站，成立于 2004 年，专门报道高等教育领域的新闻和相关的分析性文章。——译者注

在建设一所拥有尖端设施的高级 AI 研究中心（D'Agostino，2023）。为支持这些高校所做的努力，美国国家科学基金会（National Science Foundation）投入 1.4 亿美元，用于在美国的几家大学建立七个研究领域各有侧重的国家级 AI 研究所（D'Agostino, 2023）。斯坦福大学教育研究生院副教授维克多·李（Victor Lee）强调说，将此类 AI 建设方案拓展到计算机科学系之外是极为重要的。她建议将写作、艺术、哲学和人文等不同学科融入 AI 研究，培养各种视角与批判性思维，从而推动 AI 发展、深化对 AI 的理解（2023）。措施二：众多学院级别的高等教育机构也在创建 AI 方向的新课程。例如，休斯敦社区学院（Houston Community College）将引入两种四年制学位课程，分别为应用技术课程"AI 与机器人"和应用科学课程"AI 医疗管理"；罗切斯特理工学院（Rochester Institute of Technology）计划新增一个 AI 方向跨学科硕士学位（D'Agostino, 2023）。此外，新泽西理工学院（New Jersey Institute of Technology）将推出两门 AI 研究生课程；佐治亚理工大学（Georgia Institute of Technology）将领导一项全州范围的 AI 建设方案，投资 6500 万美元，将一处场地改造成一所"AI 制造试点中心"（D'Agostino, 2023）。不仅如此，棕榈滩州立学院（Palm Beach State College）也正在引入一门 AI 课程，并有志于建立一所专门提供 AI 课程的研究生院（D'Agostino, 2023）。

很明显，许多大学正在积极扩建基础设施、拓展课程设置以迎合 AI 与日俱增的人气。然而，这些努力也不是一帆风顺，想招聘到 AI 专精的教职员工尤为困难。人才市场上计算机科学家严重短缺的现状更是加剧了这种人才招聘难的局面。事实上，在公众尚未广泛意识到 AI 的巨大潜力之前，这种情况就早已存在。美国各学院级的高等教育机构很久以来就一直受困于师资短缺，无法开设足够的计算机科学课程以满足学生们的需求（D'Agostino, 2023）。密歇根大学信息学院教授富山健太郎（Kentaro Toyama）承认，那些本打算招聘大量教职员工的大学与学院可能很难找到既精通 AI 知识又具备基本教学技能的人才来教授上述计划中要开设的专业课（2023）。因此，许多大学明显正面临招聘难、人才供不应求的困境。而且即便千辛万苦招聘到了新教师，想要留住他们也并不容易—— AI 界的各大公司全部求贤若渴。正如南加州大学研究与创新办公室（Office of Research and Innovation）的负责人伊希瓦·K. 普里（Ishwar K. Puri）教授所言，大学在招聘到计算机科学家之后，应仔细考虑留住这些人才所面临的挑战（2023）。为解决人才流失问题，撰稿人达戈斯蒂诺引述了美国埃默里大学教务长兼学术副校长拉维·贝拉姆孔达（Ravi Bellamkonda）的建议：其一，调高计算机系教师的起薪，使其高于其他系，哪怕这么做可能会引发校内的其他问题；其二，为计算机系提供非常规的奖励（2023）。所谓"非常规奖励"，举例来说，就是允许计算机系的教师每周只需答疑一天，从而模糊 AI 学界与业界之间的界限（D'Agostino, 2023）。如此，埃默里大学支持其教师与谷歌或亚马逊等公司合作，许多教师要么加入此类合作项目，要么选择其中一家公司而非另一所学术机构去进行"学术休假"（D'Agostino, 2023）。这是因为一旦新教师专业精进并在高校站稳脚跟，他们必会受到私营机构的大力招揽，而后者开出的高薪是高校无法匹敌的。此外，普里教授还指出，高校无法为其教职员工提供 AI 公司当前所能提供的研发条件与机会，这可能是学者们选择离开高校并投身公司怀抱的又一个原因（D'Agostino, 2023）。

还有报道称，由于 AI 发展速度过快，再加上对 AI 技术公司保护学生和教育机构的能力缺乏信任，英国不少学校因此忧心忡忡（Milmo, 2023d）。为此，一群校长组织发起了一个团体，旨在向学校提出建议以使其避开 AI 可能引发的种种风险（Milmo, 2023d）。但校长们担忧的不仅仅是 AI 驱动的聊天机器人会引发作弊，还担忧 AI 会影响学生们的福祉与教学工作本身（2023d）。这些担心最终化为投向英国《泰晤士报》（The Times）的一封公开信，校长们在信中强调了 AI 导致的"极为真实且即刻的隐患与危险"。尤其是生成式 AI 这项重大突破出现，AI 已能够炮制出与"真人制造"无异的文本、图像与语音（Milmo, 2023d）。该校长团由英国付费制中学爱普森学院（Epsom College）的校长安东尼·塞尔登（Anthony Seldon）爵士牵头，成员包括来自各私立学校和公立学校的校长（Milmo, 2023d）。在当下这个充斥着怀疑与正义的 AI 领域，校长们担忧那些主导 AI 发展的大公司不会从学生或学校的最佳利益出发进行自我约束，因此该校长团的主要目标是在 AI 技术高速发展的环境下为学校提供 AI 安全的指导（Milmo, 2023d）。校长们还在公开信中批评了政府对 AI 监管力度的不足。为应对这些挑战，该校长团计划成立一所由教师带头人外加数字与 AI 领域独立专家组成的跨行业机构，从而为 AI 发展提供指导并帮助学校决定应采用或避免哪些 AI 技术。与该校长团一样，联合国教科文组织（UNESCO）也同样对 AI 发展持有类似担忧，并将其担忧在 2023 年发布的《全球教育监测报告》（Global Education Monitoring Report, 2023）中进行了专门阐述。这份报告突出了教育技术领域对 AI 的监管不足，将儿童的福祉置于风险之中。报告还特别指出，尽管 82% 的国家都对教育技术进行了监管，但问题主要出自私营部门。因此，报告强调了监管隐私、安全与健康的必要性。此外，据该报告揭示，在新冠疫情期间为学生推荐的 163 款教育技术产品中，有 89% 都在收集儿童信息。但能确保教育数据隐私的国家却只占 16%。该报告还指出，AI 算法会加深不平等，尤其会影响到美国的原住民群体。此外，该报告还提到针对教育领域的网络攻击激增，在 2021 年至 2022 年间，美国 45 个地区的网络攻击事件翻了一番。报告还对过多的屏幕时间对儿童健康的不利影响表示担忧，指出美国儿童每天的屏幕时间长达 9 小时。但尽管如此，却很少有国家对屏幕时间做出严格规定，大多数国家并未禁止学生在学校使用手机。针对这些问题，教科文组织建议各国需为儿童制定专门全面的数据保护法和保护标准；政策制定者应倾听儿童的声音、在线上活动中保护儿童的权利。教科文组织呼吁可靠的教育技术与数据治理，从而确保人人皆能公平享有新技术带来的优质福利，并同时保护儿童的隐私权与教育权。该组织还号召建立明确的机制、有效的法规和监督机制，从而在这个数据交换极为普遍的世界中保护儿童的各项权利（*Global Education Monitoring Report* 2023: *Technology in Education–A Tool on Whose Terms*？⊖2023）。

AI 对世界的影响

迄今为止，我们已在本章中讨论了 AI 的各个方面，包括聊天机器人的出现和发展、AI 面临的挑战和伦理考量、AI 对就业市场与教育领域的影响。但一个更全面的问题依然存在，AI 会对世界产生什么影响？为更深入地研究该问题，我们研究了专家们的观点，并将这些观点按时间划分为"ChatGPT 公

⊖ 该报告中文译名为《2023 全球教育监测报告：技术运用于教育——谁来做主？》——译者注

开推出前"与"ChatGPT 公开推出后"这两个阶段分别论述。

2017 年，即 ChatGPT 推出的五年前，凭借理论物理学与 AI 领域的成就而声名鹊起的理论物理学家兼宇宙学家迈克斯·泰格马克（Max Tegmark）出版了其著作《生命 3.0：人工智能时代生而为人的意义》（*Life 3.0: Being Human in the Age of Artificial Intelligence*）。在此书中，泰格马克探讨了 AI 对人类社会的潜在影响并展望了 AI 发展可能为人类打开的未来。他专门研究了通用人工智能（AGI）领域并分析了其潜在利弊。AGI 可能产生的积极影响包括推动科学、医学和技术等方面的进步，而负面影响则包括 AI 所引发的各种伦理困境与事关人类生存的各种风险。此外，泰格马克提出了对 AGI 发展方向的三种假设：一是乌托邦式的未来，AGI 的发展有助于人类繁荣；二是反乌托邦式的未来，AGI 将全面取代甚至抹杀人类；三是中间地带的未来，人类与 AGI 能够和谐共存。再者，他进一步研究了 AGI 的社会影响，包括它可能对就业市场、经济和管理方式产生的影响。基于这些分析，他强调了伦理考量和审慎发展的重要性，因为这两点可以确保 AGI 最终为全人类的共同利益服务。2019 年，认知科学家兼计算机科学家盖瑞·马库斯（Gary Marcus）和计算机科学教授欧内斯特·戴维斯（Ernest Davis）合著了《如何创造可信的 AI》（*Rebooting AI: Building Artificial Intelligence We Can Trust*）一书。此书研究了 AI 领域中的一些关键问题与挑战，尤其是当前各种 AI 系统普遍存在的局限与不足，并在此基础上针对 AI 的发展轨迹提出了许多关键问题。两位作者认为，尽管 AI 技术已取得了显著进步，一些根本性的限制依然存在并有碍于人们开发出真正智慧且可靠的 AI 系统。他们还强调，许多先进的 AI 系统都缺乏基于常识进行推理的能力、稳健性和对世界的深刻理解——这些却正是人类认知的固有特征。根据 AI 的这些缺陷，他们判断由于当前流行 AI 的发展手段往往以深度学习和神经网络为中心，其"智商"和理解力很难达到人类水平。基于该判断，两个人将透明度、可解释性和可问责性作为三大讨论主题，并着重论证了 AI 系统应兼具透明度与可解释性的重要意义。尤其是在 AI 决策会影响到人类生活的医疗、金融和法律等领域，理解 AI 做出决策的具体过程是至关重要的，这样可有效保障决策是合乎伦理且公正的（Marcus & Davis, 2019）。2019 年出版的另一部 AI 著作是由加州大学伯克利分校计算机科学家斯图尔特·罗素（Stuart Russell）教授所著的《AI 新生：破解人机共存密码——人类最后一个大问题》（*Human Compatible: Artificial Intelligence and the Problem of Control*）。罗素因其在 AI 领域的杰出贡献而广受赞誉，尤其是在机器学习、决策理论、AI 系统控制问题上。他在书中探讨了 AI 发展过程中的一个关键问题，即确保 AI 系统的行为与人类价值观和抱负相一致。该书重点讨论了"控制问题"，也就是解决 AI 系统设计这一复杂难题，使其在造福人类的同时不会给人类带来风险或不可预测的结果。罗素认为，AI 发展的主要目标一直侧重于最大化地实现特定目标，但却并未充分重视 AI 发展轨迹是否与人类价值观相符这一关键因素。这种忽视很可能会导致 AI 系统难以管理并且具有潜在危害性。因此，他强调 AI 系统从设计之初就应将"与人类价值观对齐"这一关键要素纳入考量，并主张建立一套能够约束 AI 行为的监管机制（Russell, 2019）。

如我们所见，在 ChatGPT 于 2022 年 11 月公开发布前，专家们也依然对 AI 发展前景表示担忧。但自从 ChatGPT 等 AI 产品公开发布后，他们的看法就变得喜忧参半了。有些专家认为 AI 会给人类带来生存风险，而另一些则反驳说，此风险太远，尚无须担忧。有些将 AI 称颂为"本时代最重要的创新"（Liberatore & Smith, 2023），而另一些则警告说"AI 对社会与人类已构成严重威胁"（Smith, 2023）。不过，各家 AI 公司的立场如何？微软创始人比尔·盖茨（Bill Gates）、谷歌 CEO 桑达尔·皮查伊与发明家雷·库兹韦尔（Ray Kurzweil）均大力支持 ChatGPT，强调它有应对气候变化、治愈癌症、提高生产力的潜力（Liberatore & Smith, 2023）。与之相反，埃隆·马斯克、苹果公司联合创始人之一斯蒂夫·沃兹尼亚克（Steve Wozniak）和 2500 名 AI 研究人员一起，在 2023 年 3 月联合发布了一封公开信，表达了他们对大语言模型的保留意见。他们认为此类模型可能会引发潜在风险与不良社会影响，因此倡议暂缓其开发。此外，在 2023 年 5 月，AI 领域的领军人物之一杰弗里·辛顿（Geoffrey Hinton）博士辞去了谷歌副总裁的职务，并对 AI 可能制造虚假消息、对人类造成的就业干扰与生存威胁表达了担忧（Taylor & Hern, 2023）。他尤为担心 AI 的"智商"有可能超过人类并被特权阶层滥用（Taylor & Hern, 2023）。尽管盖茨对 AI 持支持态度，但由于虚假消息与深度伪造（deepfake）等问题，他也赞同对增强型 AI 加强监管（Gates, 2023）。桑达尔·皮查伊也同样强调了对 AI 进行监管的必要性，并强烈反对自主武器①的研发（Milmo, 2023b）。此外，包括深思科技（DeepMind）、开智公司、Anthropic 等几家业界知名公司的 CEO 在内，众多 AI 技术专家纷纷表示，他们积极支持对 AI 进行监管，以免它对人类生存造成威胁（Abdul, 2023）。然而，这些要求监管的呼声是否得到了应有关注？

---

　　① 自主武器（Autonomous Weapon）是指能够在无人干预情况下独立搜索、识别并攻击目标的一种新式武器。——译者注

不断变化的 AI 政策与措施概览

在全世界范围内，各国各区域都正在积极拓展 AI 政策，其标志就是法律措施和立法活动中突然大量出现了涉及"人工智能"的内容（Maslej et al., 2023）。在英国，竞争与市场管理局（CMA）正积极开展一次调查，重点关注由 AI 引发的虚假消息与失业问题（Milmo, 2023c）。该调查会综合评估 ChatGPT 等基础语言模型，旨在促进健康竞争与保障消费者利益（Milmo, 2023c）。部长们给 CMA 赋予了多方面的授权，包括评估 AI 模型的安全性、透明性、公平性、问责制，以及市场是否有可能冒出足以挑战现有 AI 实体（公司、研究机构等）的"新玩家"（Milmo, 2023c）。这些举措突显了监管机构迫于与日俱增的外部压力，正在加强对 AI 技术的仔细审核。此外，英国政府还在积极更新与 AI 相关的法规，以便应付各种潜在风险（Stacey & Mason, 2023）。在大西洋彼岸的美国，其副总统在 2023 年 5 月将各 AI 公司的 CEO 召集到白宫，围绕 AI 安全问题展开讨论（Milmo, 2023c）。与此同时，美国联邦贸易委员会（Federal Trade Commission）和白宫也分别对 AI 的深远影响展开调查（Milmo, 2023c）（*Blueprint for an AI Bill of Rights*, n.d.⊖）。在国际范围内，欧盟的《AI 法案》（*AI Act*）制定了一套全面且条理分明的 AI 监管机制（*EU AI Act: First Regulation on Artificial Intelligence*⊜, 2023）。该法案将 AI 应

⊖ 括号中的斜体字部分指上述内容出自美国白宫发布的《人工智能权利法案蓝图》，后面的 "n.d." 是 not dated 的缩写，意为"出版日期不详"。由于该蓝图是电子版的，所以并未标注常规的出版日期。——译者注

⊜ 该出处译为《欧盟 AI 法案：首部人工智能监管法规》。——译者注

用程序根据其风险等级进行分类⊖，旨在将该法确立为一个全球标准，从而推广负责任的 AI 实践（*EU AI Act: First Regulation on Artificial Intelligence*，2023）。2023 年 7 月，基于上述所列举措，几家业界知名的技术公司，包括开智公司、Anthropic、微软和谷歌（旗下拥有 AI 实验室"深思"）在内，联合组成了一个名为"前沿模型论坛"（Frontier Model Forum）的联盟组织（Milmo，2023f）。该论坛声称，其主要目标是推动 AI 安全研究，设定 AI 模型的评估基准，倡导对高级 AI 尽责使用，促成 AI 公司与决策者和学者就 AI 的信任与安全问题进行对话以及探索 AI 有益于人类的各种应用，如气候变化和癌症检测（Milmo，2023f）。该论坛承认，其建立要归功于其他实体机构所做的重大贡献，如英国政府和欧盟旗下的 AI 安全部门（Milmo，2023f）。此外值得注意的是，各科技公司，尤其是主导该"前沿模型论坛"的几家公司，已通过近期那场与白宫的对话就新的 AI 安全措施与美国政府达成了协议。这些安全措施包括为 AI 内容添加水印以便鉴别那些由深伪技术炮制出的欺诈材料，以及邀请独立专家评估 AI 模型等（Milmo，2023f）。事实上，科技公司内部似乎正在发生变化。但它们能否全力以赴地实现上述承诺？对此我们并不十分相信，有些人甚至颇感怀疑。考虑到之前我们曾耳闻目睹过某些公司或个人的所言所行，这份不信任与质疑其实不足为奇。首先以公司为例，据报道，在 ChatGPT 发布之前微软曾在 2022 年 10 月对其"伦理与社会团队"进行大幅裁员（Bellan，2023）。据内部人士描述，可能是迫于首席技术官与 CEO 与日俱增的施压，

⊖ 《AI 法案》将 AI 应用程序分为以下几个风险级别，即不可接受的风险、高风险、有限风险、无风险或最小风险。欧盟理事会针对上述风险分级制定了不同的监管方法。——译者注

公司才决定缩小该团队的规模以缩短产品上市前的伦理审核的时间，从而让客户能尽早用上最新版的 OpenAI 模型（Bellan, 2023）。在不久后的 2023 年 3 月，微软又决定辞退该团队的剩余成员（Bellan, 2023）。该团队的成员们普遍认为，这两次裁员决定都可归因于微软对快速发布 AI 新品的愈加重视。这种重视虽然有助于微软在与同行的竞争中占据一丝优势，但也有可能让该公司不再一如既往地关注对 AI 产品进行长期的、对社会负责的审核（Bellan, 2023）。但值得注意的是，微软仍保留了"负责任 AI 办公室"（Office of Responsible AI），其职责是通过治理和公共政策等措施来制定 AI 伦理指南（Bellan, 2023）。尽管如此，微软撤裁其"伦理与社会团队"的行为令人不由合理怀疑，该公司能在多大程度上履行承诺，将 AI 伦理原则真正融入其产品设计？再以个人为例，此例直接出自开智公司 CEO 萨姆·奥尔特曼之口。他曾在美国国会上高声呼吁应规范 AI 技术，但几天后，他却对欧盟为管理 AI 技术所做的努力深表担忧（Ray, 2023）。他不仅表示欧盟在《AI 法案》草案中所做的各项规定过于严格，还警告说如果这些规定太难遵守，开智公司可能会撤出欧盟，不再为该区域提供服务（Ray, 2023）。这种"变脸"既突兀又意味十足，充分显示出个人对 AI 发展所具有的巨大影响力。

正是这些公司与个人拥有的权力与所作所为的例子，令业界知名人士拉姆曼·乔杜里（Rumman Chowdhury）深感担忧。乔杜里发现，在 AI 行业内，与上述例子类似的模式会反复出现。她将此视为危险信号（Aceves, 2023）。她所强调的关键问题之一在于，AI 公司当前的基本操作是一面呼吁 AI 监管，一面却花费大量资源四处游说以反对 AI 监管法律的出台，从而达到控制叙事○的目的。这种自相矛盾的"两面派"做法有碍于 AI 监管体系朝着全面、稳健的方向发展，从而无法保障 AI 技术的负责任使用。此外，乔杜里强调说，缺乏问责制是 AI 开发与应用中的一个根本问题（Aceves, 2023）。她指出，各公司内部的风险分析经常会忽略道德考量因素，仅专注于评估相应的风险以及公司承担风险的意愿（Aceves, 2023）。如我们所见，微软正是这么做的。当某个 AI 项目明显已露出败相或有损商誉时，"游戏场"上的某几方"玩家"就会凭借其可用资源而受到偏袒，获得优待（Aceves, 2023）。这引发了人们对权力集中在特定群体手中的担忧，认为这有可能导致对个别公司或个人的偏袒以及对更广泛人群的不良后果。乔杜里进一步强调说，与机器不同的是，人类个体在做决策时，其优先事项与内部动机各有不同、标准模糊，很难将这些决策因素固定地分为"好"或"坏"（Aceves, 2023）。因此，为推动有意义的变革，她主张充分利用各种激励机制并重新分配 AI 治理中的权力资源。这需要促进政府、行业、学术界、民间团体等各利益相关方之间的协作，从而在大范围内共同解决与 AI 相关的难题，推动合作并达成妥协（Aceves, 2023）。她相信，这样就能确保 AI 技术的发展与利用能够造福整个社会，而非仅服务于少数人群的利益。除了乔杜里，《麻省理工科技评论》（*MIT Technology Review*）AI 内容高级编辑郝凯伦（Karen Hao）也对高级 AI 技术与几家世界级大公司之间的密切关联表示出极大的担忧（Hao, 2020）。她指出，由于几项最为成熟的 AI 应用需要依靠庞大的计算资源支持才能实现，因此只有几

○ 叙事（narrative）就是讲故事的方式，叙事者在讲述故事时，通过叙事人称、时间、视角、焦点等刻意安排，使受众潜移默化地被故事背后的价值观和意识形态影响，从而达到控制公众舆论的目的。——译者注

家最为富裕的公司才有能力投资与控制此类高级 AI 技术，因
此，科技巨头不仅能主导 AI 的研究方向，还能创造与管理那
些已融入日常生活的算法（Hao, 2020）。以上担忧都显示出透
明度、包容性、多方参与这三项要素对制定 AI 政策与法规的
重要性。围绕着 AI 治理的对话和行动必须包括来自各方的呼
声与观点，从而确保各项 AI 技术得到合乎伦理的发展、负责
任的使用，并服务于人类的共同利益。本书还会在其他章节继
续讨论上述担忧，但在接下来的第三章，我们将介绍我们深入
研究复杂 AI 问题的有力支撑，即本研究的理论框架。

第三章
ChatGPT 之于高等教育：理论框架

理论框架的必要性

在研究中，我们进行了一项探索性的案例研究，以便调查 ChatGPT 对学生、教师和高等教育机构的潜在影响。我们进行的"现场实验"不仅为我们提供了源自教学实践的真知灼见，还让我们得以验证一些理论思考。不过，在进行深入研究之前，我们有必要先建立起一套理论框架。在后现代定性研究中，建立在哲学基础之上的理论框架通常用于考察对同一现象的不同看法与理解，这样有助于：① 让研究本身与其目标保持一致；② 将社会和文化因素对理解现实造成的影响纳入考量；③ 从批判性角度提供有价值的见解。在本研究中，我们选择采用定性研究法以探索与 ChatGPT 相关的主观体验和意义，以此了解 ChatGPT 对本校内部各相关方（学生、教师、高校）的影响。在此基础上，我们需要选择一套理论框架，综合剖析由 ChatGPT 融入高等教育引发的社会政治影响与个人生活体验[⊖]。

㊀ 生活体验（Lived Experience）是指个人直接获得的第一手体验。这类体验即时而生动，并与个人身份和背景紧密相关。——译者注

为此，我们决定采用批判理论[⊖]和现象学[⊖]作为本研究的基础理论框架。批判理论专注于社会结构与权力动态[⊖]，让我们得以从一个批判性视角去分析 AI 技术对教育环境造成的各种较大影响。现象学则扎根于对人类体验的理解，为本研究提供了一条路径，令我们能够探究相关各方与 ChatGPT 进行互动时的个体与集体意识。这套集两种理论于一体的理论框架有助于我们最终得出一个较为全面公正的整体观点，从宏观层面捕捉 AI 技术对高校动态的影响；从微观层面把握高校师生对 AI 技术的个人体验与观感的细微差别。随着研究的推进，我们借助这两种理论深挖每一个主题，从而得以揭示本研究课题"ChatGPT 对高等教育的影响"更广泛的意义，并全面理解其重要性。

批判理论与 ChatGPT：剖析权力动态与社会结构

作为一个有效的理论框架，批判理论能够对权力动态、社会结构与意识形态进行深入研究，从而审视与质疑当前的不平等与压迫制度。该方法旨在揭示那些会潜在影响人们正确认识现实的社会与政治因素，最终目标是赋权边缘化人群（Tyson, 2023）。在选择一个理论框架以思考"ChatGPT 对高校内各相关方的影响"这一问题时，批判理论凭借以下极具说服力的理

⊖ 批判理论（Critical Theory）是一种强调以哲学为导向，对社会的文化结构、意识形态、思想启蒙历史以及审美文化现状予以批判性反思与重建的社会文化理论。——译者注

⊖ 现象学（Phenomenology）是一种重视经验世界的哲学方法，致力于从现象本身出发，描述和分析现象的本质结构和意义，从而揭示人类经验的根本特征和世界的本质。其核心思想是"回到事物本身"，即摒弃主观、客观的二元对立，直接面对人们的经验世界，追寻现象背后的本质和意义。——译者注

⊖ 权力动态（Power Dynamics）是指在社会关系中，个人或群体之间的权力关系的变化过程。——译者注

由脱颖而出：

- **探讨权力动态**

  批判理论有助于我们探索 ChatGPT 在一所高校内或扰乱、或巩固权力的方式；发现 AI 技术的使用可能会引发的各种不平等现象；透彻分析权力动态对日后的"教与学"实践可能产生的影响。

- **重新定义教师角色**

  由于 ChatGPT 能够为学生提供自动化的回复与帮助，该 AI 机器人的变革性潜力已拓展至"重塑教师职能"。在此背景下，批判理论不仅有助于我们剖析该职能转变可能会对教师权威、专业知识传授以及师生互动方式带来的改变，还令我们借助一次批判性的探索以查明上述改变带来的影响与后果。

- **重新评估学生角色**

  随着学生们更多地使用 ChatGPT 等 AI 工具，他们在学习过程中的"角色"也可能会逐渐发生转变。批判理论提供的研究框架不仅有助于我们仔细检查这种角色转变会如何影响学生的自主学习能力、批判性思维以及独立学习技能的培养，还吸引我们去探索学生们在求学之旅中究竟会变成信息的被动消费者还是主动探索者。

- **对高校的影响**

  借助批判理论这一视角，我们还能展望高校在接纳 ChatGPT 后的发展前景。在该理论指导下，我们得以细致分析高校在采用 AI 技术期间，应怎样重新调整其教学政策、结构与实践。这种自省有助于我们判断 ChatGPT 引发的种种改变究竟会加固还是打破教育生态中现存的权力结构与权力不平等。

为加深理解，我们决定参考批判理论界三位知名理论家的著作。这三位知名理论家分别是美国哈佛商学院教授克莱顿·克里斯坦森（Clayton Christensen）、法国当代思想大师皮埃尔·布尔迪厄（Pierre Bourdieu）以及卡尔·马克思（Karl Max）。

克里斯坦森的破坏性创新与 ChatGPT 的变革性潜力

在商业战略理论前沿，克莱顿·克里斯坦森的巨著《创新者的窘境》（*The Innovator's Dilemma*）始终占有一席之地（Christensen, 1997）。在此书中，他向全世界介绍了一个新概念"破坏性创新"（Disruptive Innovation），即资源有限的小公司凭借突破性的创新技术异军突起，成功挑战并最终超越行业巨头的现象。这些小公司一般从小众市场起家，其产品在初期也并不起眼，但往往凭借其可负担性（affordability）和可及性（accessibility）从众多同类产品中脱颖而出。随着时间的推移，这些创新产品逐渐大受欢迎，吸引到更大的客户群并动摇了原本行业巨头的统治地位。尽管克里斯坦森的破坏性创新概念与批判理论乍看似乎风马牛不相及，但细看就能发现两者盘根错节的交集。破坏性创新的核心是权力的转移：初创公司不仅挑战了业界巨头的地位，偶尔还能取而代之。这种权力转移现象恰恰反映出批判理论的原理，该理论一直深耕于权力关系的研究。此外，破坏性创新素以"亲民"为特征，擅长将产品和服务从原本排他性的奢侈品改造为大众适用的必需品。从批判理论的视角看，这种"亲民处理"甚至更具吸引力，体现了社会普及（Societal Access）与社会公平。除了市场破坏性创新的理念，克里斯坦森还在与同事们合著的《与运气竞争》（*Competing Against Luck*）一书中推出了另一种分析工具"待

办任务理论"（Theory of Jobs to be Done）（Christensen et al.,
2016）。作者们在书中指出，消费者并非仅仅为了获得产品或
服务的功能而进行购买；他们购买行为的另一个目的是利用
产品或服务来完成某些特定"任务"。这些任务可能是功能性
的，如购买一部手机用于打电话；也可能是社交性的，如购买
一辆豪车以炫耀身份；还可能是情感性的，类似于购买一块健
身手环，通过打卡完成每日健身任务来获得满足感。通过了解
上述任务需求，各公司能设计出更优秀、更具针对性的产品。
然而，这种对客户需求的精准了解并非朝夕之功，而是需要持
久的客户追踪与新品研发，因为上述"任务"也在不断发生
变化。

将克里斯坦森的"待办任务理论"用于调查 ChatGPT 对
高等教育领域相关各方（学生、教师、高校）的影响，有助于
我们把握上述三方的特定需求与动机。再通过了解 ChatGPT
能为这三方分别完成的任务，我们能更透彻地分析该 AI 应用
对学生、教师与高校的潜在影响。关于"学生"角色，克里
斯坦森的理论有助于我们发现学生们希望在教育之旅中完成
的各种任务。ChatGPT 可以支持学生进行学术研究、获取相
关信息（功能性任务），能促进学生间的合作学习以及同伴互
动（社交性任务），还有助于增强学生的学习动机与自信（情
感性任务）。对上述任务的完成情况进行检查，有助于我们把
握 ChatGPT 影响学生学习体验与学习成果的方式。就"教师"
角色而言，我们可以利用"待办任务理论"考察教师们试图在
教学过程中完成的任务与目标。ChatGPT 能协助教师自动完成
考勤等行政事务（功能性任务），促进学生的课程参与和互动
（社交性任务），以及在课程规划中培养学生的创造力（情感性
任务）。而凭借对上述教师任务完成情况的了解，我们就能摸

索出 ChatGPT 增强或转变教师职能的方式。通过分析高校意图完成的各项任务，我们得以洞见 ChatGPT 可能以何种方式影响高校的运转。高校有待完成的任务包括增强高等教育的普及性与包容性（功能性任务）、推动各学院的创新与协作（社交性任务）、适应不断发展变化的教育需求（情感性任务）。对上述任务完成情况的了解，有助于我们制定有关"ChatGPT 在高校的融入与使用"的战略决策。因此，我们相信将克里斯坦森的破坏性创新概念与批判理论相结合，会构成一套多维的理论框架；在其引导下，我们得以对 ChatGPT 等 AI 技术进行全面探索。毕竟，AI 技术不仅能作为提升教育品质的一把"利器"，更有可能成为教育行业乃至整个社会的"游戏规则改变者"。

布尔迪厄社会学视角下的 ChatGPT

第二位理论家是社会学家、哲学家皮埃尔·布尔迪厄，他专注于研究社会结构、文化实践与个人行为之间的关系。他提出的惯习、场域与文化资本等理论为我们提供了一个社会学视角，以便了解社会结构影响人类行为的方式，以及个体逐层跨越这些社会结构取得成功的方式（Webb et al., 2002）。布尔迪厄的惯习理论假定，个体所处的环境会塑造他们的习惯，这些习惯会无意识地引导他们的思想、行为与偏好（Webb et al., 2002）。正是这些习惯在固化社会结构并左右社会群体间的权力发展与维系。他的场域理论强调社会结构与人类行动者之间的相互作用，认为社会现实是由不同场域构成的，每个场域都有其自身的一套规则与权力关系（Webb et al., 2002）。布尔迪厄的资本理论认为，社会阶级不仅取决于经济因素，还取决于文化和符号资本。他将资本分为经济资本、文化资本和社会资本三种形式，不同社会阶层的个体通过占有这三种资本来维系或提升其社会地位（Webb et al., 2002）。布尔迪厄（Bourdieu, 1982）认为，文化资本的外部形态表现为一个自给自足的稳定实体。尽管文化资本根植于历史行为，但它依旧遵循自身的明确规则，并且这些规则凌驾于个体欲望之上。其观点的最佳例证显然是"语言"，因为语言恰恰不独属于任何一个个体或集体。重要的是，文化资本不只是一个理论建构（Theoretical Construct），同时也是真实的、具有象征意义的有形力量。从艺术到科学，当人们在不同的文化领域中驾驭和使用这种力量时，它就会显现出来。在这些领域中，个人的成功往往与他们对这种外在资本形式的理解及其内在所具备的文化资源成正比。皮埃尔·布尔迪厄还专门谈到过他对语言的看法，他认为语言不仅是一种交流工具，还是一种资本形式，可称之为"语言资本"。这一概念的核心在于"语言惯习"和"语言市场"之间的相互作用，布尔迪厄用以下公式说明了两者间的关系：

语言惯习＋语言市场＝语言表达、说话方式

就其核心而言，布尔迪厄认为"语言惯习"，即个人说话的习惯和风格，既深藏于个人的内在，又能反映出个人所处的外部社会历史背景（Bourdieu, 1986）。作为社会条件的产物，惯习决定了言语要与特定的社交场合或市场相符。尽管有人觉得掌握一门语言就能达成有效沟通，但布尔迪厄却认为，人们实际说出的言语取决于谈话场合的内部规则，包括场合的正式程度、参与谈话的人的预期等（Bourdieu, 1978）。这正是他所提出的"语言市场"概念。布尔迪厄认为，仅能正确说出一门语言是不够的，人们还必须要理解因说话场合和对象不同所造成的社会语言学上的细微差别（Bourdieu, 1978）。语言市场既有形又抽象。说它"有形"，是因为语言市场包含常见的社会仪式，并且对人们所属的社会阶层具备清晰认知。说它"抽象"，是因为语言规范一直处于发展变化中，而且人们的说话方式实际受许多潜意识因素的影响。布尔迪厄的"语言资本"就概括了某些特定说话者所能获得的各种实际好处（Bourdieu, 1978）。布尔迪厄对语言市场的看法解释了在某些情境下言语虽然存在，但真实交流却并不存在的现象，而"权威发言"当属此例。所谓权威发言，是指一位受社会和机构支持的发言者可能说了很多，但却没传达出什么实质内容的讲话（Bourdieu, 1978, p.80）。布尔迪厄还认为，语言资本和权力动态之间存在天然的紧密联系。语言资本会影响价值判断，允许某些说话者利用语言为自身谋利。"每一次互动，每一轮交流，甚至两个人之间、两位友人间、男孩女孩间的所有语言互动，在某种意义上都属于始终受整体结构支配的一个个微观语言市场"（Bourdieu, 1978, p.83）。基于布尔迪厄的见解，韦伯等学者（Webb et al., 2002）强调了语言的作用，认为语言就是一种受个体社会地位影响的权力机制。无论是言语互动还是非言语互动，都反映了参与者的社会立场。布尔迪厄强调，语言是社会资本的蓄水池，这一比喻尤为深刻。当被视为一种资源时，语言就具备了一个"文化资本混合体"所应具有的功能。该混合体可用于打造强有力的关系，让说话者有机会从社区或机构获取宝贵资源。布尔迪厄的"文化再生产理论"（或"遗产理论"）表明，通过文化价值观和文化实践的代代相传，社会不平等也随之从上一代延续至下一代（Webb et al., 2002）。这种文化传播是依靠将下一代置于家庭教育、学校教育、不同机构中经历社会化[⊖]得以实现的。布尔迪厄论证说，教育体系作为

　　㊀ 社会化是指个体（尤其是儿童）在特定的社会文化环境中，学习和掌握知识、语言、规范等社会行为方式，适应社会并作用于社会的过程。——译者注

社会再生产的一件利器，美化并加固了统治阶级的文化实践和
信仰（Webb et al., 2002）。

　　将布尔迪厄的理论用于研究 ChatGPT 对学生、教师与高校
的影响，有助于我们掌握社会结构、文化实践以及个人行为与
AI 技术的融合方式。布尔迪厄阐释的四个概念（惯习、场域、
文化资本和文化再生产）则有助于我们深入了解当 ChatGPT
融入高等教育后，这项 AI 技术对学生、教师和高校这三方的
角色造成的改变与引发的潜在后果。首先，对学生而言，随着
ChatGPT 的引入，学生们可能体会到他们的惯习和文化资本均
发生了变化。这项技术可能会影响他们的学习实践以及他们对
知识的获取与运用。ChatGPT 被用于与学生进行语言互动与
交流后，可能会影响学生自我表达、学习课程内容以及与其他
同学协作的方式。由于该技术可能会挑战传统的等级制度和知
识来源，因此它可能会影响学生们与学术权威的关系以及他们
获得专业知识的方式。其次，对教师而言，当 ChatGPT 融入
教学后，他们需要在三种个人要素——惯习、文化资本、使用
ChatGPT 时的期望与需求——的相互作用下艰难适应，因此这
项 AI 技术也会影响教育领域内的权力动态。该技术还有可能
改变符号资本的分布，并重新定义在教师职业中哪些知识与专
业技能在 AI 技术融入教学后会更受重视。同时，教师们可能
需要重新确立自己在教学中相较于 ChatGPT 而言的地位与权
威，这意味着他们可能需要重新配置其教学职能和进行有效教
学所需的技能。最后，对高等教育机构而言，布尔迪厄的理论
证明 ChatGPT 的融入可能会为高校内部的文化再生产做出贡
献。该 AI 技术可能会对某些知识形态和交流形式予以特别优
待，通过这种方式来延续高校现有的权力结构。ChatGPT 的
使用还可能会影响高校的制度实践、课程开发和评估方法。因

此，高校需认真考虑采用 ChatGPT 的潜在后果以及如何确保
ChatGPT 的使用不会背离学校的教育目标、价值观和"保障社
会公平"的承诺。

ChatGPT 背景下的马克思异化理论

德国哲学家、经济学家、社会学家、革命社会主义者卡
尔·马克思在历史上占有举足轻重的地位。他的哲学和社会思
想的核心是"共产主义"理念。共产主义是一种可取代私有制
经济的社会经济制度，主张财产和资源应归集体所有（Elster,
1986）。作为一名社会主义者，马克思认为需要通过革命手段
而不是渐进式改革对社会制度进行深刻、彻底的改变。他指出
人性不是静止不变的，而是始终处于历史和社会环境的影响之
下（Elster, 1986）。他将"劳动"置于社会结构的最前沿，明
确肯定劳动是生成全部财富的主要来源（Elster, 1986）。马克
思指出了资本主义的一个关键问题，即资本所有者通过夺取由
工人劳动生产的剩余价值而达成对工人的剥削（Elster, 1986）。
这种剥削催生了主要存在于资产阶级（即资本家）和无产阶级
（即工人）之间的阶级斗争（Elster, 1986）。他展望了一个无产
阶级将会推翻资产阶级的未来，从而为通向社会主义社会铺平
道路，实现对生产资料的集体所有与控制（Elster, 1986）。尽
管马克思主义理论中强调了"虚假意识⊖"的概念，即工人阶级
误以为自身利益与统治阶级的相一致，但值得一提的是马克思
本人从未使用过这一表述（Althusser, 1971）。马克思对政治经

⊖ 虚假意识（False Consciousness）是马克思主义理论中的一个术语，指被物
质、意识形态、制度设计等方式误导和掩盖的阶级社会中的剥削关系。——
译者注

济学的批判旨在揭示资本主义内部的种种自相矛盾之处，并强调了物质条件（尤其是经济关系）对创造历史的作用（Elster, 1986）。对马克思而言，资本主义作为一个历史发展阶段，必将先过渡到社会主义，并最终完成向共产主义的过渡（Elster, 1986）。马克思对资本主义进行批判的一个核心支柱是异化理论（Theory of Alienation）。他详细描述了资本主义制度是如何将个体及其劳动产品、劳动过程、劳动同伴乃至自身创造力相分离的（Mészáros, 2005）。在资本主义制度下，工人们被剥夺了对生产资料的控制权，这使他们不得不出卖劳动力来获得工资。马克思将异化分为四类：①劳动产品的异化：劳动产品成为受资本家控制的商品；②劳动过程的异化：在资本家一心逐利的驱动下，单调重复的劳动过程往往令劳动者身心俱疲；③劳动同伴的异化：资本主义提倡竞争和个人主义，劳动者之间的关系变得冷漠、疏离；④劳动者内在创造力的异化：资本主义制度使个体沦为单纯的生产工具（Mészáros, 2005）。这四种异化引发了不平等、剥削、真诚人际关系破裂等社会问题（Mészáros, 2005）。为解决这些根深蒂固的问题，马克思主张废除生产资料私有制并开创一个无阶级的社会，通过集体控制、统一管理的方式赋权个体，使其能够掌控自己的工作与工作成果（Mészáros, 2005）。总之，马克思的理念描绘出一幅与"经济机制和社会互动间复杂联系"密切相关的未来图景。他的理论影响持久，不断回响于各种社会政治运动和分析中，甚至在当代亦是如此。不过，其理论与 ChatGPT 有何关系？

卡尔·马克思的异化理论强调了工人与其劳动本质之间的关系。将异化理论应用于现代高等教育这个环境中，我们就能弄清 ChatGPT 等 AI 技术可能为学生、教师与高校带来的后果与影响。对马克思而言，教育也可被视为一种劳动，学生们在这种劳动中付出努力以获取知识和技能。在教学中引入 ChatGPT，有可能重塑学生与学习之间的动态，即改变学生与"教育劳动"之间相互作用的关系。一方面，ChatGPT 能让学生快速获取所需信息，这将有益于学生间的合作学习或学生个体的独立学习。但另一方面，学生对 ChatGPT 的过度依赖可能会扼杀学生的批判性思维并减少学生对学习过程的积极参与。而且，尽管 ChatGPT 有可能实现信息获取的普及化，但人们愈发担忧的是，如果教育进一步商品化，特别是如果优质教育工具也基于购买力进行分级的话，那么不同经济状况学生群体间的隔阂也会愈发加深。将马克思的异化视角拓展至高校教师，我们发现，如果 ChatGPT 或类似的 AI 技术过度侵占本属于教师们的领域，他们可能会感觉与其职业本质渐行渐远。尽管 ChatGPT 可以自动化某些教学任务，让教师得以专心于教学中那些存在细微差别、以人为本的方方面面，从而提升教育质量，但其中也存在一个风险。如果高校将技术的地位置于教育者之上，可能会导致某种形式的"职业异化"，也就是将教育者降级为"次要角色"，并可能会降低他们在教学过程中收获的成就感。从马克思主义的视角看，ChatGPT 这类技术的应用可能会放大各高校的资本主义倾向。在高校眼中，较之于其提升教学品质的用途，这些 AI 工具可能更多地被视为节约成本或驱动盈利的"法宝"，而结果可能是高校将其首要任务从全面教育转向那些受市场驱动的目标，这恰恰反映出马克思对"资本主义结构会掩盖真实价值"的担忧。然而，这种可能性未必会出现。ChatGPT 如果能以合乎伦理规范并以学生为中心的方式融入高等教育，应该能使传统教学法与现代技术水乳交融，为师生们带来更充实的人机协作体验。就本质而言，尽管 ChatGPT 等同类型的 AI 技术都具有重塑高等教育的巨大潜力，但马克思的异化理论提醒我们，不能忽略此类技术背后的风险。我们面临的挑战在于，将这些 AI 工具以合乎伦理的方式融入教育，并专注于利用 AI 增强人类能力，而不是放任个人能力被闲置。该理论使我们清晰认识到持续重新评估高校政策、强调教育应以人为本以及确保技术进步真正服务于其主要利益相关方（学生、教师与教育界）的重要性。

现象学：揭示关于 ChatGPT 的洞见

作为一个理论框架，现象学的核心是理解主观体验与个人赋予这些主观体验的意义。现象学通过探究个体亲身体验的遭遇，力图揭示个体感知到的现象本质（Patton, 2002）。在研究 ChatGPT 对高校内部不同利益相关方的影响时，现象学提供了一种有价值的理论方法，其意义如下：

- **探索主观体验**

  现象学让研究者得以探究个体参与者对教与学的过程中融入 ChatGPT 后的主观体验。该理论有助于揭示学生和教师对该 AI 技术的亲身体验、切身感受和情绪反应。

- **理解意义赋予过程**

  现象学旨在了解个人如何理解自身经历，以及个人对这些经历所赋予的意义。就 ChatGPT 而言，现象学可揭示师生如何解释和理解该技术对他们以及整个教育过程的影响。

- **考察教与学的变化**

  现象学有助于研究者通过调查教学实践和教学策略中可能需要做出的转变，探索 ChatGPT 对教与学的影响，同时深入了解它对师生互动以及整体教育体验的影响。

- 揭示新可能与新局限

  现象学使研究者得以探索并确认 ChatGPT 为教育带来的机遇和挑战。ChatGPT 的优势在于能为师生提供更多的信息获取渠道或个性化学习体验；它埋下的隐患包括 AI 技术可能会导致人际交往的减少。

- 强调亲身体验

  现象学强调第一人称视角和个体的经验性知识，这恰与本研究的目标一致，即理解学生和教师在教学过程中与 ChatGPT 打交道的亲身体验。

为进一步加深对现象学的理解，我们还参考了该领域最具知名度的理论家之一马丁·海德格尔（Martin Heidegger）的相关著作。

海德格尔式反思：AI 与存在的本质

德国哲学家海德格尔为现象学、解释学和存在主义哲学均做出了杰出贡献。尽管他与纳粹党的密切关系颇受诟病，但他的哲学思想为我们理解技术对人际关系的影响以及我们对世界的真实感和与世界的联系提供了宝贵启示（Inwood, 2019）。海德格尔哲学的核心概念是"此在"（Dasein），是指人的存在及其质疑自身存在的独有能力（Girdher, 2019）。海德格尔的哲学思想强调"对世界的先在（Pre-Existing）理解"，认为这种理解塑造了人的存在，即"此在"的存在方式为"存在于世"（Being-in-the-world）（Girdher, 2019）。海德格尔对存在意义的探索围绕着"什么使存在被理解为存在"而展开。他对"存在（Ontical）层面"与"存在论（Ontological）层面"进行了区分。"存在层面"是指与特定存在（Being）相关的方方面面，而"存在论层面"则关注实体存在（Entities）的深层含义⊖。海德格尔将两者间的区别称为"存在论差异"（Ontological Difference）（Inwood, 2019）。该区别构成了基本存在论（Fundamental Ontology）的基础，其目的在于理解存在本身的含义。"时间"是海德格尔哲学中的另一重要理念，他所指的"时间"并不仅仅是一个线性的事件序列，而是所有存在的一个基本方面，塑造了我们对世界与我们在世界中所处地位的理解。海德格尔哲学认为，技术从根本上改变了人与世界的关系。技术以特定的方式揭示或命令世界，海德格尔将"揭示"和"命令"这两个动作分别命名为"集置"（Enframing，或称"框定"）和"促逼"（Challenging-forth），两者均属于技术的本质（Inwood, 2019）。该观点还引出了一种被海德格尔称为"长期储备"（Standing Reserve）的存在模式，在该模式下，包括人类在内的一切都被物化并沦落为达成某个目的一种手段（Inwood, 2019）。海德格尔提醒道，该存在模式掩盖了我们与世界的真实关系，并使我们与自身的真实本性相分离（Inwood, 2019）。但他也承认技术引导积极变革的潜力，并提出了一种以"诗意栖居"（Poetic Dwelling，即与世界和谐共存）或"泰然处之"（Releasement，即不将抑制强加于其他"存在"）为特征的方法以应对技术的负面影响（Bida, 2018）。他还提出了"上手之物"（Readiness-to-hand）的概念，用于描述我们在日常生活中与工具和物品的无缝互动。在日常生活中，工具就是我们自身的延伸，让我们得以享

⊖ 现举一个较为粗浅的例子来说明"存在层面"和"存在论层面"之间的区别。比如，对一块手表而言，它的"存在层面"是指你看到的它的品牌、价格、设计、做工等；而它的"存在论层面"是指你看到的它的工具性，即它作为一件计时工具是如何与你产生联系的。——译者注

受流畅感和高效率（Inwood, 2019）。依照这一观点，技术会促进开放性、专注度以及与世界的紧密连接，并同时揭示并推动人类与世界的互动关系。海德格尔的技术哲学极大地影响了当代对技术的伦理层面和事关人类生存层面的讨论。其论述促使我们反思技术对人类生活的影响，质疑技术世界观背后的种种假设，探索与技术相处的其他可替代方式，从而实现更有意义且可持续的"存在"。

在审视学生角色时，海德格尔的哲学能让我们看到学生具有质疑自身存在和存在世俗性的独特能力。ChatGPT 在教育中的应用会令人担忧"学生与知识的关系"，因为 ChatGPT 作为一种获取信息的工具大有可能会增强学生"上手之物"的体验感——在 AI 技术的辅助下，所需信息触手可及的感觉。通过对学生提问做出即刻与相关的回复，ChatGPT 还能简化信息获取过程，减轻认知负担，让学生更专注于对知识的理解和应用。然而随之而来的风险是，过度依赖 ChatGPT 可能会导致被动学习，削弱学生的探索能力和批判性思维。为避免此类情况的发生，学生可能需要反思技术在其学习过程中的作用，并积极构建他们对"存在于世"的理解。在审视教师角色时，海德格尔"存在于世"的理念表明，与教师作用紧密相连的是他们的存在以及他们对世界的理解。由于 ChatGPT 能帮助教师备课、为他们提供及时反馈并回答学生提出的常见问题，其引入可能会挑战教师作为知识主要来源的传统职能。但人们同时怀疑，AI 技术的融入是否会使教师授课也成为"上手之物"。教师应保持警醒，以防他们对 AI 的依赖会影响到他们和学生的真实联系与教学过程。因此，教师可能需要进一步摸索将 AI 技术融入教学实践的最佳方式，重新评估自己与知识的关系并提升真实学习体验。如此一来，教师职能可能会转变为指导学生与技术互动、培养学生的批判性反思能力以及帮助学生认识到他们对"存在"的理解。

ChatGPT 的引入还会促使高等教育机构重新评估教育的时间维度。高校不仅应批判性地评估该 AI 技术是否符合其教育价值观与教育目标，还必须认真思考如何在"效率"与"有意义的学习体验所需时间"之间保持平衡。AI 技术的融入还可能会影响高校的制度结构、课程设计与整体教育环境。对高校而言，ChatGPT 的融入有助于精简信息和资源的获取流程，从而会提高工作效率并减少行政负担。但高校也必须谨慎行事以免对 AI 技术产生过度依赖，还必须慎重考虑在"效率"和"真正的学习体验所需时间"之间保持平衡。此外，高校应确保 AI 的融入既不会影响学生和教师"上手之物"般的学习与授课体验，又能与高校本身的教育价值观和教育目标相符。这将有助于为高校师生维持一个全面有效的学习环境，并能让他们欣然接受 AI 技术所带来的种种好处。总之，将海德格尔哲学用于研究"教育领域中的 ChatGPT"不仅能让我们更深入地了解该技术对学生、教师以及高校的潜在影响，还能促使我们从人类存在层面以及时间层面对教育进行深入思考，同时鼓励我们对"技术会如何影响人类与知识、真实性和存在于世的关系"进行批判性评价。

在本章中，我们为研究 ChatGPT 等 AI 技术构建了一套由批判理论和现象学构成的理论框架。批判理论有助于我们深入研究权力动态、社会结构与文化习俗；现象学可用于理解能被个体直接感知的意识体验。我们将在第六章"发现与解释"中重温这两大理论，以便指导我们对研究发现进行综合分析。

第四章

ChatGPT 之于高等教育：文献综述

定义文献综述的范围

　　本章介绍了我们在 2023 年 4 月初所做的文献综述，综述涉及的文献均为在学术搜索引擎谷歌学术（Google Scholar）中以 ChatGPT 对学生、教师、高校的影响为主题搜索所得。我们进行文献综述的主要目的是找出针对"ChatGPT 与教育相融合"所做的案例研究，从而获得学界对该 AI 技术实际影响的宝贵见解。由于 ChatGPT 在 2022 年 11 月才公开发布，而我们仅在四个多月之后就启动了文献综述的工作，再考虑到学界对该技术进行深入研究和分析的时间有限，所以我们已经预料到相关案例研究的稀缺性。果不其然，一番搜索之后，我们只找出有限几篇称得上是"ChatGPT 实际案例研究"的文献。不过，我们发现了内容分析（Content Analysis）和文献分析（Document Analysis）研究中的一种新兴趋势——借助媒体新闻稿、社交媒体讨论等二手资料为研究对象。此外，我们还发现了数篇针对 ChatGPT 不断增加的研究成果进行综合分析的元文献综述，由于 ChatGPT 仅公开发布了数月，有关该技术的学术出版物经同行评议的时间有限，因此这些元文献综述中经常包含一些预印本 。再者，我们还找到了几篇用户案例研究，专门探讨那些试用过 ChatGPT 某些用途的高校教师与研究者们的个人体验。考虑到本研究对 ChatGPT 在教育领域的应用尤为关注，我们将搜索范围限制在 ChatGPT 公开发布日（2022年 11 月 30 日）之后，即本研究开展前的四个月内所发表的新论文。在进行了第一轮文献搜集与回顾之后，我们筛选出与本研究最具相关性的九篇论文，并将其分为三组：内容分析与文献分析论文（三篇）、文献综述论文（两篇）、聚焦用户体验的案例分析论文（四篇）。

有关 ChatGPT 的内容分析与文献分析论文

论文一：论 ChatGPT 对提高大学生生产力的作用⊖

福奇等人的（Fauzi et al., 2023）这篇论文旨在探索 ChatGPT 对学生生产力（Student Productivity）的影响，属于定性研究。福奇等人（Fauzi et al., 2023）采用了桌面研究法⊜，依靠来自二手资料的信息进行数据收集。他们查阅了包括在线媒体、期刊数据库等在内的各类参考资料，从而确保全面搜集与 "ChatGPT 对提高学生生产力的作用" 这一主题相关的文献。在数据收集过程中，福奇等人（Fauzi et al., 2023）首先记录了相关信息，随后借助数据规约⊜和数据展示⑭等技术进行数据分析。通过简化数据、分类数据和删除无关数据，他们收获了关于 "ChatGPT 对学生生产力的可能影响" 的深刻见解。他们的数

⊖ 英文标题为：*Analysing the Role of ChatGPT in Improving Student Productivity in Higher Education*。——译者注

⊜ 桌面研究法（Desk Research），又称 "案头研究" 或 "二手资料研究"，指对从电脑、杂志、书籍、文档、互联网搜索等中找到的现有二手资料进行分析和研究的方法。——译者注

⊜ 数据规约（Data Reduction）：采用降维、聚类、主成分分析等方法使数据集的规模缩小，同时尽可能保持其关键信息和结构特征。——译者注

⑭ 数据展示（Data Presentation）：是指利用可视化工具对数据进行展示，提高数据的可读性和可理解性。——译者注

据展示涉及系统地整理数据以及使用田野笔记（Field Note）这种形式的书面论述，以便有利于理解数据并得出结论。该研究发现：①ChatGPT有潜力从各方面提升高校学生的生产力。值得一提的是，在学生完成课程作业和项目的过程中，ChatGPT能为他们提供相关信息与资源，这对他们助益极大。②ChatGPT有助于学生提升语言技能、语法、词汇乃至写作风格。③ChatGPT能培养学生的协作能力，让他们可以进行有效沟通、思想交流与项目合作。④通过帮助学生管理日程安排、作业完成期限与任务清单，ChatGPT有助于提高学生的时间效率（Time Efficiency）和时间效益（Time Effectiveness）。⑤ChatGPT能时刻为学生提供支持和动力，如为他们的压力管理、时间管理和任务管理出谋划策。基于上述发现，福奇等人（Fauzi et al., 2023）提出了以下三项建议。首先，学生应审慎使用ChatGPT，并批判性地评估ChatGPT所提供信息的可靠性。其次，教育者与教育机构应考虑将ChatGPT融入学习过程以提高学生生产力，还要兼顾对学习过程中人际互动和学生投入[⊖]的重视。最后，技术公司应持续提高与改进ChatGPT等大语言模型，以便进一步助益提高学生生产力与在线学习的品质。福奇等人（Fauzi et al., 2023）的论文使我们进一步了解ChatGPT对高等教育的诸多积极影响，尤其是它在提高学生生产力方面的潜力。但有必要指出的是，该研究也存在若干不足之处，如对二手资料的严重依赖使研究者对ChatGPT对教育领域内其他方面的影响力缺乏探索。为增加研究发现的效度与

⊖ 学生投入（Student Engagement），又称"学生参与"，是指学生在学习或接受教育时所表现出的注意力、好奇心、兴趣、乐观和热情的程度，即他们学习和取得学业进步的动力。——译者注

信度，我们建议，后续研究可考虑结合一手研究[○]，并将研究范围扩大至 ChatGPT 对教育界各个方面的影响。

福奇等人的这篇论文（Fauzi et al., 2023）直接涉及我们的研究主题"ChatGPT 对学生、教师与高校的影响"，因此对我们的研究具有重要意义。该论文在以下几个方面有益于我们对该研究主题的理解：

- **专注于学生生产力**

  该论文专门考察了 ChatGPT 对高校学生生产力的影响，并就"ChatGPT 以各种方式对学生学习成果与学术表现产生影响"这一研究主题发表了相关洞见。

- **建议具有实用性**

  该研究提出的三项建议为教育者和教学机构提供了宝贵指导，有助于他们将 ChatGPT 有效融入学习过程，同时兼顾学习过程中的人际互动与个性化指导。

- **影响更广泛**

  该研究在专注于学生生产力的同时，还说明了学生与 ChatGPT 的互动可能会影响到教师的教学实践以及高校支持其学生获得学习与学术成功的种种手段，为我们的研究提供了有关"ChatGPT 对高校教师和高等教育机构的影响"的间接信息。

总之，福奇等人（Fauzi et al., 2023）的发现和建议不仅为我们应对 ChatGPT 与教育的有效融合提供了宝贵指导，还为在当前各种 AI 驱动的技术"入侵"校园的大背景下，教师与高等教育机构的职能变化提出了若干需重点考量的因素。

○ 一手研究（Primary Research）：具体而言，一手研究是指通过实地观察、个人实践、问卷调查和访谈等手段搜集一手资料，并对所获资料进行分析和研究的方法。——译者注

论文二：教育中的开放式 AI：对 ChatGPT 负责且合乎伦理的使用助益终身学习[⊖]

这篇由大卫·穆朗格（David Mhlanga）在 2023 年发表的论文使用文献分析法对出自新闻媒体、博客发帖、已出版的期刊论文和专著的文献进行了研究。为完成该研究，穆朗格在全球范围内进行文献搜集，以找出研究"开放 AI""教育界负责任地使用 AI 的原则""AI 对教育的伦理影响"等主题的文献（Mhlanga, 2023）。随后，他从搜索结果中挑选出 23 篇出版物作为一手资料，并从中发掘出若干关键主题，其中一个主题为"在教育中使用 ChatGPT 的各种挑战"。在诸多挑战中，他特别强调了应避免将 ChatGPT 用于给学生的书面任务（如小论文）打分，因为这种做法可能会对传统的评分方式造成威胁。此外，他还对学生会将作业"外包"给 ChatGPT 的可能性表示担忧，认为这会大大增加教师发现学术抄袭行为的难度。尽管存在这些挑战，但穆朗格依然认为全面禁止 ChatGPT 的教学使用未必是最佳方案。反之，他呼吁教育者和决策者彻底解决 ChatGPT 的现有挑战，并多多考虑 ChatGPT 对教育的各种潜在益处。除却上述担忧，穆朗格也强调了 ChatGPT 带来的各种机遇，并认为 ChatGPT 生成小论文和书面内容的能力是提升学习效果的一项利器。此外，他还建议可以借助 ChatGPT 改进评估流程，从而培养学生的协作和参与精神以及促进体验式学习。尽管穆朗格承认 ChatGPT 可能具有破坏性，但他依然认为该技术为实现教育现代化与彻底变革提供了一次绝佳的机会（Mhlanga, 2023）。但穆朗格强调了在教育环境中"负责且

⊖ 英文标题为：*Open AI in Education, the Responsible and Ethical Use of ChatGPT Towards Lifelong Learning*。——译者注

070

合乎伦理"地使用 ChatGPT 的重要性；他还特别指出，保护用户的数据隐私是重中之重，学生必须对数据收集、使用与安全措施有所了解。他同时还提醒道，要做到对 ChatGPT 的负责使用，需解决各种潜在偏见并确保该 AI 技术在教学过程中恪守公正与非歧视原则，尤其是在打分与评估环节。穆朗格特别指出，ChatGPT 应被视为课堂教学的有益补充，而非人类教师的替代品。这是因为他相信人类教师在理解学生独特需求、培养学生创造力、提供实操经验等方面发挥着至关重要的作用，而这些能力都是 ChatGPT 无法复制的（Mhlanga, 2023）。除上述优点外，穆朗格还指出了 ChatGPT 现存的一些缺陷。例如，它无法理解学生所处的环境（民族文化、家庭背景等）。因此，他认为该缺陷使 ChatGPT 无法提供个性化与体验式教育，而这两种教育方式对学生的整体性学习（Holistic Learning）而言是必不可少的。因此，他建议教育者必须让学生了解 ChatGPT 的局限性，并鼓励他们批判性地评估其提供的信息（Mhlanga, 2023）。穆朗格认为，透明度能够确保 AI 在教育中被合乎伦理地使用。因此，他建议为学生和教师建立公开论坛、研讨会和讨论小组，使他们了解 ChatGPT 的运行方式和性能。对穆朗格而言，透明度是指让学生们了解该 AI 技术的算法、所用数据源以及各种潜在偏见。他还认为，有必要优先选择那些能提供源代码和底层数据访问的开源 AI 或透明 AI 技术。他相信，只有让学生了解 AI 的缺陷与潜在偏见，方能保障他们对该技术的负责任使用（Mhlanga, 2023）。另外，穆朗格强调了"准确性"对教育的重要意义，指出确保 AI 生成内容的准确性与可靠性是防止错误认识与虚假消息的关键。因此，他明确表示在教学过程中使用 AI 工具时，应强调批判性思维和事实核查（Mhlanga, 2023）。

穆朗格的上述发现聚焦于将 AI 用于教学环境时所带来的种种挑战和机会。其研究强调了让学生和教师了解 AI 缺陷和潜在偏见的迫切需要，并突出了教学过程中人类教师的不可替代性。总之，他的研究对 "ChatGPT 对学生、教师和高校的影响" 这一研究主题提供了宝贵洞见，并论证了我们研究问题中的几个关键方面。

在后续研究中，我们建议应扩大样本规模，并进一步思考 AI 在教育中更广泛的各种应用。

穆朗格（Mhlanga, 2023）的论文在以下几个方面与我们的研究直接相关：

• 为教育带来挑战与机遇

穆朗格的研究确认了 ChatGPT 的使用为教学实践带来的种种挑战与机遇。理解这些利弊有助于指导学生和教师应对和利用教学用途的 ChatGPT。教学用 ChatGPT 可能会导致学生的抄袭行为并由此需要教师对评估方式做出调整，这些都是高校在引入 AI 工具时可能需要面对的挑战。而由 ChatGPT 带来的机会，如改良评估流程、更新教学手段等，会激励教育者探索在教学中负责任地使用 AI 工具的各种方式。

• 与人类教师互补

穆朗格的发现表明，ChatGPT 不应取代人类教师，而是应为他们的工作添砖加瓦。这一点恰与我们的一个研究问题 "在 AI 驱动的教育界学生与教师角色的转变" 相符。深入了解 ChatGPT 提高并改善人类教师授课质量的各种方式有助于教师调整其教学方法以及学生与 AI 技术进行有效互动。

• 缺陷与认识缺陷

穆朗格的研究强调了教师指导学生掌握 ChatGPT 种种缺陷的重要性。学生只有充分了解 AI 的能力与局限性，方能批判性地评价 AI 生成的内容并有效使用 AI 技术。这部分内容也和我们的研究问题之一"学生应如何理解 ChatGPT 等 AI 工具并与之互动"高度相关。

• 融合与适应

穆朗格（Mhlanga, 2023）的研究重点关注 ChatGPT 融入教学后带来的挑战和机遇，其发现有助于高等教育机构适应当前由 AI 驱动的教育格局。了解 AI 对教育界可能带来的各种干扰与助益，有助于各高校做出有关接纳 AI 技术的明智决策。

• 后续研究空间

穆朗格在论文中鼓励学者们对"教育界负责任地使用 AI"做出进一步的研究和讨论。这一点也与我们的研究问题"探索 AI 对学生、教师和教育机构产生的更广泛影响"不谋而合。我们可以扩展穆朗格的发现，钻研 AI 与教育融合的特定使用案例与最佳实践做法。

总之，这篇发表于 2023 年的论文就"在教育中负责任且合乎伦理地使用 ChatGPT"提供了宝贵洞见，并且与我们的研究高度相关。其研究论证了"ChatGPT 对学生、教师与高校的影响"的若干关键之处，并对 AI 带来的挑战、机遇、伦理考量因素和未来可能的发展方向等问题提供了相关看法。该论文可作为理解"AI 对教育的影响"这一主题的基础，并指导教育机构负责任地应对当前受 AI 驱动的教育格局。

论文三：高等教育中的 ChatGPT：学术诚信与学生学习的注意事项[⊖]

沙利文等人（Sullivan et al., 2023）的论文调查了 ChatGPT

⊖ 英文标题为：*ChatGPT in Higher Education: Considerations for Academic Integrity and Student Learning*。——译者注

对高等教育的种种破坏性影响。他们的研究集中于两个方面：①搜集有关"高等教育中的 ChatGPT"的新闻报道并分析这些报道的关键主题；②评估 ChatGPT 在这些报道中被描述为"一件有潜力的学习工具"还是"学术诚信的一大隐患"。他们采用的具体研究方法：使用一些特定搜索关键词对 100 篇出自澳大利亚、新西兰、美国和英国的媒体文章进行内容分析，而后将这些关键词先后导入文献管理软件 EndNote 和定性分析软件 Nvivo 进行分析。他们首先根据内容分析提炼出一份初级代码本，并根据已确认的主题对 100 篇新闻报道进行编码。接下来，他们研究了报道涉及的包括高校教职员工、学生和 ChatGPT 在内的各个相关方在报道中所呈现的形象。他们还使用 Nvivo 软件的"情感分析与查询"（Sentiment Analysis and Query）功能，对报道中流露出的情感以及词语用法进行了评估。总之，上述操作让作者们收获了一些研究主题。他们发现，这 100 篇新闻报道主要聚焦于对 ChatGPT 引发的学术诚信的担忧，尤其是由 ChatGPT 等 AI 技术引发的作弊、学术不诚信与 AI 滥用。他们还找出了几个用 ChatGPT 在大学入学考试中作弊的实例。因此该论文特别强调，教育学生们了解 AI 对学术诚信的影响以及设置明确的 AI 使用指导方针是保障学术诚信的关键所在。该论文还研究了各大学为查出学生是否利用 AI 完成作业所做的努力，主要涉及对各种 AI 内容检测工具的考察，如开智公司出品的"开放文本分类器"（Open Text Classifier）、论文查重系统"图尼丁"（Turnitin）、防 AI 代写软件"GPT 清零"（GPT Zero）、在线教育平台"霸百科"（Packback）、自然语言处理开源社区"抱脸"（Hugging Face）和防作弊软件"弊必查"（AI Cheat Check）。然而，那些凭借对学生作业的熟悉程度或通过字里行间语气变化来判断一份作业是否为 AI 生成的教师兼学者们，却大多对这些检测技术的准确性和成熟性表示怀疑。在其研究中，沙利文等人（Sullivan et al., 2023）还发现了另一个关键主题"反对将 ChatGPT 用于教学的各种举措"。多篇新闻报道都讨论了各大学在调整其课程、教学大纲或作业任务，并经常采用带监考的闭卷期末考试形式，从而尽可能杜绝学生们用 ChatGPT 生成内容应付作业或论文形式的期末考试。然而，一些教师反对完全依赖考试，而是建议重新设计布置给学生的任务——增加任务的真实性并以评估学生的批判性思维为目标。这些新闻还表达了对 ChatGPT 容易出错、现有缺陷及其对学生学习成果负面影响的种种担忧。另外，这些新闻还提及了与学生数据相关的版权、隐私权和数据安全等问题。有趣的是，一些新闻强调了学习和写作之间内在的联系，并重点提及了写作有助于人们探索并巩固他们对不同话题的看法。其他一些新闻还担忧，学生过度依赖 AI 完成课程作业可能会导致其批判性思维能力下降，而这或将阻碍学生通过教育获得真正的成长。此外，沙利文等人（Sullivan et al., 2023）还发现，更多的新闻报道提及，较之于那些允许使用 ChatGPT 的高校，众多大学院系均已对 ChatGPT 颁下禁令。不过，他们发现在各高校对 ChatGPT 进入校园所做出的回应中，最受媒体热议的是那些持观望态度的大学。这些大学往往被媒体描述为正在更新、审核以及考虑它们的相关政策。这一态度反映出，一部分大学面对 AI 发展日新月异的局势暂时选择谨慎行事的态度。还有几篇报道提及，在当前尚无官方机构出台相关政策的情况下，教职员工们纷纷自发地行动起来，修订自己所教授课程的学术诚信政策。沙利文等人还注意到，选择严禁 ChatGPT 使用的各大学，要么更新了其学术诚信政策（或称"荣誉准则"），要么将"AI 代写"

纳入了"作业 / 论文代写"的范围内，因此 AI 使用在这些大学已被明文禁止。此外，那些允许使用 ChatGPT 的大学通常会对它的使用进行严格规定。例如，学生需在作业中披露或承认他们为完成作业使用了 ChatGPT。此外，几位作者还特别指出，在他们搜集的 100 篇新闻报道中，其中有两篇明确提及，尽管某所高校并未对 ChatGPT 颁下禁令，但教职员工作为个人可自行判定是否要在一些特定的考核或课程单元中禁止其使用。此外，沙利文等人（Sullivan et al., 2023）还发现，在他们分析的 100 篇新闻报道中，有很大一部分都在讨论将 ChatGPT 融入教学实践的话题。这些报道支持 AI 与教学有意义的融合，并建议以某些特定方式将 ChatGPT 用于学生的作业任务，如引导学生生成创意、为学生作业提供反馈等。这些新闻报道还提出了 ChatGPT 在学习体验中的多种应用，包括布置个性化作业、辅助代码调试、生成草稿、提供作业范例等。这些报道都认为：禁止 ChatGPT 困难重重，再考虑到它必将在未来职场占有一席之地，因此全面禁止其使用是不切实际的。这一结论引发了人们关于投资 AI 内容检测系统的热议。有些报道将 ChatGPT 比作计算器或维基百科以强调其破坏性。但沙利文等人指出，在这些媒体报道中，AI 在工作场合的具体应用方式并未得到广泛挖掘；使用 ChatGPT 会让学生们持有更平等的外部资源来完成任务，从而提升学习成果的公平性——这一点也缺乏报道关注。同样，也少有报道提及 ChatGPT 还能够缓解学生焦虑或解决大学校园中的各种"可及性问题"——如个性化教育的可及性、专业资源的可及性、优秀教师资源的可及性等。不仅如此，在这 100 篇报道中，仅有区区几篇提及 ChatGPT 可能有助于非母语者提高写作技巧，从而营造一个更为公平的学习环境。关于 AI 能帮助残障人士的报道更是只有一篇，并且仅被轻描淡写地提了一笔。在话语权方面，沙利文等人（Sullivan et al., 2023）发现，在大学中，包括院系领导、协调员、研究员、行政人员在内，教职员工的话语被媒体广泛引用。比如，在他们搜集并研究的 100 篇报道中，约有半数引用了三位或以上的教职工代表对 ChatGPT 所发表的评论。相较而言，学生的发声比例相形见绌，仅出现在 30 篇报道中，而其中仅有 7 篇引用了超过三名学生的观点。有些报道只提及了 AI 生成内容检测工具"GPT 清零"的开发者、在 2023 年开发出该软件时年仅 22 岁的普林斯顿大学计算机科学专业大四学生爱德华·田（Edward Tien），多数报道更是仅使用了调查数据来代表整个大学生群体对 ChatGPT 的观点。

基于其研究，沙利文等人（Sullivan et al., 2023）呼吁对 ChatGPT 为大学教学带来的风险与机遇进行更为平衡的研究，而不要过于倾向教职员工——这是因为他们认为媒体对 ChatGPT 可能引发作弊问题的反复强调可能不仅会影响读者们对教育价值的观点，还会影响学生们对"ChatGPT 适当使用"的理解。因此，沙利文等人（Sullivan et al., 2023）建议，教师应重新设计评估任务，通过给学生们布置个性化与思考性任务以减少他们使用 AI 工具的可能性。但他们也承认，学术界目前对"最有效的 ChatGPT 适应策略"存在分歧；而且，由于 ChatGPT 和"AI 生成内容探测软件"都具有高速进化的特性，现有学术论文中的某些讨论可能很快会沦为过时之谈。他们特别指出，尽管多篇报道均提及了修订有关 AI 工具和学术诚信政策的必要性，但却并未落实具体的实施细节。据他们预计，更为清晰的政策立场可能会在 2023 年晚些时候才会出台。他们还认为，考虑到当前 AI 工具的可及性、成熟性以及被各行业广泛接纳的现状，为"AI 工具合乎伦理的使用"制定明

确的指导方针极为关键。在他们看来，考虑到 AI 工具对学生
的可及性——学生们当前可以通过访问相关网站或使用相关软
件轻松获得 AI 对其学业的帮助——全面禁止 AI 工具的使用
显然是不切实际的。因此，沙利文等人（Sullivan et al., 2023）
认为，有必要为 ChatGPT 的使用制定明确的指导方针，包括
应向公众坦诚该技术现存的缺陷与偏见。他们还特别说明了
ChatGPT 对学生学习的种种潜在助益，如简化复杂概念、辅助
学生备考等。他们相信，将 ChatGPT 融入工作流程应能提高个
体的可雇佣性[⊖]，但前提是个体应具备使用批判性思维技巧分析
AI 产出的能力。他们还建议各行业投入更多的时间与精力对
"ChatGPT 与职场"这一话题展开讨论。同时，教师应培养学
生掌握数项独特技能，从而使他们在就业市场上更具竞争力。
此外，沙利文等人（Sullivan et al., 2023）特别指出，ChatGPT
具有帮助各个权益团体获得学术成功的潜力，但现有研究文献
对这方面的关注却极为有限。他们相信 ChatGPT 能为那些非
传统大学生[⊖]、非英语母语大学生和对 ChatGPT 有使用需求的
大学生（即需要 ChatGPT 为其提供个性化教学和相关学习资
源的学生）提供有力的支持。但他们也提醒说，ChatGPT 有
时可能会生成不准确且存有偏见的答案，使用者应对此保持
警惕。尽管如此，几位作者依然认为 ChatGPT 是前途无量的，
并期待它在未来可以朝着可及性与包容性的目标进一步发展。
沙利文等人（Sullivan et al., 2023）表示，对于"ChatGPT 与

⊖ 可雇佣性（employability）：国际劳工大会（International Labour Conference）
将这一概念定义为个体获得和保持工作、在工作中进步以及应对工作中出现
的变化的能力。——译者注

⊖ 非传统大学生（Non-Traditional Student）：指那些与"传统大学生"定义相背
离的学生。而"传统大学生"通常指那些 18~24 岁、高中毕业后立刻进入大
学学习，居住在大学校园内并在经济上受父母支持的大学生。——译者注

高等教育"这一话题，媒体将大多数关注都集中于学术界和高校，却忽视了学生们的观点。他们因此建议，应以 AI 为主题进行一场由学生主导并邀请各利益相关方都参与其中、更具建设性和包容性的讨论。他们还建议各学生协会和伙伴组织应与高校教职员工合作，从而提升学生对学习的投入并增加高校应对 AI 的手段。

沙利文等人（Sullivan et al., 2023）也并未回避其研究中的一些缺陷，如他们选择的新闻语料以主流媒体的报道为主，数量也相对较少——我们也持同样的看法。他们因此强调选择其他新闻来源（如社交媒体平台、教育类博客等）作为研究文本的重要性，认为这样才能更全面地理解有关 ChatGPT 的论述。他们还建议通过扩大样本规模、探索多种文化背景并调查媒体报道的来源以消除现有偏见。为解决上述研究缺陷，沙利文等人（Sullivan et al., 2023）在论文结论处提出了未来研究的一些方向，包括探索非西方的媒体报道、在学生间开展调查与小组讨论、调查教研人员对 ChatGPT 的观点等。他们还强调 AI 工具有潜力增强学生的学习能力和信息访问能力，并特别指出需增加一个学生视角以提高有关 ChatGPT 讨论的包容性。几位作者还说明了"媒体框架[⊖]"的重要性及其对公众看法的影响，也就是说，媒体选择的报道方式或材料会影响公众对学术诚信和大学对 ChatGPT 所做回复的看法。他们得出的结论为，有必要对 AI 工具的影响展开进一步的研究与对话，同时还需要探索如何合乎伦理地使用 AI、将 AI 用于创新教与学的实践以及通过 AI 促进教育机会的公平获取。他们在论文的最后明确

⊖ 媒体框架（Media Framing）是指媒体在报道新闻时，往往会根据自己的立场、观点以及社会背景，选择特定的信息呈现给公众，这种选择性的报道方式就构成了媒体框架。——译者注

指出，随着 AI 技术的持续发展，各大学必须积极适应并欣然接受这些新技术，使它们助力学生学习，以便为迎接当下这个日益数字化的世界所带来的种种挑战做好准备。

沙利文等人（Sullivan et al., 2023）的论文在以下几个方面与我们的研究密切相关：

- **对学术诚信的担忧**

  沙利文等人（Sullivan et al., 2023）发现，媒体报道重点关注的是学术诚信的问题，如 ChatGPT 会引发学生作弊和学术不诚实。该发现显示出解决学术诚信问题以及为学生使用 AI 工具制定明确指导方针的重要性，从而确保 AI 工具的使用是合乎伦理的。

- **重新设计作业与规避 AI 干扰**

  该研究显示，各大学纷纷采取各种措施以减少学生们对 ChatGPT 的使用，包括重新设计学生作业、选择带监考的闭卷考试作为期末考试的形式等。上述发现让我们了解到各高校应对由 AI 工具带来的全新挑战与维护评估诚信的方式。

- **政策挑战**

  沙利文等人（Sullivan et al., 2023）指出，对于"是否允许学生使用 ChatGPT"这一问题，某些大学的态度仍不明朗。这一点和我们的研究尤为相关，因为这种模棱两可的态度恰恰反映出各高校需制定明确的方针和政策，从而在保障学术诚信的同时，引导学生以合乎伦理的方式使用 AI 工具。

- **在教学中接纳 ChatGPT**

  该研究表明，除却上述担忧，仍有一些媒体报道支持 ChatGPT 与教学实践的融合。这一发现让我们得以具体了解 AI 工具进入校园可能带来的机会与益处，因而对我们的研究极具意义。

● **公平性与可及性的考量因素**

该研究提及 ChatGPT 对教育公平性与可及性的各种潜在益处，如为非母语者和残疾学生提供帮助。这些内容恰与我们的一个研究重点相一致，即 AI 工具如何能为高校学生提供支持，因为他们大多数都是需要在全英授课环境中学习的非英语母语者。

● **学生参与**

该研究表明，媒体对学生们的意见有所忽略，报道数量相对不足。这一点也与我们的研究直接相关，因为让学生参与到有关"AI 融入教育"的讨论和决策过程中是极为重要的。

综上所述，沙利文等人（Sullivan et al., 2023）的调查与我们的研究及具相关性，其调查阐明的几处关键环节使我们充分理解了 ChatGPT 融入教育的意义。他们的发现涉及对学术诚信的担忧、重新设计学生任务以防 AI 代笔、高校制定 AI 相关政策时所面临的挑战、在教学中接纳 ChatGPT、有关教育公平性与可及性的考虑因素、媒体对 ChatGPT 的看法、ChatGPT 对学生投入的影响——这些发现均为我们探索"AI 工具如何负责任且有效地融入教育"这一话题奠定了宝贵基础。

有关 ChatGPT 的文献综述论文

论文四："我们需要谈谈 ChatGPT"：AI 与高等教育的未来[一]

在这篇发表于 2023 年的论文中，纽曼等人（Neumann et al.）重点关注了 ChatGPT 在软件工程专业学生中的多种应用，

[一] 英文标题为：'We Need To Talk About ChatGPT': The Future of AI and Higher Education。——译者注

其中包括评估准备、翻译与生成特定源代码、文献总结和按科学写作的要求改写文本。他们就此撰写了一篇立场文件[⊖]，旨在对"ChatGPT 融入高等教育的各种可能策略"这一话题发起讨论。为此，他们研究了若干篇以"ChatGPT 对高等教育（尤其是软件工程和科学写作领域）的影响"为主题的文章，以便找出"我们能从该研究群体[⊜]学到哪些经验和教训"这一问题的答案（Neumann et al., 2023）。然而，他们在撰写论文时也遭遇到和我们类似的窘境。由于 ChatGPT 公开发布的时间并不长，当时经同行评议并在专业期刊上发表的相关主题论文仍十分匮乏。因此，他们决定使用"谷歌学术"找出一手研究的论文预印本[⊜]，并在筛选出的 55 篇论文中最终选取 5 篇进行分析，从而展开一种结构性^⑩灰色文献^⑪综述。此外，他们还与大学讲师和研究人员进行非正式的讨论和交谈并检验了他们对 ChatGPT 所做实验的测试结果。在仔细研究了上述 5 篇预

⊖ 立场文件（Position Paper）是指就某一有争议的现实话题提出自身观点并予以论据支持的文章。——译者注

⊜ 研究群体 (Research Community)：是对同一主题进行研究的学者团体，这些学者们通过阅读彼此的研究报告和著作、开展研讨等方式而相互了解。——译者注

⊜ 预印本（preprint）是指学者在其研究成果尚未在正式出版物上发表时，出于和同行交流的目的，自愿在学术会议上或互联网上发布的学术论文。——译者注

⑩ 结构性文献综述（Structured Literature Review）：结构性文献综述属于系统性文献综述的一种（Systematic Literature Review），与传统的描述型文献综述有两大显著区别。一、在资料的选择方面，系统性文献综述需要有明确的检索策略、严格的筛选标准和评价指标；二、在资料整合方面，系统性文献综述通过采用荟萃分析等统计方法，得到某个研究问题的定量归纳，其推论更具科学依据。——译者注

⑪ 灰色文献（Grey Literature）通常指不经赢利性出版商控制，而由各级政府、科研院所、学术机构、工商业界等发布的非秘密的、不作为正常商业性出版物出售的各类印刷版与电子版文献资料；通常包括预印本、专题论文、会议论文集、统计报告、工具手册及宣传册等。——译者注

印本论文后，纽曼等人确认了由 ChatGPT 引发并值得关注的几项新兴挑战和机遇（Neumann et al., 2023）。他们认为，高等教育中的教师教学、学生论文、课程体系和学校规章这四个领域面临着挑战和机遇。在教师教学方面，纽曼等人强调了提前引入基础概念（如编程的基本原理）的重要性，并明确规定应适当使用 ChatGPT（Neumann et al., 2023）。他们还特别指出了透明性的重要意义，表示应确保学生了解 ChatGPT 的各种功能和缺陷。他们建议教师们不仅应调整现有的教学指导方针或讲义，并在调整过程中展开协作以避免内容重复；还应将 ChatGPT 融入教学活动。他们建议学生们在特定使用场景中练习使用该 AI 工具，以便探索其可能性与局限性。此外，他们还特别提到将 ChatGPT 融入各种现代教学手段——如问题驱动学习[⊖]、翻转学习——的可能性。另外，他们建议在课程中将 AI 从业者们邀入课堂，让他们和学生分享将 ChatGPT 融入工作实践的深刻见解。总而言之，上述建议旨在促进"基于实践的学习"，以及提高 ChatGPT 的透明度。在学生论文方面，根据纽曼等人的研究，将 ChatGPT 融入高等教育会对科学写作构成挑战，尤其是在那些涉及现有知识的部分（Neumann et al., 2023）。对此，他们建议使用抄袭检测工具和 AI 生成内容检测工具的组合，并辅以人工检查，从而尽可能杜绝学生借助 ChatGPT 做出学术抄袭和论文代写的不端行为。他们还强调了对参考文献进行彻底检查和验证的重要性，并特别指出，由基于 GPT-3.0 的 ChatGPT 代写的论文会出现一些易识别的特征（如引用虚构的文献），这些特征也有助于论文检

⊖ 问题驱动学习（Problem-Based Learning）是一种以学生为主体，以专业领域内的各种问题为学习起点，以问题为核心规划学习内容，让学生围绕问题寻求解决方案的学习方法。——译者注

测。另外，教师还可以在论文审阅过程中增设口试或文献验证环节，以其作为检验论文究竟是出自学生还是 ChatGPT 的补充手段。不仅如此，他们还建议应更加重视论文中的研究设计和研究结果这两个部分，以便加强科学教育、提高学生的科学素养。在课程体系方面，纽曼等人认为课程调整是一个复杂的过程，既需仔细考虑一门课程的调整对其他课程的影响，还应符合学校的相关规定（Neumann et al., 2023）。然而，由于教师们对将 ChatGPT 融入课堂持有不同看法，纽曼等人期待他们能针对该问题展开广泛讨论。无论结果如何，这类讨论都是有价值的，因为在讨论过程中教师们有机会相互学习，共同为 ChatGPT 引发的各种挑战探索解决方案。在学校规章方面，纽曼等人强调了评估官方监管文件（如考试管理规定）的重要性（Neumann et al., 2023）。他们还强调在 ChatGPT 融入教学的过程中，需要考虑各种法律问题，如版权保护和数据保护。为确保各种规章制度的一致性，纽曼等人建议学校应重新评估现有的考试管理规定，并为学生制定明确的指导方针。此外，他们还鼓励担任同一门课程教学任务的教师们就课程目标、理论基础和考试类型的调整问题进行深入讨论，从而确认能在教学中使用 ChatGPT 的机会。他们相信，通过在教师教学、学生论文、课程体系、学校规章这四个领域采取上述举措，人们就可以实现 ChatGPT 与大学教学的成功融合，从而减少不确定性，并且将更多关注投入教育创新。纽曼等人最后总结道，他们的研究发现突出了以 ChatGPT 为代表的 AI 聊天机器人对高等教育尤其是科学写作领域的变革性影响（Neumann et al., 2023）。他们也坦承了论文中存在若干尚未解决、有待进一步研究的问题。例如：由 ChatGPT 生成的文本是否涉嫌抄袭？人们如何引用由 ChatGPT 生成的文本？在一整篇文本中，由 ChatGPT 生成的文

本占据多少比例是可接受的？然而，他们也不得不承认，即便
是这几个问题得到了解答，更多的新问题仍将源源不断地出现。
总之，他们认为，由于教育者是未来各行业专家的塑造者，因
此现在让学生们，或称"萌芽期的未来专家们"，学会负责任地
使用 AI 工具的各项基础技能具有重要意义，而这也正是有必要
让 AI 工具融入高等教育的原因。他们希望其研究能起到跳板的
作用，有助于其他研究者对各种 AI 工具开启后续调查、展开积
极讨论并最终找出各种当前未解问题的解决方案。

纽曼等人（Neumann et al., 2023）所做研究的优点在于：
①聚焦新兴的 AI 技术对高等教育的影响；②全面探索该技术
与高等教育融合的不同方面；③通过与其他学者进行非正式讨
论以及拿 ChatGPT 做实践性实验的方式，补充研究发现并提
升研究洞见。不过，该研究也存在几处值得思考的显著不足与
缺陷：①该研究对预印本和非正式讨论的依赖有可能会引入潜
在的偏见并限制研究结果的适用性。②样本规模较小。该研究
从 55 篇预印本论文中仅挑出 5 篇进行分析，这可能无法充分
代表该主题的研究广度。③以未经同行评议的论文作为研究对
象可能会影响该研究的效度。④该研究重点关注 ChatGPT 对
软件工程和科学写作的影响，这可能无法充分表现出该 AI 技
术对其他学科的影响。⑤作者们承认其研究尚有若干问题有待
解决，这意味着"ChatGPT 与高等教育融合"这一主题的某些
方面未被该论文提及。⑥该研究主要聚焦于研究者的视角，若
能融入更多样的视角，将来自不同学科和机构的从业者的视角
也添加进去，可能会增加其研究发现的效度与信度。总之，纽
曼等人的研究为"ChatGPT 与高等教育的融合"这一主题提供
了宝贵洞见，但该研究也存在因样本规模偏小、代表性不足和
研究关注点有限而导致的缺陷。尽管存在上述缺陷，该研究不

失为一个起点，有助于其他研究者对"在教育领域负责任且有效地使用 AI 工具"这一主题展开更加深入的探索与讨论。

纽曼等人（Neumann et al., 2023）的研究在以下几个方面对我们的研究具有重要影响：

- **教学策略与提前介绍**

  该研究强调尽早向学生介绍 ChatGPT 的基础概念及其优缺点的重要性。论文作者们提出的教师间应彼此协作，将 ChatGPT 融入教学活动等建议，对"教师们将 AI 工具融入教学方法的可能方式"这一实际问题的解决极具参考价值。

- **课程调整与学校规制**

  该研究建议教师们有必要展开集体讨论，商议如何在遵守学校相关规定的前提下对课程进行适度调整，从而为 ChatGPT 融入教学实践提供助力。这一建议对我们的研究颇具启发性，使我们对"教育机构应如何调整以适应 AI 工具"这一问题有所了解。

- **未解决问题与后续研究**

  该研究承认它在"ChatGPT 的学术使用"方面尚存在一些有待解决的问题。这一点为我们的研究指引了方向，我们可以探索这些尚无答案的问题，比如"如何引用 AI 生成的文本"。

尽管纽曼等人的研究存在样本规模小和潜在偏见等局限性，但他们为 AI 技术对高等教育影响的全面探索仍提供了有价值的洞见。基于其研究发现与我们自己的研究，我们可以为有关"ChatGPT 与高等教育负责且有效的融合"这一研究问题的各种循证实践（Evidence-Based Practice）和深入讨论做出贡献，从而为学生们进入由 AI 驱动的未来做好准备。

论文五：ChatGPT：是胡说八道的人还是高等教育传统评估的终结者？[⊖]

在这篇发表于 2023 年的论文中，鲁道夫等人（Rudolph et al.）对 ChatGPT 进行了一次全面的文献综述与实验分析。迄今为止，在众多经同行评议、探讨 ChatGPT 与高等教育相关性——尤其是它与评价、学习、教学的相关性的学术论文中，该文献综述论文算得上是极具开创性的论文之一。该论文主要考察了 AI 技术对高等教育的种种影响，并深入钻研了以 ChatGPT 为代表的 AI 聊天机器人会对未来的学习、教学、评价产生的种种影响。该论文的几位作者将 ChatGPT 置于当前对"教育中的人工智能"（AIEd，以下简称为"AI 教育"）的研究领域中，讨论适用于学生、教师和教育体系的 ChatGPT 应用软件。作者们分析了 ChatGPT 带来的机遇与威胁，在论文结尾处分别针对学生、教师和高等教育机构提出了相关建议，并重点关注了"评价"这一环节。为完成该研究，鲁道夫等人采用了桌面分析法（Desktop Analysis）——借助电脑、书报、互联网资料等现成的二手资料展开分析与研究的方法。他们"三管齐下"，一是借助"谷歌学术"展开搜索，二是检查所搜集论文的参考文献列表，三是挖掘非学术型文章中嵌入的参考书目，以此完成其文献综述。不过，由于该研究主题的新颖性，他们也同样遭遇到了与我们类似的窘况——可供参考的学术资源极为有限。截至 2023 年 1 月 18 日，这几位研究者只找到两篇经同行评议的学术期刊论文和 8 篇预印本论文讨论"ChatGPT 在高等教育中的应用"这一主题，并且这些论文重

⊖ 英文标题为 *ChatGPT：Bullshit Spewer or the End of Traditional Assessments in Higher Education*？——译者注

点关注了评价、学习和教学这三大环节。基于其文献综述，鲁道夫等人（Rudolph et al., 2023）提出了 ChatGPT 对教育的以下几个方面的影响：

鲁道夫等人（Rudolph et al., 2023）强调，AI 教育为人们探索教育技术领域的多种工具和应用程序提供了一次独特的机会。借鉴贝克与史密斯（Baker &Smith, 2019）提出的框架，鲁道夫等人将教育情境分为"面向学生"、"面向教师"与"面向系统"三个类别，以便更好地理解 AI 在教育中的应用。

关于面向学生的 AI 应用，鲁道夫等人认为，以"智能辅导系统"（Intelligent Tutoring Systems，ITS）为代表的 AI 应用程序在"通过定制指令实现学生学习个性化"方面极具发展潜力。他们还特别强调了 ITS 在"模拟人类辅导"和"为解决问题提供个性化辅助"这两个方面的能力。此外，他们还讨论了大数据技术和学习分析学[⊖]的发展是否会使"个性化自适应学习"（Personalised Adaptive Learning，PAL）变为现实。鲁道夫等人认可 ChatGPT 具有提升语言翻译和问题回答功能的潜力，但他们同时还指出 ChatGPT 在深刻理解对话主题方面仍存在诸多局限性。这几位作者表示，他们觉得人们对各种 AI 写作应用程序的担忧十分可笑，因为他们相信 ChatGPT 能最大限度地促进教师们开发出各种创新的授课与学习方法。

关于面向教师的 AI 应用，鲁道夫等人（Rudolph et al., 2023）着重阐述了面向教师的 AI 系统能够通过自动化教师的日常工作（评估、反抄袭检查、反馈）减轻教师工作量。他们还指出，AI 应用程序还具备"针对性指导与帮助"功能，能

⊖ 学习分析学（Learning Analytics）是以理解和优化学习及学习发生之环境为目的所进行的有关学习者及其环境的数据之测量、采集、分析和报告。——译者注

为学生们提供有助于其学习进步的宝贵建议。在研究中，他们检测了以"作文自动评分"（Automated Essay Scoring，AES）系统为代表的多款 AI 评估应用程序——与以往只能为客观选择题打分的试卷评分软件不同，现在的 AI 程序已能够为学生的作文提供修改建议。这番检测所得的结论是，AI 作文评分程序打出的分数与人类教师的打分基本一致，但他们仍对此类软件怀有疑虑。鲁道夫等人建议将 AES 系统与 AI 自动反馈系统相结合，认为这样做会起到事半功倍之效，因为后者的"自适应评估"功能既可以基于布鲁姆分类法[○]对学生作文给出合适评价，又能为学生推荐额外的学习资源和挑战任务。尽管他们认可此类 AI 打分程序所给分数的合理性和有效性，但仍对 ChatGPT 可能对"评价类应用"中的一个新兴分支——支持学生写作技能发展的 AI 应用——所造成的破坏性表示担忧。此外，他们还特别提及了那些开发于 ChatGPT 出现之前、旨在通过自动化反馈与评价提高学生写作技能、便利化其写作流程的各种 AI 写作工具。几位作者还评价了以 Grammarly 和 Wordtune 为代表的 AI 写作工具，认为它们是写作课程的有益补充。Grammarly 能为用户撰写的文本提供即时反馈和修改建议；而 Wordtune 借助自然语言处理技术，能帮助英语为非母语（EFL）的学生们表达想法并提高写作质量。他们指出，在 EFL 环境中，这些 AI 写作工具能对学生的自我效能[○]和学习情

○ 布鲁姆分类法（Bloom Taxonomy）是由美国教育与心理学家本杰明·布鲁姆（Benjamin Bloom）于 1956 年提出的教育目标分类体系，将教育目标依照认知过程由低到高地分为记忆、理解、应用、分析、评估、创造这六个层次。——译者注

○ 自我效能（Self-Efficacy）是指人们对自己是否有能力完成某一行为进行的推测和主观判断。一般来说，成功的经验会增强自我效能，而反复的失败则会降低自我效能。——译者注

绪产生积极影响。例如，它们能支持学生进行自主学习与自我提升。他们还建议将 ChatGPT 归入"AI 教育工具"这一类别进行分析。

关于面向系统的 AI 应用，鲁道夫等人（Rudolph et al., 2023）指出，与面向学生和教师的应用相比，讨论"面向系统的 AI 应用"的文献并不多见。尽管如此，他们还是效仿微软公司将 ChatGPT 技术融入旗下各类产品的做法，强调了在制定有关 ChatGPT 的教育创新战略时采用整体方法⊖的重要性。他们还指出，由于 ChatGPT 刚刚面市不久，以"ChatGPT 对教育的影响"为主题的实证研究极为有限，因此针对"ChatGPT 可能为教育者、决策者与研究者带来的机遇和挑战"这一主题展开讨论是极为重要的（Rudolph et al., 2023）。

鲁道夫等人（Rudolph et al., 2023）指出，教师们十分担忧 ChatGPT 会威胁到传统的"期末论文考评方法"，担心学生可能会将作业"外包"给 ChatGPT 并生成一篇反抄袭工具检测不出的平庸之作。鲁道夫等人认为，教师们的这种担忧可能部分源自于他们对适应新评估方法的抗拒心理，因为"期末论文"这种书面任务常因无法有效评价学生的学习成果而遭到批评。鲁道夫等人（Rudolph et al., 2023）还对 ChatGPT 在理解和评估共享信息方面的局限性表示担忧，因为它只不过是一部文本生成机器而已，并且认为这种担忧可能会迫使教育机构将它列入黑名单。但他们建议，随着 ChatGPT 技术可能与微软的各类产品逐步融合，人们应以一种务实的态度来面对未来由 ChatGPT 的广泛使用所带来的挑战。鲁道夫等人（Rudolph et al., 2023）指出，语言模型为社会提供了形形色色的有益应用，

⊖ 整体方法（Holistic Approach）是指一种综合考虑问题各个方面的研究方法，强调整体性和相互关联性，而不是单独关注某个部分。——译者注

如自动完成编码和写作任务、提供语法辅助、生成游戏叙事、改进搜索引擎响应、回答问题等。不过他们也承认，由这些模型生成的应用可能具有一定的有害性。尤其是具备更出色的文本生成能力与更强大适应性的 GPT-3.0 模型，它生成的文本与人类撰写的几乎别无二致，令人难以区分。因此，他们认为由语言模型进步所带来的机遇和风险并存。而在这种情况下，人们应重点关注这类语言模型改进版可能导致的问题——这并不是在暗示这些模型的弊大于利，而是希望人们能够投入研究和努力以处理并降低它们的潜在风险。鲁道夫等人（Rudolph et al., 2023）总结道，将颠覆性的教育技术引入课堂往往会给教师授课与学生学习带来各种挑战。因此，教育者和决策者的任务是妥善应对此类挑战，从而避免品质平庸的教学实践。

鲁道夫等人（Rudolph et al., 2023）根据研究发现，虽然 ChatGPT 生成文章的功能给教育者制造了不少麻烦，但也有人对这项颠覆性的 AI 应用给教师授课与学生学习带来的种种潜在益处大感兴趣。他们参考的文献表明，和用于数学和科学领域的计算器和电脑一样，用于写作的 AI 工具（如 ChatGPT）也会逐渐普及开来。此外，他们建议应邀请学生和教师参与 AI 工具的设计和使用，从而达到利用 AI 技术促进学习的目的，而不是限制其使用。鲁道夫等人（Rudolph et al., 2023）还指出，尽管经常有人认为 ChatGPT 对传统的学生作文评价方式构成了威胁，但他们却认为该 AI 技术实际上为教育者引入创新的作文评价方式提供了一个机会。他们特意提到，虽然教师经常使用各种评价方式来衡量学生的学习水平，但一些教师可能缺乏将评价方式既用作一种考核评估方式又用作一种学习手段的技能。因此，他们认为各教育机构应借此机会提升教师的评估技能，并使用以 ChatGPT 为代表的各种 AI 应用提高学生的学习水平。鲁道夫等人（Rudolph et al., 2023）还向教师们指明了另一种利用 ChatGPT 提高教学策略的方式。例如，他们建议教师摒弃传统作业（如起草论文、开展研究、随堂测试或考试等），转而采用翻转学习法让学生在面授课程中完成关键的课堂任务（如多媒体作业、口头陈述等）。他们认为这么做能让教师省下更多时间对学生的课堂作业提出反馈和修改建议。鲁道夫等人（Rudolph et al., 2023）发现，ChatGPT 的另一项显著优势是它有促进体验式学习的潜力。因此，他们建议学生们利用 ChatGPT、通过"游戏式学习"和其他"以学生为中心"的教学法，探索各种学习策略和解决问题的方法。此外，他们认为那些喜欢实操式学习（Hands-on Learning）和体验式学习的学生，尤其适合把 ChatGPT 当成一种学习工具来使用。鲁道夫等人发现，通过适当的教学策略，ChatGPT 能有效促进学生间的协作和提升团队意识，他们因此建议教师可在教学中加入以学生为中心的小组型学习活动。比如，ChatGPT 应用程序可以生成旨在鼓励学生必须通过合作才能解决问题和实现目标的不同场景。他们认为，该功能有助于培养学生的团队意识，使他们能够彼此学习和相互支持。鲁道夫等人（Rudolph et al., 2023）坚信，与其将 ChatGPT 视为教师授课与学生学习过程中的一股破坏性力量，不如将其视为学习创新者们彻底改变教育的一次重要机遇。

鲁道夫等人（Rudolph et al., 2023）总结道，以 ChatGPT 等工具为代表的 AI 技术正日益成为主流，AI 对高等教育的影响正逐渐显现。他们虽然提及了 AI 对就业的各种潜在影响，但也提醒人们无须在意那些过于危言耸听的报道。不过，他们的确强调了对 AI 这片正高速发展的技术领域进行密切监控并参与其中的重要性，以及调整高等教育的教学和考核方式的必要性。此外，他们还特别指出，他们曾使用反抄袭软件对 ChatGPT 的工作成果进行了随机测试，但却并未检测出 ChatGPT 的存在。他们因此非常担心，ChatGPT 是否已具备规避 Grammarly 专业版等反抄袭检测工具检测的能力。不仅如此，他们还发现 ChatGPT 能帮助用户调整其文章的遣词造句，处理水平高到足以骗过反抄袭软件。他们反思了此类令人啼笑皆非的事实——由 AI 驱动的反抄袭软件能在数秒内就被其他 AI 工具蒙混过关，GPT-3.0 能为一份由 AI 生成的学生作业撰写评语，而在整个过程中人类的参与度直接降至最低。这令人不免质疑，在 AI 技术的摆布下，学习体验的真正价值何在。

基于上述种种发现，鲁道夫等人（Rudolph et al., 2023）为 ChatGPT 在高等教育中的使用提供了几项常规建议：①摒弃以检查学术不端为主要目的监管手段，提倡通过以学生为中心的教学法以及"以评促学"（AfL）和"以评自学"（AaL），与学生建立互信关系。②强调"建构性一致"（Constructive Alignment）——在教学过程中，使学习目标、教学活动、评价任务始终保持一致的教学法。③为教师、学生和高等教育机构分别提供了如下建议：

对于高校教师，鲁道夫等人（Rudolph et al., 2023）建议为防止学生对 ChatGPT 的滥用，教师应尝试各种"替代性评价[⊖]"法，如课堂陈述、表演等；而不是过度依赖更为简单的传统考核方式，如使用纸和笔在教室进行的闭卷考试或使用监考 / 监控软件的在线考试。他们还建议教师重新设计出一些当前 AI

⊖ 替代性评价（Alternative Assessment）：不同于以检验学生知识获取能力为主要目标的传统评价方式（如考试），替代性评价旨在考核学生的实际操作能力和问题解决能力，其主要形式包括书面报告、小论文、演说、实验、资料收集、作品展示等。——译者注

系统还不太擅长的写作任务，如特定且小众的写作主题、个人经历和原创观点，从而预防学生在作业或考试中使用 ChatGPT 等文本生成工具。鲁道夫等人承认，ChatGPT 当前的缺陷在于缺乏文内对参考文献的引用和文后的参考文献列表；但他们预计日后会出现不少类似"网页 GPT"（WebGPT）的信息检索型语言模型，这类 AI 工具能自动浏览网页并生成带有参考文献的回复，这能在很大程度上提高用户的信息检索体验。此外，他们特别提及了文本生成器检测软件的可用性，建议教师使用此类软件来应对学生们的学术诚信问题。他们还鼓励教师通过评价尤其是真实性评价⊖的方式培养学生的创造性思维和批判性思维，并希望教师能乐于了解学生的真正兴趣和倾听他们的心声。鲁道夫等人认为，让学生参与"同学互评"与进行"回授⊖"练习能进一步提升他们的学习体验。这几位作者还建议，教师应营造一种有助于学生积极投入学习的氛围，并向学生展示人类写作的价值，引导他们在写作过程中负责任地使用 AI 工具，从而提升他们的创造力和批判性思维（Rudolph et al., 2023）。

对于学生，鲁道夫等人（Rudolph et al., 2023）认为他们作为数字时代的"原住民"，普遍对技术有着与生俱来的熟悉感，这一独特优势能使他们更加顺利地将 AI 技术融入其学术之旅。因此，几位作者建议，学生应全面了解学校的学术诚信政策与学术不端行为可能引发的潜在后果。此外，为充分利用 AI 的各项潜力，学生应提高数字素养并掌握包括 ChatGPT 在

⊖ 真实性评价（Authentic Assessment）是指一种为学生设置各种现实情境，以检验其对知识和技能应用能力的多元化评价方式。——译者注

⊖ 回授（teach-back）是一种沟通方法，在医疗和教学领域尤为流行，病人或学生有时需在医生或教师的要求下，根据自己的理解将医嘱或授课内容对医生或教师进行复述，从而确认他们对其中的重要信息理解无误。——译者注

内的多种 AI 工具，从而显著提升他们在现代就业市场的可雇佣性。但鲁道夫等人也提醒学生，AI 并不仅仅是完成作业的捷径，更是一件提升写作技能与生成创意的宝贵工具。他们还提醒道，学生应在做研究时避免学术抄袭，以获得高品质的资料来源为优先考量，并时刻警惕错误和虚假信息。为培养学生的批判性思维，鲁道夫等人（Rudolph et al., 2023）建议应敦促学生广泛阅读、拓宽视野、提高创新能力。此外，教师还应鼓励学生尝试使用 AI 语言工具（如 ChatGPT）进行代码编写和调试，从而额外掌握一门新技能。最后，他们还鼓励学生积极使用 AI 语言工具，以便应对现实世界的诸多挑战并增强问题解决能力。他们相信，只要学生经认真思考后负责任地使用 AI，就能把握住 AI 的变革性潜力，将自己的教育之旅不断推向新高度。

对于高等教育机构，鲁道夫等人（Rudolph et al., 2023）强调数字素养教育是重中之重，提倡高校将 ChatGPT 等 AI 工具纳入教学体系。他们建议，高校应为教师安排有关 AI 工具（特别是 ChatGPT）的培训，使他们掌握必要的 AI 技能。同时，高校还应为学生安排学术诚信的培训，从而增强他们负责任地使用 AI 工具的意识。此外，高校还应对课程体系和各门课程进行细致周到的设计，使其对学生更有意义、更具相关性，同时降低他们作弊的可能性。鲁道夫等人建议，各院校应针对 AI 工具的使用更新其学术诚信政策并制定清晰易懂的指导方针。这些指导方针应对 ChatGPT 的"适当使用"进行定义，并阐明作弊行为的种种恶果。他们还强调，应鼓励教育界对"AI 工具对教与学的影响"展开研究，从而使高校更充分地理解这些工具的影响力并由此做出更明智的相关决策。他们相信，各高等教育机构通过采纳上述建议，应能够应对 AI 工具不断发展的格局，并为各种负责任且创新的学习实践创造一个良好的环境。

鲁道夫等人（Rudolph et al., 2023）的研究探讨了 ChatGPT 与高等教育的相关性，尤其是它对教学评估、学生学习和教师教学的相关性。然而，他们的研究也存在一些局限性。首先，有关 ChatGPT 在高等教育中应用的学术资源稀缺，这可能会影响该研究的分析深度。其次，依赖桌面分析和缺乏实证证据可能会影响该研究的效度。再次，缺乏比较分析。若该研究能将 ChatGPT 与其他 AI 写作工具各自对教学过程产生的影响进行更具比较性的分析，就能为"AI 对教育的影响"这一主题提供更具广度的见解。最后，该研究对 AI 各种益处的正面评价可能会引发偏见，若能对 AI 的风险和益处进行更为平衡的评价，可能会提高该论文的客观性。

鲁道夫等人（Rudolph et al., 2023）的研究发现对本研究的影响如下：

- **理解 AI 在教育中的作用**

  鲁道夫等人的研究为 AI（尤其是 ChatGPT）在高等教育中的应用和影响提供了宝贵见解。该研究通过一个将 AI 应用分为面向学生、面向教师和面向系统这三个类别的框架，全面说明了 AI 在教育中的作用。我们的研究也可以借鉴这一框架，从而阐明 ChatGPT 等 AI 工具影响教育环境的不同方面。

- **创新评价方法**

  鲁道夫等人的研究强调了对 ChatGPT 有可能破坏传统评估方式（如小论文、在线考试等）的担忧。在我们研究 AI 工具对评估实践的影响时，他们的发现可以指导我们探索创新的考核评估方法，做到既能充分利用 AI，又能有效避免 AI 工具为学生"代笔"所带来的诸多麻烦。

- **个性化学习的机会**

  鲁道夫等人强调了以 ChatGPT 为代表的各种 AI 工具在个性化与调整学生学习体验方面的潜力。该见解可供我们在进行研究时参考：如何利用 AI 为学生提供定制化教学和反馈，并为"以学生为中心的"教学法提供助力，从而开拓个性化学习的路径。

- **使用 AI 为教师提供支持**

  该研究讨论了 AI 是如何通过自动化处理教师日常工作（如为学生进行评估和提供反馈）来减轻教师工作量并提高课堂创新性的。由此，我们的研究可以探索以 ChatGPT 为代表的 AI 工具对教师工作的各种辅助功能，从而使教师能更专注于为学生提供个性化的指导与帮助。

- **应对伦理担忧**

  鲁道夫等人的研究坦承了他们对学术诚信以及对 ChatGPT 等 AI 工具可能会被用于抄袭行为的担忧。在我们研究 AI 与教育的融合所引发的各种伦理影响时，他们的发现有助于我们找出既能促进对 AI 的负责任的使用，又能有效打击学术不端的各种策略。

- **提高数字素养**

  该研究强调了对学生和教师开展数字素养教育的重要性。我们可以将这一观点引入我们的研究，探讨各教育机构将 ChatGPT 等 AI 工具融入课程体系并引导使用者们负责任且有效地使用这些工具的方式。

- **协作学习的机会**

  鲁道夫等人讨论了 ChatGPT 等 AI 工具在促进学生之间的协作与团队合作方面的潜力。受他们的启发，我们可以研究如何将这些工具融入各种小组学习活动，从而培养学生的团队意识与互助精神。

• 监控与互动

该研究强调，需对"高等教育中的 AI 技术"进行持续监控并与之互动。因此，我们在研究中可以研究各教育机构是如何时刻关注 AI 技术进步并随之调整其教学与评估手段的，从而为这一话题的持续讨论做出贡献。

鲁道夫等人（Rudolph et al., 2023）的研究着重强调了各种 AI 教学工具对教与学的颠覆性影响，为我们了解 ChatGPT 对高等教育的影响提供了有价值的洞见。基于他们的发现，我们在研究中将试图全面理解 ChatGPT 对学生、教师与高校这三方角色的影响。不过，本研究也要面对文献稀少、缺乏实证证据等问题，所以进一步的探索显然是有必要的。

有关 ChatGPT 的用户案例分析论文

论文六：恶魔还是天使：教学中的 AI 聊天机器人——以 ChatGPT 为例⊖

由于 ChatGPT 所收获的全球关注，特莱利等人（Tlili et al., 2023）在这篇发表于 2023 年的论文中首先抛出了一个问题："人们对教育用途的 AI 聊天机器人，尤其是 ChatGPT 的使用，有哪些顾虑？"为回答这个问题，他们开展了一项定性的工具性案例研究⊖，以便探索 ChatGPT 的早期用户在教育领域对该 AI 技术的使用情况。为完成研究，他们分析了三类

⊖ 英文标题为：*What if the Devil Is My Guardian Angel: ChatGPT as a Case Study of Using Chatbots in Education*。——译者注

⊖ 工具性案例研究（Instrumental Case Study）：在工具性案例研究中，研究者更多地将个案当作探讨某种议题、提炼概括性结论的工具，对于个案本身的兴趣退居次要地位。——译者注

数据，包括对推文（即推特上的发帖）的社会网络分析[一]、对访谈的内容分析以及对用户体验的调查。对于推文数据，特莱利等人（Tlili et al., 2023）借助对推文的社会网络分析来研究与"ChatGPT 在教育中的使用"有关的公共话语。他们用"#ChatGPT*AND(education OR teaching OR learning)[二]"作为搜索字符串，以 2022 年 12 月 23 日至 2023 年 1 月 6 日之间为发帖的时间范围，在推特上搜索出由 1530 名用户发布的 2330 条符合其搜索条件的推文，并随后对它们进行了情感分析[三]和 tSNE[四]分析。对于访谈数据，他们首先对来自不同背景、对 ChatGPT 熟悉程度评级不同（受访者的平均评级为 3.02）的教育者、产品开发者、学生和 AI 自由职业者进行了访谈，而后使用一套编码方案对全部访谈进行了内容分析。对于用户体验数据，他们邀请了三位经验丰富的教育者对 ChatGPT 进行了实际操作，从而探索 ChatGPT 在不同教育场景下的具体应用，以及三位教育者对这些应用的顾虑和担忧（Tlili et al.,2023）。

关于对推文的社会网络分析，特莱利等人（Tlili et al., 2023）发现，围绕 ChatGPT 形成的推特讨论社区是分散的，

[一] 社会网络分析（Social Network Analysis）是指基于信息学、数学、社会学、管理学、心理学等多学科的融合理论和方法，为理解人类各种社交关系的形成、行为特点以及信息传播的规律提供的一种可计算的分析方法。——译者注

[二] 这串搜索字符串指令的意思是：在推特中搜索出含有"ChatGPT"与"教育"，或"ChatGPT"与"教学"，或"ChatGPT"与"学习"的内容。——译者注

[三] 情感分析（Sentiment Analysis）是自然语言处理领域的一个重要分支，涉及对带有情感色彩的文本进行分析，从而识别和提取作者的情感倾向、观点和评价。——译者注

[四] tSNE（t-Distributed Stochastic Neighbor Embedding，t 是指分布随机邻近嵌入）是一种用于数据可视化的机器学习算法。它通过将数据集映射到一个低维空间中的点来呈现数据的相似性。tSNE 算法被广泛用于聚类分析、异常检测和可视化任务等领域。——译者注

都是个人用户在单独寻找有关 ChatGPT 局限性和前景的信息与讨论。那些使用最为广泛的"词对"为我们提供了有趣的见解，一些"词对"对在教育中该如何使用 ChatGPT 提出了建议，而另一些则暗示了教育体系的转折点已经到来。几位研究者通过情感分析所得出的结论是，公众对 ChatGPT 的看法各不相同，尚未就 ChatGPT 究竟是炒作的产物还是未来的机遇这一问题达成共识。尽管积极情绪（占比 5%）多于消极情绪（占比 2.5%），但大多数情绪（占比 92.5%）是无法归类的——这表明大众对于 ChatGPT 是否应被用于教育领域的态度尚不确定。"词丛"分析表明，推特用户对在教育中使用 AI 聊天机器人持乐观态度。但是，推特上也颇有一些批判性的见解与担忧，如担心由 ChatGPT 引发的作弊行为和伦理影响。几位研究者强调，有必要研究 ChatGPT 背后的 AI 底层技术，如机器学习和深度学习。尽管总体情况乐观，但推特上也不乏对该 AI 技术用于教育的担忧。特莱利等人认为，推特上的负面情绪体现了人们对 AI 技术更深刻、更具批判性的思考，并建议教育界在将 ChatGPT 融入教育时应谨慎行事（Tlili et al., 2023）。

关于对访谈内容的分析，特莱利等人（Tlili et al., 2023）发现，ChatGPT 使用者们大都对该 AI 技术对教育变革的重要性持积极看法。受访者们承认，ChatGPT 通过提供基础知识、简化复杂主题等功能，能有效提升教育的成功率。ChatGPT 的这种潜力使几位研究者相信，教与学即将出现根本性的变革。不过，也有少数受访者对学生可能对 ChatGPT 产生的过度依赖表示担忧，因为这可能会有碍于学生创造力和批判性思维的发展。关于教育型聊天机器人生成内容的质量，特莱利等人（Tlili et al., 2023）的研究显示，受访者们普遍认为 ChatGPT 提供的对话质量与信息准确性令他们满意。不过受访者们也承认 ChatGPT 偶尔会出错、提供极为有限的信息、做出有误导性的回复——这些都意味着该技术仍有很大的进步空间。特莱利等人（Tlili et al., 2023）的研究还发现，当被问及使用 ChatGPT 的用户体验时，许多受访者均表示，能与 ChatGPT 进行如此流畅、激动人心的会话，这着实令他们印象深刻。但他们也指出，由于 ChatGPT 目前无法识别用户的肢体语言和手势，因此其人性化程度有待提高，社会角色[⊖]尤其有待增强。该研究还显示，用户普遍将 ChatGPT 视为一件有助于减轻教师工作量、为学生提供即时反馈且适用于不同学科的宝贵工具。不过，也有一些用户反映，ChatGPT 目前存在答复不准确、回复自相矛盾、上下文信息有限、功能有待增加等问题。在伦理方面，受访者们担心 ChatGPT 有可能会助长抄袭和作弊行为、纵容用户的懒惰之风、为用户提供有偏见或虚假信息。该研究还强调了受访者们的其他担忧，如 ChatGPT 对学生批判性思维的影响，以及因频繁的人机互动而导致的隐私泄露问题。

在对用户体验的调查方面，通过与选定的三位教育者进行每日例会，并且比较他们在使用 ChatGPT 过程中获得的各种结果，特莱利等人确认了 ChatGPT 可能会引发教育问题的十种情境。①三位教师发现，ChatGPT 能帮助学生撰写论文和解答考题，这使他们担心学生可能会使用 ChatGPT 进行作弊，并质疑使用聊天机器人检测作弊行为的有效性。②三位教育者认可聊天机器人生成学习内容的能力，但他们强调学习内容的准确性和可靠性才是重中之重，并由此提出了一个问题：对包括 ChatGPT 在内的聊天机器人所生成的内容，该如何确保其质量并验证其准确性？③三位教育者每人都根据相同的提示词，向

⊖ 社会角色（Social Role）是指个体在社会群体中被赋予的身份及该身份应发挥的功能。——译者注

ChatGPT 发起了一场聊天，但他们却收到了品质不一的回复。这使他们担心 ChatGPT 是否能让每位用户都获得公平且高品质的学习内容（Tlili et al., 2023）。④ ChatGPT 生成的随堂测试同样难度不一，这使他们对该 AI 工具是否有能力生成难易适合的评估任务产生了怀疑（Tlili et al., 2023）。⑤三位教育者强调，精心设计的评估任务对提高学生的理解力和问题解决能力极为重要，但他们却发现聊天机器人生成的课堂测试是前后矛盾的，这反而给教师增加了不必要的麻烦（Tlili et al., 2023）。⑥三位教育者指出，用户的互动风格会影响 ChatGPT 的辅导水平，这一点也引发了他们的提问：用户应具备怎样的个人能力和思维方式才能激发出 ChatGPT 的最大潜力（Tlili et al., 2023）？⑦三位教育者认为聊天机器人更为人性化，最好能表达情绪并具备个性，这样才能让学生们乐于提供使用反馈（Tlili et al., 2023）。⑧三位教育者注意到 ChatGPT 有时会提供不完整的答案，还会在用户对此提出质疑时以"疏忽"或"格式问题"作为借口。他们因此担心，ChatGPT 这种试图蒙混过关的做法可能会影响用户的行为。尤其是 12 岁以下的小学生用户，他们很可能会效仿 ChatGPT，为未完成学习任务或作业的行为找个理由敷衍过去（Tlili et al., 2023）。他们三位因此表示，有必要探讨 ChatGPT 可能会对用户造成的负面影响（Tlili et al., 2023）。⑨三位教育者还表达了对 ChatGPT 存储和使用用户数据的担忧，尽管 ChatGPT 在答复用户提问时曾亲口否认它会存储与用户的对话数据，但三位教育者仍强调了 ChatGPT 保护用户隐私尤其是儿童个人隐私的重要性（Tlili et al., 2023）。⑩在与 ChatGPT 的一次互动中，其中一位教育者要求它将一篇博文转换为 APA 格式◯的专业论文，但 ChatGPT 却提供了令人费解的错误信息。这就引发了一个关于如何确保 ChatGPT 提供可靠回复以防它会伤害或操纵用户的问题（Tlili et al., 2023）。

特莱利等人（Tlili et al., 2023）在讨论中表示，他们的发现证明了 ChatGPT 具备为教育领域带来变革性改变的潜力。不过，尽管认可其潜力，他们仍提出了与在教育环境中使用 ChatGPT 相关的几个问题。第一，他们承认有些教育机构由于担心 ChatGPT 带来的作弊和操纵问题已禁止该技术在教学中的使用。但他们提出了一种对 ChatGPT 的"负责任使用法"——包括制定 ChatGPT 使用指南以及组织相关教育、安全和心理学专家进行跨学科的讨论。第二，他们指出尽管 ChatGPT 存在不少缺陷，但新近研究表明它蕴藏着能够提升学习与教学效果的教育能量，它与教育的融合也是势在必行，因此有必要进一步研究在教育中过度依赖聊天机器人技术可能导致的不良后果。第三，几位作者不仅强调了 ChatGPT 对教育的变革性影响，还强调了它有潜力精简论文写作过程并引入创新教学法（如以口头辩论的形式评估学生的批判性思维）。他们在倡导多样化的评估方法和改革传统课堂的同时，还在探索在（与聊天机器人的）人机互动和人际互动之间保持平衡的方式，其中包括 ChatGPT 与人类导师合作的可能性。因此，他们呼吁对聊天机器人在教学中增加学习成果、促进人机有效合作的方式展开进一步研究。第四，关于用户体验，特莱利等人（Tlili et al.,

---

◯ APA 格式是由美国心理协会（American Psychological Association）制定的目前被广为接受的一种学术论文撰写格式，尤其适用于社会科学领域的研究。该格式要求研究者在论文中包含适当的引用和参考文献，并规范了它们的撰写格式。——译者注

2023）发现，ChatGPT 会根据用户提问措辞的不同而生成质量不一的回复，并因此强调用户掌握向 ChatGPT 正确提问这一技巧的重要性，以便获得对其学习而言最有价值的输出信息。他们还特别指出，虽然用户无须具备广泛的技术、技能，但批判性思维和提问能力是必不可少的，只有具备这两项能力，他们才能从 ChatGPT 获取最优答案。几位作者因此建议，可对使用此类软件所需的基本技能以及提高这些技能的方式展开进一步研究，以便更有效地使用包括 ChatGPT 在内的各种 AI 聊天软件。第五，虽然 ChatGPT 已显示出一部分人性化特征，但几位作者强调了它在反思能力和情感表达方面的局限性，并认为这两个方面的缺陷可能会影响它在教育领域的有效表现。因此，他们建议可开展相关研究，为教育领域开发更具人性化的聊天机器人；还建议可借助关系形成理论（Relationship Formation Theories），探索人与聊天机器人的关系对学生学习成果的影响。第六，然而，特莱利等人对于将 ChatGPT 视为人类的做法深表担忧，并列举了 ChatGPT 被列为学术论文合著者的若干实例，用以说明这种做法会引发伦理、监管、原创性、作者身份和版权等诸多问题。他们因此强调，在设计教育用 AI 聊天机器人时，需考虑其包容性、伦理性和可用性三大要素，从而确保 AI 设计的责任性。他们特别提及了几桩 ChatGPT 表现出有害行为的实例，用以强调负责任的设计能有效解决 AI 系统通常会出现的偏见、缺乏公平性和透明度等问题。几位作者提倡以用户为中心，同时兼顾社会、情感和教学等方面的设计原则。他们还建议，为了能在教育领域中安全使用，未来的研究应侧重于设计出负责任且符合人类价值观和法律体系要求的 AI 聊天机器人。

特莱利等人（Tlili et al., 2023）的研究通过推文、访谈、用户体验等多种数据资源，对有关"教育领域的 ChatGPT"的公共话语进行了全面研究。然而，该研究的小样本量与有限的数据搜索时间范围令人担忧其适用性以及它是否能够把握该领域不断变化的观点。此外，内容分析法也可能会让该研究的发现出现主观理解和偏见。尽管存在上述局限性，但该研究强调了在教育环境中负责任地落实"ChatGPT 与教育的融合"和为该融合制定指导方针的必要性。该研究还着重阐明了调整教学实践和探索人类与聊天机器人的关系对学生学习成果的重大影响。最后，他们认为未来的研究应重点关注：①提升人们使用 ChatGPT 等 AI 聊天软件所需技能的必要性；②开发更具人性化、更负责任的教育用聊天机器人；③进行持续性的研究，从而最大限度地发挥聊天机器人的潜力，解决它们在教育环境中引发的诸多问题。

特莱利等人（Tlili et al., 2023）的研究对本研究的影响如下：

- **全面理解**

  特莱利等人的研究通过对推文、访谈和用户体验的分析，全面探讨了有关"教育中的 ChatGPT"的公共话语和公众舆论。对我们的研究而言，这种全面理解有助于我们了解不同利益相关方对 ChatGPT 融入教育环境的观点，以及他们和 ChatGPT 的互动方式。

- **潜在利弊**

  该研究强调了在教育领域使用 ChatGPT 的潜在益处和弊端。我们在研究该技术对学生、教师和教育机构的影响时，也必须兼顾正负面影响，从而对 ChatGPT 的影响做出平衡、公正的判断。

● 负责任的使用

特莱利等人建议，与其禁用 ChatGPT，不如强调对它进行负责任的使用。负责任的使用包括：制定 ChatGPT 的使用指南和方针；邀请教育、安全和心理学领域的专家进行跨学科讨论，从而确保 ChatGPT 在教育环境下的使用是合乎伦理的、透明的——这也正是我们在研究中意图关注的一个方面。

● 调整教学实践

该研究指出了技术对教育的变革性影响，并要求教育者随之调整其教学实践。我们在研究教师角色时，会把研究重点放在 ChatGPT 对教师授课方式和评估方式的影响，以及教育者将 AI 聊天机器人有效融入其教学理念的方式。

● 确保公平与公正

特莱利等人担心，是否人人都能公平、公正地获得由 ChatGPT 提供的教育内容。这一点也正与我们的研究密切相关，因为我们正在研究如何为所有学生提供公平使用聊天机器人的机会。

● 提升用户能力

该研究强调，要想有效使用 ChatGPT，使用者需要具备批判性思维和提出问题的能力。基于这一点，我们的研究探索学生和教师如何能发展出与 AI 聊天机器人实现最佳互动的必要技能，以及如何充分利用机器人的潜能以提高学习体验。

该论文的上述各方面都为我们有关"ChatGPT 对学生、教师和高等教育机构的影响"的研究提供了宝贵洞见和指点。通过考虑该技术的各种潜在益处、挑战和负责任的使用，我们可以对其在教育领域的影响获得一个全面、平衡的认识。

论文七：ChatGPT 在高等教育中的用途探索：使用频率与对生产力的影响[⊖]

在这篇关于教师用户体验的论文中，费瑞纳和苏伊泽罗（Firaina & Sulisworo, 2023）所进行的研究旨在深入了解大学教师对在学习中使用 ChatGPT 的看法及其决策过程。为此，他们采访了五位讲师，汇总了他们对 ChatGPT 的使用体验和看法，并对收集上来的数据进行分析和解读，以便更深入地理解使用 ChatGPT 对学习的影响，以及讲师群体选择使用或拒绝使用 ChatGPT 的原因。该研究旨在确认在使用 ChatGPT 提高学习成果的过程中，讲师们的需求、期待和遇到的挑战，并据此为技术开发者和教育决策者提供建议。

该研究的目标在于，根据其研究发现为教师提供有价值的见解，从而提高他们的"学习有效性"（Learning Effectiveness）并影响教育领域的决策制定。基于受访者们汇报的 ChatGPT 使用频率，费瑞纳和苏伊泽罗（Firaina & Sulisworo, 2023）发现，大多数受访者表示，ChatGPT 有助于他们在日常学习中掌握新知识，因此他们乐于经常使用该 AI 应用。但受访者们也承认，在某些情况下，要将 ChatGPT 和其他工具配合使用才能满足其学习需求。两位作者由此得出的结论是，ChatGPT 是受访者与他们所需学习信息之间的沟通渠道，是人们获取新信息和新想法的媒介。他们认为，这一理解符合建构主义学习理论（Constructivist Learning Theory），即个人能基于其亲身经历构建个人知识。此外，两位作者特别指出，ChatGPT 好似一个学习型的社交媒体平台，通过向五位受访者提供新鲜信息

⊖ 英文标题为：*Exploring the Usage of ChatGPT in Higher Education: Frequency and Impact on Productivity*。——译者注

和观点的方式，帮助他们构建新的知识。因此，他们强调了个人的体验、反思和解读对构建知识起到的积极作用。他们还指出，就五位受访者而言，在其学习过程中，ChatGPT 作为信息和想法的一种来源，有助于他们获取新知识和发展新技能。基于对他们所做的采访，两位作者还发现使用 ChatGPT 有益于提高生产力和学习有效性。他们报告说，其中一位讲师特别提到 ChatGPT 不仅加快了他对资料的理解速度，还帮他省下了搜索学习资料的时间。但两位作者也承认，人们需开展进一步研究以确保 ChatGPT 能为用户提供准确的回复。他们还提到，另一位讲师也表示 ChatGPT 有助于提高生产力，帮他更快地完成了任务并为他省下了本应用于搜索资料的时间。尽管如此，但两位作者强调，使用者需明确理解整体的工作任务，才能令 ChatGPT 生成预期回复。通过他们的研究发现，两位作者将 ChatGPT 的使用与传播理论，尤其是符号互动理论（Symbolic Interaction Theory）联系起来。符号互动理论解释了人类通过有象征意义的符号（通常指语言）进行交流并为这些符号赋予意义的方式。他们还在分析中使用了媒介理论，尤其是新媒体理论（Theory of New Media）——该理论将媒体视为一种能影响互动和信息获取的社会环境。此外，两位作者还建议，在学习过程中使用的 ChatGPT 应符合建构主义理论（Constructivist Theory），强调知识建构过程是学习者们通过亲身体验和自我反思实现的（Firaina & Sulisworo, 2023）。此外，据他们观察，ChatGPT 的使用令五位受访者在学习过程中的一些方面受益匪浅。因为 ChatGPT 既能帮他们克服英语水平不足的限制，把他们所撰写的学术论文从母语翻译成英语以便国际发表；又能帮他们搜索到能满足其特定需求的最新学习理念。两位作者举例说，讲师们可以要求 ChatGPT 采用建构主义教学法为他们提供教学建议，并会收到多个备选建议。总之，费瑞纳和苏伊泽罗（Firaina & Sulisworo, 2023）指出，尽管 ChatGPT 存在局限性，但受访者们都承认该技术有助于提高他们的生产力和学习效率（Learning Efficiency）。因此，他们认为在教育领域，ChatGPT 是一种新奇有趣的备选教学手段。但他们也特别强调，人们应对 ChatGPT 始终持有批判性的态度并对其生成内容进行验证。因此他们建议，有必要开展进一步的研究，包括进行更多的访谈和案例研究，从而更全面地了解 ChatGPT 在学习中的各种应用并更深入地把握 ChatGPT 的实际使用方式和潜在影响。

费瑞纳和苏伊泽罗（Firaina & Sulisworo, 2023）的定性研究凭借其对五位讲师的深度访谈在众多相关研究中脱颖而出，对几位讲师使用 ChatGPT 的亲身经历进行了充分的剖析。两位研究者将他们的发现与建构主义理论、传播理论等有效地联系起来，从而增加了其结论的信度。该研究强调 ChatGPT 的使用对讲师和教育决策者的实际意义，并阐明 ChatGPT 对学习生产率和学习有效性的积极影响。不过，在解释其研究结果时，该研究存在样本量较小、缺乏对比组等局限性。在该研究的基础上，未来的研究可以增加样本数量和多样性并采用比较研究法，从而进一步探索在教育环境中使用 ChatGPT 等 AI 聊天机器人的利弊。

费瑞纳和苏伊泽罗（Firaina & Sulisworo, 2023）所做的研究对本研究的意义如下：

- **教师视角**

  费瑞纳和苏伊泽罗所做的深度采访让我们得以了解讲师们在授课与学习过程中看待和使用 ChatGPT 的方式。这种从教师视角理解 ChatGPT 的研究，为我们研究教师对 AI 聊天机器人融入教学实践的感受以及影响教师决策的各种因素提供了宝贵洞见。

- **对生产力的影响**

  费瑞纳和苏伊泽罗的研究证明了 ChatGPT 对讲师们的生产力和效率的积极影响。该见解可作为我们的研究基础，便于我们调查在高等教育机构使用 AI 聊天机器人会如何提高教师们完成课程设计、内容创建和资源搜索等任务的效率。

- **实际影响**

  费瑞纳和苏伊泽罗的研究强调了 ChatGPT 的使用带来的种种实际影响，这为我们对"AI 聊天机器人与高等教育融合的潜在利弊"的研究提供了相关信息。了解五位受访者应对 ChatGPT 大范围使用的方式，为我们研究"在教育环境中有效融入 AI 聊天机器人的最佳实践与策略"提供了有益的启示。

总之，费瑞纳和苏伊泽罗的研究有大量值得我们学习借鉴之处，主要是有助于我们了解高校教师看待与使用 ChatGPT 的方式。他们的研究带来的发现和意义增强了本研究"高等教育背景下 AI 聊天机器人对学生、教师和高校的影响"的理论基础和实践相关性。接下来，让我们将视角从教师的用户体验转向研究者的用户体验。

论文八：人工智能对提高学术表现的作用：以 ChatGPT 为例[一]

阿尔沙特（Alshater, 2022）的研究旨在以经济与金融领域为例，调查 AI 尤其是自然语言技术在提升学术表现方面的潜力。该研究采用案例分析法，把 ChatGPT 作为一件特定的

一 英文标题为：*Exploring the Role of Artificial Intelligence in Enhancing Academic Performance: A Case Study of ChatGPT*。——译者注

NLP 工具，说明它在推动上述领域研究方面的潜力。通过细致考察 ChatGPT 在经济与金融研究中的应用，阿尔沙特探讨了它的功能和利弊。他的研究还尝试解决在学术研究中使用 ChatGPT 等 AI 技术所引发的各种伦理问题和潜在偏见。通过案例研究，阿尔沙特致力于为那些在学术研究中试图使用 AI 技术的研究者们提供有价值的洞见与指导。

阿尔沙特的发现揭示，将 ChatGPT 与其他技术成熟的 AI 聊天机器人用于学术研究会产生各种影响，其中有利有弊。阿尔沙特（Alshater, 2022）指出，在研究中使用 ChatGPT 和其他高级聊天机器人益处颇多，其中包括通过任务自动化提高研究效率。比如，ChatGPT 能自动从财务文件中提取和分析数据并生成报告和研究摘要。此外，ChatGPT 还能检测出数据或分析中的错误，从而提高研究的准确性和研究结果的信度。此外，ChatGPT 的灵活性能让研究者们应对一系列广泛的研究问题，为建立金融模型和模拟复杂的经济系统生成各种现实情境。那些通常需要耗费大量人力和时间的任务，如对海量数据进行数据分析或报告生成等，都可以借助 ChatGPT 的自动化功能加速完成。此外，阿尔沙特还认为，ChatGPT 等高级聊天机器人可以通过消除个人偏见和主观判断以及通过识别财务数据中人类无法立即察觉的模式或趋势，为使用者提供更为客观的见解。他还指出，这些技术通过遵循标准化流程和信息传递协议，可确保研究过程的始终如一以及数据分析方式的一致性和可复制性。在阿尔沙特的研究中，他不仅展示了 ChatGPT 等高级聊天机器人的诸多优势，还探讨了其局限性和应对方法。第一，如果 ChatGPT 背后的数据库内容不充分或存有偏见，其性能就会受到影响。因此，训练数据的质量和相关性是决定 ChatGPT 有效性的一个重要因素。第二，聊天机器人可能缺乏经济与金融等专业领域的专业知识，这会影响到它数据分析的准确性和解释研究发现的能力。第三，在研究中使用聊天机器人可能会引发诸多伦理影响。阿尔沙特对人类劳动可能被 AI 取代、训练数据中偏见长存等问题进行了探讨，并建议研究者们深入思考此类伦理问题。第四，聊天机器人有可能被用于不道德的目的，如生成垃圾邮件或冒充他人。因此，人们需对此提高警惕并采取预防措施。阿尔沙特指出，随着技术的进步，聊天机器人的能力也在不断发展进化，这意味着研究人员必须相应地调整其研究方法和手段，从而紧跟这些技术进步的节奏。第五，包括 ChatGPT 在内的聊天机器人偶尔会因为缺乏对上下文的理解而生成重复或不相关的回复，因此在研究中使用它们时必须格外谨慎。第六，在学术研究中使用 ChatGPT 等 AI 技术可能会引发某些伦理问题和偏见。阿尔沙特强调了训练海量数据对此类 AI 技术的关键作用，以及 ChatGPT 等聊天机器人有可能因为有害的训练数据而生成带偏见或不准确的回复。他举例说，如果训练数据主要代表特定的人口群体或文化背景，那么此类数据就可能导致 ChatGPT 生成有偏见的结果或强化现有的刻板印象。阿尔沙特强调，要解决该问题，需仔细评估并了解训练数据中的偏见并采取积极措施减少此类偏见的出现，从而确保该模型输出结果的公平和公正。第七，此类 AI 技术涉及的复杂算法和流程并不是完全透明的，也很难被用户完全理解。这种缺乏透明度的情况会增加对这些技术进行问责的难度，因为在不了解 ChatGPT 运行机制的情况下，根本无法确定其生成内容中的偏见或错误是否由它本身造成的。因此，阿尔沙特强调，人们必须优先考虑这些技术在运作方式上的透明度问题，并允许公众对其进行仔细审查，从而确保其运行的公平与公正。第八，ChatGPT 等 AI 技术并非完全自主运行，因此必须认真考虑人类在其应用过程中的作用和责任。为此，阿尔沙特强调了在使用这些技术时进行人类监督和干预的重要性。这意味着使用者应有能力干预并解决 ChatGPT 等 AI 技术在运行过程中可能出现的错误或偏见，同时确保它们被负责任地使用。第九，一旦将 ChatGPT 等 AI 技术用于学术研究，它们必会被用于收集和处理个人数据，这使阿尔沙特十分担忧 ChatGPT 可能引发的隐私和数据保护问题。因此，他强调必须采取适当措施以保护个人隐私，防止对个人数据进行未经授权的访问或滥用，并在研究实践中坚持对 AI 技术进行合乎伦理的使用。总之，尽管承认这些技术在数据分析等特定研究任务中的各种潜在益处，阿尔沙特仍提醒研究者们，不应对它们过度依赖，也不要让它们完全取代人类的判断或理解。他主张采取一种平衡的方法，既要利用这些技术的优势，同时也要尊重人类的专业技能在研究中的重要性。

阿尔沙特认为，就总体而言，ChatGPT 作为一种多功能高级 NLP 工具有可能对学术研究产生革命性的影响（Alshater，2022）。他相信，此类工具凭借它们能够生成可媲美真人撰写的文本、数据分析、情景模拟等令人惊叹的功能，就能成为各领域研究者们的宝贵财富。然而，他也强调了在使用 ChatGPT 和与其类似的 AI 工具时，应考虑到它们在适用性、数据质量和专业知识方面的局限性。尽管如此，他仍然坚信它们是利大于弊的。在论文的结论部分，阿尔沙特强调 ChatGPT 等 AI 技术能帮助研究人员高效处理与分析海量数据、创建现实情境以进行理论测试并有效传播其研究发现。他相信，这些能力的前景无限，有助于促进不同领域的研究并催生变革性的发现和见解，从而增进我们对世界的了解。

阿尔沙特的研究（Alshater，2022）深入探讨了 ChatGPT

对学术研究的诸多益处，包括但不限于提升研究效率、研究准确性、研究问题的灵活性、研究速度、研究的客观性和一致性。但他也并未回避 ChatGPT 的种种不足之处，如依赖训练数据的质量、专业知识有限等。他的研究还涉及包括算法偏见和 AI 技术滥用在内的伦理因素。不过，由于该研究的样本量偏小且只关注经济与金融领域的研究，这两点可能会限制其研究发现的适用性。因此，我们认为后续研究应探索 ChatGPT 对其他学科学术研究的影响，并且使用规模更大且更具多样性的样本。在应对由 ChatGPT 的使用带来的伦理问题时，阿尔沙特的做法值得称赞。但想要确保 AI 系统的绝对公正和毫无偏见，依然是困难重重。但我们相信，只要坦承 ChatGPT 等 AI 聊天机器人的种种局限性并在实践中注重对它们的负责任使用，研究者们就能够充分利用其潜能来推动学术进步。此外，使用者应对 ChatGPT 的生成内容存有戒心，同时持续提升其功能来推动 AI 以符合伦理的方式融入学术界。

阿尔沙特（Alshater, 2022）的研究在以下方面与本研究"ChatGPT 对学生、教师与高校三方角色的影响"直接相关：

- **提高学生的学习体验**

  阿尔沙特的研究强调了 ChatGPT 对学生的各种潜在益处，尤其是在增强其学习体验方面。通过自动帮助学生完成某些特定任务以及为他们提供即时的学习信息和研究摘要，ChatGPT 让学生有更多机会投入到那些更具深度的学习活动当中，从而对他们整体的学习之旅产生正面影响。这方面也正是本研究计划关注的。

- **用先进教学与研究工具赋能教师**

  该研究重点论证了 ChatGPT 能够成为教师提升其教学与研

究实践的宝贵工具。借助 ChatGPT 的自动数据分析和报告生成功能，教师得以简化研究流程、发现新的见解，从而得以采用更有效的教学方法丰富课堂体验。我们将在研究中对此展开进一步的研究。

- **为合乎伦理地使用 ChatGPT 解决数据质量与偏见问题**

  该研究强调了数据质量和道德因素在使用 ChatGPT 时的重要性。我们在深入研究该 AI 技术对高等教育的影响时，应警惕它自带的潜在偏见并确保对其负责任地使用，从而防止该技术生成歧视性的回复。这也是我们计划研究的一个方面。

- **拓展研究范围以获得全面了解**

  阿尔沙特的研究主要关注了 ChatGPT 对经济与金融领域科研工作的影响，但其论文鼓励读者将其研究拓展到其他学科。通过对多种样本的深入研究，我们能够更全面了解 ChatGPT 影响高等教育各领域的方式。我们对"法律语言学课程"展开的探索性案例研究将有助于补充阿尔沙特的见解。

了解并应用阿尔沙特的研究见解或许可以帮助我们以负责任的方式驾驭 ChatGPT 为高等教育带来的变革性局面，并为营造一个更加高效、包容和符合伦理的学术环境铺平道路。此外，阿尔沙特总结出的 ChatGPT 对高校教师学术表现的各种影响，也是我们规划研究方向时的宝贵指导。

论文九：用户体验：ChatGPT 对教育的意义[⊖]

在这篇撰写于 2022 年的论文中，作者翟小铭旨在探索 ChatGPT 对教育产生的各种潜在的但那时尚鲜为人知的各种影响。该研究揭示了 ChatGPT 所具有的非凡能力，并认可它有潜

⊖ 英文标题为：*ChatGPT User Experience: Implications for Education*。——译者
 注

力为教育过程中的学习目标、学习活动以及考核评估实践带来
实质性的变化。翟小铭的研究主要由四部分组成。在研究的第
一部分，他要求 ChatGPT 为他撰写一篇题为《教育型 AI》的
学术论文。翟小铭解释道，选择让 ChatGPT 完成这项特殊任务
是因为该任务的"高智能性"，因为学术论文通常只有专业学
者才能撰写。其研究目的是评估 ChatGPT 是否有能力生成准
确、连贯、有条理、有见地的文字作品。翟小铭报告说，结果
就是 ChatGPT 直接生成了这篇命题论文的全部文字，他自己的
贡献仅限于为该论文添加了各级小标题并对其逻辑结构稍做调
整。在进行该尝试时，翟小铭通过一套预先设定好的问题引导
ChatGPT 完成了论文撰写。这套问题也是通过和 ChatGPT 的
互动和沟通才开发出来的。翟小铭先是要求 ChatGPT 为一篇
以"AI 在教育领域的应用"为主题的论文撰写引言。ChatGPT
对该要求的回复是，它介绍了"教育型 AI"的背景信息并缩
小了论文的研究范围。根据该范围，翟小铭最终确定了论文
结构，主要包括"教育型 AI 的潜力与挑战"与"未来研究方
向"这两大部分。翟小铭报告说，为深入探讨 ChatGPT 的潜
力，他向 ChatGPT 询问了教育型 AI 的发展历史，而 ChatGPT
在回复中提供了三段按时间顺序排列的细致介绍，讲述了教育
型 AI 从 20 世纪 60 年代至今的发展过程。他特别指出，AI 所
提供的描述非常全面，包括相关实例和教育型 AI 发展过程中
的各项里程碑事件。翟小铭还报告说，ChatGPT 在上述三段文
字中详细介绍了 AI 在教育领域的三种具体功能：个性化学习、
行政任务自动化，以及课程辅导和学业指导。为深入了解这三
大功能，翟小铭就每种功能的使用案例都分别提出了询问。在
对这些询问的回复中，ChatGPT 为每种功能都提供了全面定义、
典型用途列表和简要总结。例如，当被问及"个性化学习"这

一功能时，ChatGPT 不仅向翟小铭提供了其定义，还附带一份使用案例的完整列表以作为例证。为深入了解这些使用案例，翟小铭还针对"个性化学习"各个方面的发展历程和潜力都追加了提问。而这些提问也帮助他确认了个性化学习的四种专门用途：自适应学习、个性化推荐、个性化指导以及对学习需求的早期确认。翟小铭报告说，对于每一个使用案例，ChatGPT 也提供了其定义、历史背景、潜力证明，外加一份简要介绍。此外，翟小铭还就"行政任务自动化"功能向 ChatGPT 发问，而 ChatGPT 生成的回复包括其定义、描述、五个使用案例和一份小结。基于该回复，翟小铭又对这五个使用案例的来龙去脉和潜在影响进行了追问，而 ChatGPT 生成的回复是对"行政任务自动化"具体内容的一份全面描述，包括注册与选课、学生档案管理、打分与评估、课程规划与经济资助。

在研究的第二部分，翟小铭重点关注了"将 ChatGPT 用于课堂"会遭遇到的种种挑战。通过向 ChatGPT 直接提问，他获得了一份挑战列表，其中涉及的挑战包括伦理担忧、技术局限性、教师对 ChatGPT 进入课堂的态度、学生参与度、ChatGPT 与现行教学体系的融合程度。为深入了解这些挑战，翟小铭继续向 ChatGPT 追问每种挑战及其可能的解决方案。在研究的第三部分，翟小铭探讨了 AI 技术在教育领域的未来前景，依旧是通过直接提问的方式进行。他从 ChatGPT 获得了以下五大未来发展方向：更多地利用 AI 进行个性化学习、开发 AI 驱动的教育游戏与教育模拟、扩展 AI 在课程辅导和学业指导的使用、借助 AI 实现行政任务自动化，以及创建由 AI 驱动的教育平台。在研究的第四部分，翟小铭要求 ChatGPT 为一篇讨论"AI 在驱动教育创新和进步中所起作用"的学术论文撰写结论小节。他报告说，ChatGPT 在撰写结论时，先是重申了 AI

具备引发教育变革的潜力，随后强调应了解并着手解决 AI 现有的局限性，接着特别提及了在教育领域使用 AI 技术要面临的伦理、技术与其他挑战，最后呼吁相关各方应采取适当措施以确保 AI 在教育体系中被合乎伦理且有效地使用。

翟小铭（Zhai, 2022）对其研究结果进行了如下描述。在对 ChatGPT 进行实验性的使用过程中，他先是依照 ChatGPT 的建议确定了研究范围，再通过对 ChatGPT 进行后续追问的方式逐步拓展研究深度。翟小铭指出，整个研究过程，包括由 ChatGPT 生成与测试预备向 ChatGPT 所提的问题、为论文添加各级副标题以及审核与组织论文内容，均在 2~3 小时内完成，几乎不需要太多的人为干预。他总结说，由 ChatGPT 生成的文字呈现出四个主要特征：连贯性、局部准确性、信息性和系统性。翟小铭还指出，对于每一次询问，ChatGPT 做出的回复都包含了核心信息，段落衔接也极为流畅。此外，他发现在改变研究话题但保持研究角度不变的情况下，ChatGPT 的回复总是依照相同的格式：首先对研究中的一个主题进行简介，继而概述其发展历程，之后以证据论证该主题的各种潜力与局限性，最后对该主题进行总结。翟小铭还发现，面对措辞略做改动的相同问题，ChatGPT 始终会做出相同答复。他认为这意味着 ChatGPT 有能力识别用不同形式表达出的同类询问。总之，通过这一番对 ChatGPT 的实验性使用，翟小铭认识到它已具备了有效组织与撰写学术论文各组成部分的卓越能力。

翟小铭（Zhai, 2022）的研究为 ChatGPT 在教育中的应用提供了宝贵洞见。首先，他建议教育者应基于 ChatGPT 的功能，重新思考学生在 AI 时代应掌握的技能。他的研究表明，既然普通学生在高效信息处理和写作这两项能力上根本无法与电脑和 AI 相提并论，那么教育界就应考虑是否要把"有效使用 AI 语言工具"这一能力加入学生的培养目标。他还论证说，教育不能只关注普通技能的培养，而是应以提高学生的创造力和批判性思维为先。为实现这一目标，他主张进一步研究人类智能的哪些方面可以被 AI 有效地取代，而哪些方面仍是人类所独有的。其次，翟小铭强调，应将 ChatGPT 等 AI 技术整合到各学科的学习任务之中。他指出，AI 解决问题的能力与人类应对现实世界挑战的方式几乎如出一辙。因此，随着包括 ChatGPT 在内的人工智能逐渐朝通用人工智能发展，教育者将有机会设计出融入 AI 技术的学习任务，从而提高学生的学习投入和整体学习体验。他认为，将 AI 融入特定领域的学习任务，正好符合时下科学研究愈发依赖 AI 进行预测、分类、推理以解决复杂问题的风气。最后，翟小铭探讨了 ChatGPT 对教育中考核与评价的潜在影响。他着重探讨了论文写作等传统的考核方式，并对学生可能将写作任务"外包"给 AI 的行为表示担忧。翟小铭论证说，随着 AI 展现出生成书面内容的卓越能力，传统的考核评价方式也应随之调整目标，将重点放在那些无法被 AI 轻易复制的个人能力上，如批判性思维和创造力。这种考评方式的转变与不断发展的社会需求以及教学目标的转变相一致。翟小铭建议，为了有效衡量学生的创造力和批判性思维，教育者应探索超越 AI 能力范围的创新型考评方式。总之，翟小铭的研究强调了 ChatGPT 在教育领域的变革性潜力，并呼吁教师应及时调整教学目标、学习活动和考评方式以适应这场变革。在全面认识到 ChatGPT 等 AI 技术的利弊之后，教育者可以更好地培养学生，使他们能够游刃有余地面对一个 AI 日益重要的未来。随着 AI 重塑教育格局，人们有必要谨慎考虑它与教育的融合，并在利用 AI 的各项能力强化学习过程的同时，确保教育重点仍放在对人类特有技能的培养上。

翟小铭（Zhai, 2022）的研究探讨了 ChatGPT 对教育的影响，并重点关注了该技术对学习目标、学习活动和学习评估方式的影响。通过对 ChatGPT 进行的一项实验性研究，他发现该 AI 技术能在人工干预极少的情况下高效撰写出一篇学术论文。这充分展示了 ChatGPT 在生成学术内容方面的潜力。虽然该研究极具创新性，但存在样本量小、研究范围有限的问题，这可能会限制其研究结论的适用性。此外，由于 ChatGPT 缺乏更深入的理解能力以及对预设问题可能存有偏见，这两点会影响其研究结论的实用性。我们认为，应使用混合研究法[⊖]对更大的样本量展开进一步研究，这样才能充分了解 AI 在教育中的作用及其对教学法和学习体验的长期影响。尽管如此，翟小铭的研究依然为今后有关"AI 对教育的影响"的研究打下了一定的基础。

翟小铭（Zhai, 2022）的研究对本研究的重要影响如下：

- **反思学习目标**

翟小铭的研究发现表明，以 ChatGPT 为代表的 AI 应用已具备了高效的信息处理能力和令人惊叹的写作能力。我们在研究 ChatGPT 在教育中的作用时，有必要对传统的学习目标进行重新评估。将各种 AI 语言工具融入教学后，教育目标可能会转向以培养学生的创造力和批判性思维为先，因为人工智能尚无法在这两个方面完全取代人类智能。"AI 时代教育目标的重新调整"这正是我们试图在研究中探索的一个方面。

- **创新学习活动**

该研究强调，应将 AI 技术（如 ChatGPT）融入各学科的

⊖　混合研究法（Mixed-Methods Approach）是指通过结合定性研究（观察、访谈等）与定量研究（问卷调查、实验、统计分析等）这两种研究方法，从而达到全面深入了解研究对象的目的的方法。——译者注

学习任务。由于 AI 的问题解决能力恰好反映了人类解决问题的手段，这为教育者设计出引人入胜的教学活动提供了良机。这种融合也与 AI 在现实世界中被越来越多地用于问题解决和科学研究的趋势相一致，因此"AI 与学习任务的融合"也是我们准备研究的一个方面。

● **转变考核方式**

翟小铭的研究让人意识到，ChatGPT 与教育的融合可能会带来诸多挑战，如学生将写作任务"外包"给 AI 完成的问题。为解决这些挑战，我们可能需要重新调整考核方式，将重点放在那些无法被 AI 轻易复制的人类能力上，如批判性思维和创造力，从而确保考核方式始终与人类的发展相关，并且对人类发展具有意义。我们打算对 AI 时代考评方式的调整展开进一步研究。

● **思考局限性与伦理影响**

尽管 ChatGPT 已展现出诸多不凡的功能，但该研究也并未否认其局限性。比如，它对预先设定的问题缺乏更深刻的理解并可能存有潜在偏见。我们认为，在我们考察 ChatGPT 对教育的作用时，有必要谨慎思考这些由 ChatGPT 引发的挑战和潜在伦理影响。

总之，翟小铭的研究建议教育者和教育机构应审慎应对 ChatGPT 等 AI 语言工具与教育的融合。我们相信，基于该研究所概述的 ChatGPT 对教育的种种影响，我们的研究将有助于同人在教育中负责任且有效地使用 AI，同时在学习过程中保留人类智能和创造力的独特优势。

在文献中确认研究主题、方法论与研究缺陷

在文献综述这一章，我们介绍了九篇深入探讨"ChatGPT

对教育的影响"的学术论文。在这些论文中，有些强调了必须着手解决 ChatGPT 造成的潜在偏见和数据隐私问题，有些讨论了 ChatGPT 对教学实践和学生生产力可能产生的影响，还有一些论证了 AI 在教育中的变革性潜力，并呼吁对传统的学习目标和考核方式进行重新调整。尽管这些论文涉及的研究在方法论和关注点上各有不同，但它们都能指导教育者和教育机构有效地将 ChatGPT 融入教学实践。不过，这些论文显然也存在一些局限性和不足。有些缺乏对 ChatGPT 的全面探索或样本多样性，直接探讨"ChatGPT 对教育的影响"的案例研究也相当匮乏。此外，这些文献并未充分反映学生们对 ChatGPT 的看法，并需要更深入地理解调整教学目标和教学活动的必要性。为弥补上述研究的不足之处，我们将在研究中：①通过深入的定性研究来弥补现有文献中案例研究匮乏的问题，并增加一个学生视角；②设法了解 ChatGPT 影响学生学习体验和教师教学实践的各种方式；③探索对教学目标和教学活动进行调整的方式，以便充分有效地利用 AI 聊天机器人的各种潜力。通过弥补上述九篇论文中的不足之处，我们力图为 AI 聊天机器人在教学实践中的变革性作用提供有价值的见解，同时为在教育环境中负责任地使用 AI 提供指导。

第五章
研究方法论

研究背景

　　本研究是在 MEF 大学进行的。这所位于土耳其伊斯坦布尔市的非营利性私立大学成立于 2014 年，以英语作为教学语言，是世界上第一所完全采用翻转式教法的大学。借助翻转式、自适应、数字化、主动式等学习方法，该大学取消了传统的期末考试，采用"以项目为基础、以产品为核心"的考核评估方式。此外，MEF 大学将数字平台和自适应学习技术无缝融入课程，并同时提供慕课㊀以供学生通过多种渠道进行自主学习。此外，自 2021 年起，"数据科学和人工智能课程"作为一门辅修课，已向全校所有院系的学生开放。卡罗琳·费尔·库班（Caroline Fell Kurban）作为本书作者与本研究项目主要研究者之一，在领导本项目的实施过程中发挥了核心作用。她身兼双职，既是本项目的主研究员，又是课堂案例研究（In-Class Case Study）所涉及课程"法律语言学"的授课教师。为保障数据分析的全面性和解释的准确性，以及为"ChatGPT 入校工程"制定理论和实操建议，MEF 大学的"学习与教学研究与最佳实践中心"（CELT）为本研究项目提供了大力支持。此外，翻转学习既是 MEF 大学采用的一种基本教学法，又在本

㊀　慕课（MOOCs）是大型开放式网络课程（Massive Open Online Courses）的缩写。——译者注。

研究中发挥了独特作用，因此我们将在本章对该教学法进行更
为详细的介绍。

翻转学习是一种颠覆传统课堂教学模式的学习和教学方
法。对学生而言，翻转学习就是他们在课堂外自行学习课程
知识，并在课堂内积极地将这些知识付诸实践的一种学习方
法；而教师指导学生以这种方法进行学习的教学模式就是翻转
教学。在该教法中，教师化身为引导者或教练，指导学生解决
问题和完成课程项目并为他们提供个性化的支持和反馈。教学
重心也从内容传授转向构建以学生为中心的学习体验。要确保
一份翻转学习课程大纲的有效性，关键在于将其建立在已获得
验证的学习框架基础之上。这些扎根于各种学习理论的学习框
架有助于我们了解学生获得学业成功所必备的认知过程。此
外，这些框架还能赋予教师理解、分析和预测学习过程的能
力，指导他们为教与学过程的具体实施做出明智决策。教师想
要设计出一份成功的翻转学习教学大纲，关键在于认识到课
程、评价和教学这三大要素之间的相互联系。教师要使学生的
学习产生效果，这三大要素必须保持一致，并以学习成果为重
点（Gollub et al.,2002）。在翻转课程中，翻转教学法应渗透到
每一个要素。为实现这一目标，MEF 大学开设的课程借鉴了
四个成熟的教学框架作为设计翻转学习教学大纲各阶段的理论
基础。这些框架包括"追求理解的教学设计"、"布鲁姆分类
法"、"以评促学、以评自学、学习评估"以及"加涅九事件教
学模型"，旨在共同促进课程、评价和教学之间的融合，并最
终实现有效学习。接下来，我们会逐一介绍将这些理论相互融
合，并且为翻转课程制订教学计划的具体步骤。

翻转学习课程设计的核心是"追求理解的教学设计"
（Understanding by Design，以下简称UbD）。这是由格兰特·威

金斯（Grant Wiggins）和杰伊·麦克泰格（Jay McTighe）在20 世纪 90 年代提出的一种教学模式（Wiggins & McTighe, 1998）。UbD 为课程、评价和教学方法的形成提供了一个整体策略，主要由两大核心原则构成：①以教学和评价为先，从而实现真正的理解和学习迁移；②通过确定预期的教学成果来构建课程内容。UbD 框架以下列七项指导原则为基础：

1）精心打造的课程规划可以提高学习体验。UbD 提供的弹性课程构建体系可以使教师们不必遵循任何呆板的指导方针，更轻松地进行课程规划。

2）UbD 能为课程设计和教学策略提供指导，从而培养学生对知识的深刻理解和实际应用。

3）如果学生能通过真实表现独立运用和扩展所学知识，那就代表他们对知识有了真正的理解。

4）有效的课程设计采用的是一条反向路径，首先设定长期的预期成果，继而通过预期成果、习得证据和教学计划三个阶段层层推进，以防各种潜在教学隐患，如过度依赖教科书或"重活动、轻目标"，把教学活动看得比明确的教学目标更重要。

5）教育者扮演着引导者的角色，在教学中更倾向于为学生提供有意义的学习体验，而不是纯粹进行教学内容的传授。

6）根据课程设计的衡量基准对课程单元进行定期评估，从而提高教学质量并鼓励教师们开展有意义的专业讨论。

7）UbD 框架体现了一种持续改进的方法，即以学生成就和教学效能（Teaching Efficacy）为导向，不断提升课程与教学品质。

（Wiggins & McTighe, 1998）

UbD 是公认的构建翻转课程的基础教学框架（Şahin & Fell Kurban, 2019）。在课程设计中采用 UbD 框架的教师需要经过三个阶段。第一阶段：确定预期的学习成果（课程设计）；
第二阶段：确定可接受的学生习得知识的证据（考核评价）；
第三阶段：制订教学计划（教学实践）。

第一阶段

　　UbD 的第一阶段以确定预期学习成果为中心，包括以下
关键要素：制订课程目标、创建持久理解、提出基本问题、明
确学习成果。教师首先应根据大学的课程标准、成绩评定标
准和课程目的，制订出明确的"教学目标"。而后根据这些目
标创建出对课程的"持久理解"（Enduring Understandings）。
"持久理解"是指一门课程中不仅适用于当前环境，而且具有
持久实用性的基本概念和基本原则。"持久理解"，即对一门
课程持久原则的理解，为学生提供了更深层次的见解，使他们
能够全面掌握该课程，而不是仅对其表层事实浅尝辄止。创建
稳固的持久理解首先要确定一门课程的核心概念，再将其提炼
成一个能引起学生共鸣的清晰表述。例如，在 UbD 教学框架
下，"水循环对地球和社会都会产生影响"就是一条简明扼要
的持久理解。接下来，教师需要设计一门翻转课程的"基本问
题"，这些基本问题是 UbD 框架的基石。基本问题的重要性在
于，这些开放式、发人深省、有吸引力的问题能激励学生进行
高阶思考并生成各种可迁移的观念。教师需要对这些基本问题
进行反复推理、证明，有时甚至要进行进一步的调查。值得一
提的是，基本问题会在学习过程中反复出现，是课程设计和教
学的关键所在。比如，水循环是怎样影响生态系统和自然过程
的？人类活动以什么方式在影响水循环？——它们都属于水循
环课程的基本问题。基本问题有两种类型：一种是综合型，通

常适用于许多话题；另一种是专题型，通常只关注特定的主题
（McTighe & Wiggins, 2013）。

在确定课程目标、持久理解和基本问题之后，教师就要明确"学习成果"，即学生在课程结束时应掌握的知识和能完成的任务。经证实，"布鲁姆分类法"是进行这种成果设定的有效框架（Bloom et al., 1956）。该分类法依照认知等级由低到高将教育目标分为不同层次，前一个层次都是达成后一个更高层次的前提条件。该框架所描述的认知过程代表了学习者接触和应用知识的各种行为。经阿姆斯特朗（Armstrong, n.d.）改写后，其中几项认知层次（及其相关的行为动词）由高到低的排列如下：

- **创造（生成新作品或原创作品）**
  设计、撰写、创造、融合、构想、发明、替代、汇编、构建、开发、概括、调整、组织、制作、角色扮演

- **评估（证明某个立场或决定的合理性）**
  批评、评价、鉴赏、判断、支持、决定、推荐、总结、说服、辩护、估计、发现错误、打分、衡量、预测、分级

- **分析（发现观点之间的联系）**
  比较、分类、对比、辨别、推断、划分、解释、归类、联系、区别、排序、分清主次、细分、审视

- **应用（将信息用于处理新情况）**
  解决、阐明、调整、使用、计算、改变、演示、发现、实验、展示、概述、完成、构建、改编、演绎、制作

- **理解（解释想法或概念）**
  解释、描述、阐释、转述、总结、分类、比较、讨论、区分、扩展、联想、对比、转换、演示

- **记忆（记住基本事实和概念）**

  定义、识别、描述、标签、列表、确认、陈述、匹配、辨别、选择、检查、定位、引用、回忆、再现、讲述、复制

尽管我们在此提供了完整的布鲁姆分类法示例，但必须承认的是，在特定的学习情境中（如入门类课程），教学目标应以对现有知识的理解和应用为先，而不是生成新的内容或解决方案。在这种情况下，教师可能无须把认知功能的最高层次"创造"纳入学习目标，而是应将教学重点放在对所学知识的记忆、理解和应用上。

为与布鲁姆分类法保持一致，教师还可以采用一种额外的知识分类法，将知识根据认知层次分为四类：事实性知识、概念性知识、程序性知识与元认知知识（Armstrong, n.d.）。事实性知识包括熟悉某一学科领域的术语、具体细节和要素。概念性知识涉及对类别、范畴、原则、归纳的了解，以及对理论、模型和结构的掌握。程序性知识包括掌握特定学科的技能、算法、技巧、方法以及确定适合流程的能力。元认知知识涵盖对认知任务的战略理解和背景理解（Contextual Understanding），包括自我意识和条件性知识⊖。在这种知识分类的基础上，课程学习成果的制定可以通过确认布鲁姆分类法各认知层次中的行为动词来完成。

第二阶段

一旦确定了一门翻转课程的课程目标、持久理解、基本问

⊖ 条件性知识（Conditional Knowledge）是指个体在何种条件下才能更好地运用陈述性知识（包括事实性知识和概念性知识，通常解释"是什么"）和程序性知识（通常解释"怎么做"）的一种知识类型。——译者注

题与学习成果，教师就可以进入第二阶段：确定可接受的证据
（考核评价）。在这一阶段，教师应提出的一些关键问题包括：
如何确认学生是否已取得了预期成果？要证明学生已理解并有
能力在新情境中运用（迁移）其课程所学知识，什么是我们可
以接受的证据？我们如何以公平、一致的方式评价学生的表现
（Wiggins & McTighe,1998）？为回答这三个问题，UbD 框架建
议教师们在设计教学单元和课程之前，要从评价者的视角去思
考。评价证据应与第一阶段确认的预期学习成果相一致。因此，
教师必须提前考虑需要哪些证据来证明学生已取得了预期成果，
以便确定教学重点。在第二阶段，评价证据可分为两大类，即
"表现任务"（Performance Task）和"其他证据"。表现任务要
求学生在新的真实情境中使用其所学知识，以便检验他们是否
真正理解并能够运用这些知识。表现任务并不用于日常课程，
而是对一个单元或一门课程的最终考核。日常的授课内容是学
生完成表现任务所必需的知识和技能。在第二阶段，与表现任
务并列的"其他证据"包括随堂测试、考试、教师观察、作业
样本，教师可以通过这些证据了解学生对一门课程所授知识和
技能的掌握程度。不过，在继续讨论如何设计"表现任务"和
"其他证据"之前，让我们预先了解一下第三种学习框架"AfL、
AaL、AoL"。这三个缩写分别代表：为了促进学习而进行的评
价（Assessment for Learning，"以评促学"）、借助评价激励自学
（Assessment as Learning，"以评自学"）以及对学习成果进行评
价（Assessment of Learning，"学习评价"）（《以目标为导向的课
堂评价再思考：以评促学、以评自学与学习评价》[⊖]，2006）。

　　⊖　该专著的英文标题为：*Rethinking Classroom Assessment with Purpose in Mind:*
　　Assessment for Learning; Assessment as Learning; Assessment of Learning。——
　　译者注

由于"AfL、AaL、AoL"框架强调的是学习过程中的不同方面对提高学生理解力和表现所起到的不同作用,因此该框架是设计上述两种评价证据的重要工具。AoL 又称"总结性评价",也就是大多数人眼中的测试和评分,指教师在一个学习阶段结束前对学生的知识和技能进行评估以确定其成绩水平的一种评价方式。总结性评价旨在衡量学生是否取得了预设的学习成果,并据此评定其成绩的等级或分数。尽管 AoL 的主要目的是对学生表现进行总结性判断,但该评价方式也有助于提升教学方法和课程设计的有效性。同时,AoL 也是学生完成"期末表现任务"的基础。不过,AoL 需要 AfL 和 AaL 的支持。AfL 又称"形成性评价",也就是将评价作为一个支持与改善学习过程的工具。AfL 的主要目的是为学生和教师提供及时的反馈。对学生而言,这种反馈有助于他们了解自身的优缺点,并相应地调整学习策略。对教师而言,他们可以利用这种形成性评价调整教学方案,从而更有效地满足学生需求。AfL 提倡以学习者为中心的教学手段,认为评价不仅能够衡量学生的学习水平,还能指导和促进学生学习。因此,AfL 应贯穿学期的始终,从而支持学生取得预期的学习成果,顺利完成课程结束时的期末表现任务。当然,AaL 也应在这一过程中发挥重要作用。AaL 旨在推广一种元认知学习法。该方法认为,考核评价是一次良机,能激励学生主动学习教学资料并对自身的学习过程进行反思。通过自我监督、自设目标以及自行调节学习进度,学生们在学习过程中起到了更为积极的作用。AaL 鼓励学生发展各种"自我调节"的技能,成为独立的学习者。AaL 将评价重心从各种外部评价转为内部自评,着重关注学生的个人成长。因此,AaL 也应贯穿整个学期,从而支持学生评价自己的学习进度、设定学习目标,为完成课程结尾时的期末表现任务做好准备。由此可见，这三种评价方式并不相互排斥；反之，在考核评价这一范围更大的框架中，三者是相辅相成的。

依照 UbD 框架的建议，教师应以目标（Goal）、角色（Role）、受众（Audience）、情境（Situation）、表现/产品（Performance/Product）、标准（Standards）这 6 种要素（"GRASPS 六要素"）为指引，这样才能设计出与真实环境相符的表现任务，以使学生掌握从事未来职业所必需的基本技能。维金斯与麦克泰格（Wiggins & McTighe, 1998）指出，GRASPS 六要素指导教师设计表现任务的方式如下：

- 目标——我希望学生完成什么任务？
- 角色——学生在任务中扮演什么角色？
- 受众——学生的目标受众是谁？
- 情境——任务背景是什么？完成过程中会遇到哪些挑战？
- 表现——学生会创造/发展什么？
- 标准——评判学生表现的标准是什么？

在设计出课程末尾的表现任务后，教师需建立一套明确的、与学习成果相一致的评价标准。这套评价标准对学生和教师都大有裨益。它让学生从课程之初就明确预期的学习目标，并为教师提供了一种结构化的手段，使其能够根据设定好的标准公正评价学生的任务表现。该标准还能促进有关"学生表现水平"的对话，并可用于学生自评和互评。在纳入这套标准后，教师能够赋能学生，推动他们积极参与学习之旅。此外，经证明，该评价标准能有力抵御 AI 技术对教师完成评价任务造成的诸多挑战（如学生使用 ChatGPT 完成作业或论文），我们会在本书第九章"教育影响"对这些挑战进行更为深入的探讨。

一旦设计出表现任务，教师就能着手为评价证据中的第二大类——各种各样的"其他证据"指定不同的评价方式，如随堂测试（AfL）、实验（AfL）与反思（AaL）。这些评价方式都能帮助学生一点点进步，从而完成最终的表现性任务。在翻转学习法的背景下，课前阶段一直发挥着重要的作用；因此，我们会在此处对"课前任务"进行更为深入的讨论。在翻转学习中，学生会被教师要求在课前观看视频或阅读学习材料。为确保该方法的有效性，这些课前材料、连同课前测试或其他形式的考核活动，往往会被一起下发给学生。这么做可以达到一箭双雕的目的：一是让学生对自己的学习负责；二是让教师能够评估学生对这些课前资料的理解和准备情况。课前评估通常以小测试（AfL）、简答题（AfL）或以引导学生对课前预习效果进行自评的"自我反思提示词"（AaL）等形式出现。在课程开展过程中，教师可以利用这些课前评估的数据来调整课堂活动、讨论和举例，从而有效解决不同学生对课前应学内容掌握不一致的问题——而这正是第三阶段的任务。

第三阶段

UbD 框架的第三阶段涉及规划与第一阶段所确立的目标相一致的学习体验和教学安排。这一阶段由以下关键问题主导教学过程的设计：我们应如何支持学生理解重要知识点？我们应如何帮助学生做好自主迁移其所学知识的准备？学生需具备哪些知识和技能才能有效完成学习任务并取得预期成果？为达成学习目标，最适合的教学活动、教学顺序和教学资源是什么？（Wiggins & McTighe, 1998）维金斯与麦克泰格主张，教师在该阶段不仅需要向学生传授教学内容，还应考虑学生的整体学习体验。他们特别指出，传统教学往往侧重于通过传递信息和展示基本技能的方式帮助学生掌握知识，但却对知识的深层理解及其在现实世界中的应用有所忽视。然而，要达成对知识的真正的理解，需要学生投入积极思考（如推理、归纳）以避免表层理解。投入积极思考还包括将所学知识用于新情况、接受建设性的反馈以获得自我提升。他们认为，采用这种方法可以将教育者从单纯的知识讲解者转变为对知识赋予意义的引导者、指导学生将所学内容有效利用的导师。正是在该阶段，全部教学所需要素均被精心打造成便于学习的综合性课程单元。

依照翻转学习法，我们编写每个单元时都借鉴了"加涅九事件教学模型"以确保有效学习。这套由美国著名教育心理学家罗伯特·加涅（Robert Gagne）首创的教学法为构建教学活动提供了一个稳固的框架。该模型建立在信息处理模型的基础上，该模型能够反映个体在学习过程中接触到不同刺激时所产生的各种心理事件（*Gagne's 9 Events of Instruction*, 2016）。加涅从该模型中提取了以下九种可供设计教学活动参考的教学心理事件：

（1）引起注意
（2）告知学习者学习目标
（3）唤起对先前所学知识的回忆
（4）呈现教学内容
（5）提供"学习指导"
（6）引发表现（练习）
（7）提供反馈
（8）评估表现

（9）增强学生对知识的记忆力与将其应用于工作的能力

但为了保证翻转学习法的效果，我们认为可按照以下方式调整这些事件的顺序：

·课前/线上

　　— 单元概述

　　— 关键术语介绍

　　— 复习之前所学内容

　　— （通过视频、文章进行）概念介绍

　　— 让学生对自己的学习负责（形成性评价）

·课内

　　— 开始上课/进行衔接活动：复习课前应自学的课程内容

　　— 以学生为中心的结构化教学活动：针对课内所学内容进行练习

　　— 以学生为中心的半结构化教学活动：针对课内所学内容进行练习

　　— 以学生为中心的自由活动：针对课内所学内容进行练习

　　— 自我反思：在一堂课或一个单元结束时进行反思，课内或课外均可进行

总之，这四种强调成人教育原则的教学框架构成了MEF大学翻转课程的根基，协助教师确定课程目标、持久理解、基本问题和学习成果。这种综合性手段进一步促进了真实性评价的创建，而真实性评价又为发展合适的教学策略和教学活动指明了方向。这种让课程设计、评价考核和教学实践保持一致的框架确保了教与学体验的整体性和有效性。

研究方法

本研究以调查 ChatGPT 对高等院校师生的影响为中心，主要目标是探索、理解并评价该 AI 聊天机器人在学术环境中对学生与教师角色可能产生的影响。通过深入研究 ChatGPT 的实施情况，我们旨在揭示可能会随之而来的种种挑战和机遇，并为该技术在教育领域的变革性作用提供一些有价值的见解。我们的最终目标是全面研究 ChatGPT 与教育的融合会如何具体地影响学生、教师与高等教育机构。因此，与鲁道夫等研究者（Rudolph et al., 2023）类似，我们也在本研究中逐一论述了 ChatGPT 对学生、教师和高等教育机构的影响。但在此基础上，我们还额外增加了一个方面，即"ChatGPT 对研究者的影响"。这一新增角度额外提供了一个元认知视角，有助于我们了解 ChatGPT 对研究过程的影响，而研究过程也最终会影响到高等院校。

在规划研究方法时，我们认为定性研究的范式最为合适，因为定性研究是一种探索性方法，旨在理解个体的主观体验（而不只是 ChatGPT 这项 AI 技术）以及个体对这些体验所赋予的意义。该研究方法特别适合调查诸如 ChatGPT 融入教育这种新现象，因为人们对其了解和体验都十分有限。使用定性研究法有助于我们更深入地了解 ChatGPT 对 MEF 整所大学以及校内师生的影响，以及探索相关人员的主观体验和态度。而在定性研究的范式中，案例研究法似乎是最为合适的选择。案例研究是指对现实生活中的一个系统进行长期深入的调查，利用多种信息来源生成一份全面的案例描述，并从中确认关键主题（Cresswell & Poth, 2016）。案例研究法通常用于对教育领域的研究，研究者需要对出自访谈、观察、文献等不同来源的数据进行收集与分析，从而获得对该案例及其背景的有益见解。当一个案例具有独特性和本质性○时，其研究就很适合采用案例研究法（Yin, 2011）。

我们的案例研究"ChatGPT 在 MEF 大学的融入"就兼具了独特性和本质性，因为该研究旨在探讨 ChatGPT 对 MEF 大学各相关方造成的不同影响，在我们动笔撰写本书时，该研究主题此前尚未得到广泛研究。因此，我们决定采用由应国瑞（Yin, 1984）所创的一套方法论来展开我们自己的研究。应国瑞的案例研究法借鉴了斯塔克（Stake, 1995）提出的一种工具性案例研究的研究设计，将对案例的分析分为搜集、拆分、重组、解释和总结这五个阶段，特别适用于理解处于某个特定环境下的现象，如"ChatGPT 及其对教育领域各相关方的影响"这一案例。该方法论还将一个案例的历史背景、当前情况，以及未来可能的发展方向纳入考量。这样一来，研究者就能通过访谈、小组座谈、观察法、电子邮件、反思、项目、关键事件和研究日志等渠道收集数据，并随后按照布劳恩与克拉克（Braun & Clarke, 2006）提出的主题分析法对这些数据进行分析。

数据收集

本研究自 ChatGPT-3.5 于 2022 年 11 月 30 日发布起就已启动，正式起止时间是 2022 年 12 月至 2023 年 8 月。我们使

○ 个案研究按照不同的研究目的可大致分为"本质性个案研究"（Intrinsic Case Study）和"工具性个案研究"（Instrumental Case Study）这两大类。前者又称"内在性个案研究"，旨在深度描述一个特定案例，从而理解该案例的本质或内在运作机制；后者旨在通过研究某个特定案例去了解某一议题或事件，个案只是深入研究该议题或事件的例证和工具。——译者注

用了 2023 年 11 月公开发布的 ChatGPT-3.5 免费版进行数据收集，以确保每个学生都能公平参与，无须额外购买付费版本。但需要注意的是，ChatGPT-3.5 的培训数据仅延伸至 2021 年 9 月。在本书撰写阶段，GPT-4.0 已投入使用。如前文所述，本书将参考文献限制在 2022 年 12 月至 2023 年 4 月初发表的论文，从而确保它们都属于"当前资源"。不过考虑到 ChatGPT 的高速发展，在整个研究过程中，我们不间断地从各媒体资源收集文献，直至最终完成本书的撰写。

本研究采用了案例研究法，旨在广泛收集多样化的数据。与应国瑞（Yin，1994）的案例研究方案相一致，我们也将所收集的数据分为六种特定类型，包括文献、档案记录、反思、直接观察、参与式观察与实体物品（一般是学生作业）。为收集本研究所需数据，我们在整个研究过程中不间断地通过互联网搜集有关"教育领域中的 ChatGPT"的相关报告、政策、新闻文章等文献，以便获得有关"ChatGPT 和教育的融合"这一主题的全面洞见与观点，由此收集来的数据构成了本书第二章的基础。在整个研究过程中，本项目主研究员始终保持反思的态度，以防其个人"立场"和偏见会影响数据的公正性；并在此基础上，从不同来源寻求不同观点，从而提高数据的效度与信度。总之，案例研究法保障了本研究的全面性。

在本研究中"面向研究者"的部分，主研究员本人亲自记录了 ChatGPT 对本研究的影响。她采用比较研究法，分析了在 ChatGPT 可供大众使用前和使用后，科研项目进行各阶段研究在方式上出现了哪些变化。这种元视角研究展示了研究者对研究过程的反思，并为读者深入了解"研究者视角中的 ChatGPT"提供了一扇窗口。这类研究者视角的数据收集于 2022 年 12 月至 2023 年 6 月之间，依照帕顿（Patton，2002）

提出的指导原则，以研究日志的形式进行呈现。该研究日志由"谷歌表格"创建，该办公表格软件会对所创日志进行数据维护。该日志追踪了将 ChatGPT 融入本研究后，研究者一路收获的见解、遭遇的挑战和对研究进行的调整，从而提升了研究者的自我认知及其对"利用 AI 技术开展研究实践"的理解。这些"研究者向数据"（Researcher-Facing Data，以下简称为RFD）会大量出现在本书的第六章"发现与解释"。

本研究中"面向教师"的部分旨在探讨 ChatGPT 对教师角色的影响。在这部分研究中，主研究员以授课教师的身份开展了一项比较研究，亲自比较了她在使用 ChatGPT 之前与之后（2023 年的春季学期）教授同一门课程的不同体验。这门课是一门名为"法律语言学"的人文课程，与 MEF 大学的其他课程一样采用翻转学习法进行教学。在 2023 年 1 月至 2 月期间，授课教师（即主研究员）为在教学中有效融入 ChatGPT，对课程设计进行了积极的评估和调整，包括分析教学大纲、课程概述、教学评价方式与原则、课内活动等，以便确认适合融入ChatGPT 的具体机会。为记录这些工作流程与思考过程，借助谷歌表格中的"教师研究日志"（Teacher's Research Diary）功能，主研究员展示了她通过自查所做的自我反思，标明了她所做出的种种选择，并批判性地评价了修改前和修改后的课程材料。此外，这部分的研究还采用了观察法，由主研究员对这门2023 年春季学期的课程进行了全程观察。在此期间，主研究员兼授课教师还进行了严谨的自我反思，并由此对"教师向数据"（Teacher-Facing Data）收集过程做出了显著贡献。这种自我反思法有助于授课教师化解可能出现的偏见和臆断，从而确保从学生反馈中获得有价值的见解。

有关"ChatGPT 对学生的影响"的这部分研究也发生在

"法律语言学"的新课堂上。这门在线课程的课前活动是在线发布的，学生可以通过 MEF 大学的学习管理系统在上课前获取并完成。每周授课则通过视频会议软件 Zoom 进行，学生可以在这个云课堂上获得极具实操性和互动性的学习体验。这门总计 16 周、每周课时为 2 小时的课程在 2020 年的春季学期第一次开课，课程后期由于新冠疫情的原因改为面对面的在线课程。此后，这门课程每学年均会开课，并延续了线上课程的形式。最新一轮课程于 2023 年春季开放，总计 12 名学生选课，以下是对这轮课程的概述：

- **课程目标**

  本课程的总体教学目标是让学生研究语言学分析在法律程序中起到的作用，重点关注语言学家越来越多地被当作专家证人，以及语言学分析可作为法庭证据的现象。

- **课程描述**

  这门课程旨在让学生了解法律语言学，教学重点是语言学分析在法律程序中的作用。通过对语言进行审慎与系统的检查，法律语言学不仅能够伸张正义，还有助于对刑事案件中被告做出有罪或无罪判定。就语体而言，法律语言学可分为书面语和口语两大类。书面语分析各种文本，如警方审讯笔录、犯罪信息和社交媒体上的帖子；口语研究的往往是嫌疑人在警方询问和犯罪过程（如涉嫌受贿行为的谈话录音）中所使用的语言。这门课程采用了案例教学法，探讨如何利用不同的语言要素解决案件，如表情符、短信缩写、地区口音和方言、笔迹分析和语言习惯等。

- **持久理解**

  法律语言学能通过分析语言来揭示刑事案件的真相，从而有助于伸张正义。

- **基本问题**

  综合型基本问题

  — 语言学分析如何促进法律语言学中的法律案件分析？

  — AI 的出现会如何彻底改变法律领域？

  专题型基本问题

  — 法律语言学的案例中，表情符、短信和标点符号等交流
  方式会如何影响理解？

  — 有关"跨性别者首选代词"的强制规定会引发哪些伦理
  与法律问题？该规定与言论自由和性别歧视有何关联？

  — 在法律语言学调查中，如何利用俚语、地方方言、语言
  习惯和笔迹来识别潜在嫌疑人？

  — 如何通过对口语的声学语音学分析，判断某人究竟是处
  于醉酒还是清醒状态？

  — 在法律语言学领域，语言学研究如何对准确理解个人在
  交流过程中的原本意图带来挑战？

- **学习成果**

  — 分析语言对法律判决的影响。

  — 解构诉讼案件语言的各个方面，并操纵这些语言从一种
  形式转换为另一种形式。

  — 分析在现实案件中，如何借助语言给被告定罪或宣判其
  无罪。

  — 就一桩现实案件中所涉语言的某一特定方面撰写一篇模
  拟结案陈词，并证明其合理性。

- **评价方式**

  — 课前测试（20%）。

  — 课内活动（40%）。

  — 学期项目 1（20%）。

  你将扮演诉讼案中的辩方或控方律师，通过当庭发表一份结

案陈词使案件中的被告被无罪释放或被定罪。台下听众将扮演法官和陪审团。表演场景为：你将在庭审末尾进行结案陈词。作为一场表演，你需要创作一份结案陈词，并分别以书面形式和录音演讲的形式呈现。评分标准为：结案陈词中应包括案件回顾、证据回顾、相关故事与类比、能让陪审团支持己方当事人的论据、攻击对方立场的论据、能总结己方观点的结语以及案件的视觉证据（照片、录像等）。

一学期项目2（20%）。

你需要开发一个有关"法律语言学与ChatGPT"或"法律与ChatGPT"的个人项目，并制定一套自己的评价标准。你将在最后一节课向其他同学和任课教授陈述该项目，并回答他们向你提出的问题。

选择将这门法律语言学课作为案例研究的对象是出自以下几个原因：其一，主研究员不仅是主持这门课程的授课教师，同时也是研究教育技术的专家。其二，她之前研究并参与过"翻转、自适应、数字与主动学习"（FADAL）教学法的设计，这让她特别适合这项调查。她对这门课程及其规划过程的深刻理解，以及她能够在即将到来的学期再次开课，为她进行在教学中使用ChatGPT之前与之后的比较提供了一次良机。其三，由于法律语言学涉及语言学的诸多组成部分，因此这门课本身也适合研究者测试ChatGPT的语言能力。选修这门课程的学生均来自本校法学院，由于法律领域预计将深受AI技术进步的影响，因此法学生们加入本研究是极为有益的，会有助于大众更加意识到AI对法律职业的影响。本研究的数据收集工作是在2023年3月至6月，同样是在春季学期进行的。为调查ChatGPT对学生的各种影响，我们收集了一组多样化的数据集。学生数据的收集开始于第一节课，教师在这节课上对学生们展开了一次调查，从而评估他们对 ChatGPT 的熟悉程度和使用情况。在第二节课上，学生们首先观看了一个介绍 ChatGPT 的视频，而后回答了一些由教师提出的、旨在了解学生视频观后感的开放性问题。除了上述课内提问和调查，课前问题也贯穿了课程始终，以便我们了解学生与 ChatGPT 的具体互动情况以及这些互动对其学习体验的影响。教师还在课程结束前对学生进行了一次反思性的问卷调查，以便更多地了解他们在课程期间使用 ChatGPT 的感受，更确切地说，是学生在使用 ChatGPT 后对它的理解、印象和看法。此外，我们还在研究中加入了补充数据源。我们收集了 Padlet[⊖]网站上的发帖、截屏和学生反馈以全面了解学生体验。最后，为了进一步丰富分析内容，学生们还同意将他们完成的课程项目纳入数据评估。我们将以上这些源自学生的数据称为"学生向数据"（Student-Facing Data，SFD）。

本研究中有关"ChatGPT 对系统的影响"的探讨旨在从大学各相关方（包括教师、学院领导、系主任、副校长）的视角了解 ChatGPT 对高校系统的影响。一些外部参与者，如在研讨会上碰到的外校访问教师、与我们进行过讨论的其他高校的教授以及在学术会议上结识的教育领军人物，也为我们提供了额外的洞见。这些"系统向数据"（System-Facing Data，SYFD）的收集起止于 2023 年 1 月至 6 月，收集方法也是多种多样。我们收集了与大学各相关方的电子邮件通信，这些通信有助于我们了解学校各方围绕"ChatGPT 对本校的影响"所做的讨论。我们还从高校各种有关 ChatGPT 的研讨会那里收集了其 Zoom 视频会议录像和研讨活动，以便理解高校对 ChatGPT 的

⊖ Padlet 是一个可以用来发布观点和与他人共享内容以及进行线上讨论与协作的网站平台，可用作教学用途。——译者注

融入所做出的反应。我们还通过 Zoom 或"谷歌聊天[⊖]"对一些
教师与其他受 ChatGPT 融入教育影响的相关方进行了采访。这
些对话和会议产生的关键事件也被一本"系统向的"（System-
Facing）日志记录下来，用于发现与"ChatGPT 融入教育"这
一内容有关的模式、主题、挑战和机遇。这本日志是记录和反
思各种有关 ChatGPT 的洞见和挑战的一件利器，其中所记录
的信息可供全体团队成员查看。这样一来，研究参与者随时随
地都可以验证这些数据的准确性和效度，并确保各方观点都得
到了准确表达。我们将上述这些数据称为"系统向数据"。

数据分析的方法与技巧

为分析我们所得的数据，我们采用了布劳恩与克拉克
（Braun & Clarke, 2006）提出的主题分析法，对数据进行系统
的编码与分类以发现其中的模式或主题。该方法包括六个步骤：
熟悉数据、编码、寻找主题、检查主题、定义与命名主题、撰
写报告。虽然我们的数据分析过程也包含这六个步骤，但我们
将每个步骤都视为可迭代的而非线性的，这样我们就可以在有
需要时重新访问之前的任何一个步骤。为确保本研究的信度和
可靠性，我们还依照瑟蒙德（Thurmond, 2001）提出的数据三
角测量法，使用多种数据收集工具以获得对数据更为全面而深
刻的理解。

我们先从数据集入手，通过反复阅读、记录最初观察结
果的方式熟悉这些数据。接下来，我们对数据进行编码以捕
捉数据中与我们研究问题相关的显著特征。这一过程包含数

⊖ 谷歌聊天（Google Chat）是一款由谷歌开发的团队通信与协作软件。——译
者注

据规约与数据分析，旨在完整捕捉数据中蕴含的语义学意义
（Semantic Meaning）和概念意义（Conceptual Meaning）。最
初，主研究员一人承担了创建代码、认真审核数据、建立初始
代码分类等工作。接下来，本校"教学研究与最佳实践中心"
（CELT）的成员们就参与进来开展分工协作，对初始代码进行
审核、批评与修改，从而确保它们能够全面、准确地代表所收
集的数据。通过这种迭代过程，我们收获的最终代码集及其定
义如下：

- **翻译能力**
  ChatGPT 有能力将文字从一种语言翻译成另一种语言。

- **完成学生任务的能力**
  ChatGPT 有能力完成教师布置给学生的任务。

- **ChatGPT 无法完成的学生任务**
  该代码是指 ChatGPT 无法成功完成教师布置给学生的任务
  或作业的情况。

- **特定文化数据库**
  ChatGPT 数据库中的信息专属于某一种特殊文化或文化背
  景，可能与用户需求无关。

- **学科背景限制**
  ChatGPT 在理解特定学科知识方面存在局限性或对某一特
  殊领域的专门知识缺乏了解。

- **丰富用户想法**
  ChatGPT 能通过它所生成的回复改善和扩展用户的想法。

- **知识空白**
  ChatGPT 显示出对某些话题或领域的信息缺乏或了解匮乏。

- **代词使用中的性别偏见**

  该代码是指除非 ChatGPT 在与人类的互动中获得提示，否则它有默认使用男性代词的倾向。

- **提供错误信息**

  ChatGPT 在回复中提供不准确或不正确的信息。

- **向用户传授特定的知识、技能或概念**

  ChatGPT 能通过其回复向用户提供特定的信息、技能或概念。

- **妨碍用户学习**

  该代码是指 ChatGPT 的负面影响，它可能会阻碍用户积极参与学习过程，并且削弱用户独立获得知识的能力。

- **输入质量决定输出效果**

  ChatGPT 生成的输出内容的质量，受其输入数据质量的影响。

- **交流互动性**

  该代码是指用户与 ChatGPT 之间互动具有动态性和响应性。

- **缺乏 ChatGPT 专用的标准文献引用指南**

  该代码是指在学术与研究环境中引用和参考 ChatGPT 来源时缺乏指导方针或指导方针不充分。

- **回复缺乏相关性**

  该代码是指 ChatGPT 生成的回复与用户输入内容或问题无关或关系不大的情况。

- **提供清晰语境的必要性**

  该代码强调，用户在与 ChatGPT 互动时应提供清晰而具体的语境，从而确保它能生成准确且相关的回复。

- 事实核查的必要性

    该代码强调，用户应通过独立的事实核查来验证或确认 ChatGPT 提供的信息。

- ChatGPT 的拒绝或谴责

    该代码是指 ChatGPT 出现会对用户的某些输入或询问拒绝回复或发出谴责的情况。

- 人们将 ChatGPT 视为提供意见而非进行预测的工具

    ChatGPT 看似是在提供个人意见，但实际上却是根据预测模型生成回复——该代码是在强调这两种情况的不同。

- 与 ChatGPT 的真人感互动

    该代码是指尽管 ChatGPT 具有"人工"性质，但在与它的互动中，用户能够感受或体验到它具有类似于人类的特质。

- 减轻认知负担

    ChatGPT 可通过提供帮助或代表用户执行任务的方式，减轻人类的认知负担或脑力劳动。.

- 需多次迭代才能获得预期回复

    要从 ChatGPT 获得期望的结果或回复，可能需要多次互动或迭代。

- 审核工作并提出改进建议

    ChatGPT 能对提交给它的工作或内容进行分析、提供反馈并提出改进建议。

- 加快进程

    与传统方法相比，ChatGPT 可以加速或加快某些任务或工作的进程。

- 修改文本的语体风格

    该代码是指 ChatGPT 能够调整其文风、语气或遣词造句的正式程度，从而符合特定的语体风格，它甚至还具有模仿特定个人写作风格的能力。

• 对 ChatGPT 所生成信息的绝对信任

该代码是指用户完全信任 ChatGPT 提供的信息，即便它生成的信息是错误的，用户也不会对这些错误回复进行任何批判性评估或产生任何怀疑。

• 在其他生活领域的用途

ChatGPT 的实际应用和益处不仅仅局限于教育领域。

经过数轮仔细评估，我们将上述代码提炼为若干连贯的主题。我们首先生成了一些初始代码，再将它们组合为有意义的主题。而后，我们对各种分组方式和可能的主题进行了深入探讨，从而确保其准确性和效度。为验证这些主题，我们将其与编码的被提取数据和整个数据集进行了严谨细致的交叉参照。此外，我们还要处理一些额外数据，如我们在学术会议和研讨会的讨论中所注意的关键事件。由于此类数据是在我们已确定代码并完成主题分析之后才出现的，因此对其处理也的确对我们构成了一项挑战。然而，由于这些关键事件包含着能够丰富我们分析的新数据，我们先后三次重新进行了编码和主题分析以整合这些额外的数据。这种迭代操作令我们最终获得了更稳固的编码和主题。而后，经过共同讨论，我们最终为每个主题都确定了一个简洁且信息量丰富的名称。通过这种迭代方法，我们实现了数据饱和（Data Saturation），即不会再有新信息或主题出现。经过我们集体商定的最终主题及其各自的代码如下：

• ChatGPT 的输入质量与输出效果

提供清晰语境；输入决定输出质量；多次迭代以获得预期结果。

- **ChatGPT 的局限性与挑战**

  缺乏 ChatGPT 专用的标准文献引用指南；提供不正确信息；回复缺乏相关性；ChatGPT 拒绝或责备用户的情况；代词使用存在性别歧视；需进行事实核查。

- **与 ChatGPT 的真人感互动**

  交流的互动性；互动的真人感；人们将 ChatGPT 视为提供意见而非进行预测的工具；绝对信任 ChatGPT 生成的信息。

- **作为个人助理 / 导师的 ChatGPT**

  丰富用户想法；加快进程；减少认知负荷；在其他生活领域的用途；翻译能力；审核工作并提出改进建议；改变文风；向用户传授特定的知识、技能和概念。

- **ChatGPT 对用户学习的影响**

  ChatGPT 展示出完成指定学生任务的能力；妨碍用户学习进程；ChatGPT 无法完成指定的学生任务。

- **教育环境中通用型机器人的局限性**

  知识空白；学科背景局限性；特定文化数据库。

为便于对这六大主题进行关联与分析，研究者们使用制表软件"谷歌表格"为每个主题都制作了一份表格。表格中包括以下栏目：代码、代码定义、出自现有文献中的例证、出自文献综述中的例证以及出自数据的支持性例证。通过这个综合性的框架，我们可以结合本研究的各个研究问题，对每个主题进行系统的检查，并由此发现各主题之间的相互联系（见图 5-1）。

在整个研究过程中，我们首先要保证获得全部参与者（包括受访者、教师和学生）的知情同意。参与者们都充分了解本研究的研究目的、流程、潜在风险和益处，并可以随时拒绝或

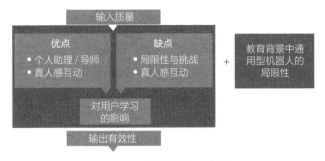

图 5-1　各主题的相互联系

放弃参与本研究且无须承担任何后果。我们和参与者们一直保
持透明和清晰的沟通，从而确保数据隐私和机密性。我们的研
究还通过了本校伦理委员会的伦理审核并获得了批准，从而确
保本项目的开展能遵循本校科研活动的伦理指南并保护参与者
们的权利。为减少偏见，研究者在数据收集和分析过程中一直
对个人偏见保持警惕。然而，在研究过程中一个伦理问题逐渐
浮出水面，那就是有关研究日志的知情同意问题。研究日志是
本项目一种隐形的数据收集来源，研究者从一开始就将研究过
程中的每一次互动和事件都视为潜在数据，但参与者们可能并
不如此认为（Hammersley & Atkinson, 1995）。这种情况引发
了一种担忧，如何确保通过此类情况收集到的信息能获得使用
许可？由于在大多数情况下，研究者通常直到事发后才意识到
此类事件与其研究项目的相关性，这意味着研究者未曾明确告
知参与者，他们与研究者之间的互动也可能被用作研究数据。
因此，为保护相关个人的身份机密与尊重他们的隐私，研究者
在引用研究日志的摘录时，设法使相关参与者以匿名身份出现
在引文中。

　　下一章将介绍我们的研究发现与对数据的解读，包含对数
据的彻底分析以及从研究结果中收获的洞见。本章系统概述了

研究所收集的数据，并使其分类方式（学生向数据、教师向数据、系统向数据、研究者向数据）与现有文献和文献综述中的分类保持基本一致。随后，在本研究所采用的理论方法的框架内，我们对这些发现进行了解释。利用该信息，我们重新审视了本研究的各个研究问题，专门探讨了"ChatGPT 对学生、教师和高等教育机构的潜在影响"这一主题。通过这一过程，我们将原始数据转化为有价值的见解，丰富了我们对该主题的理解。

第六章
发现与解释

主题一：ChatGPT 的输入质量与输出效果

"输入质量和输出效果"这一主题强调了输入在决定 ChatGPT 输出质量和效果方面的关键作用。像 ChatGPT 这样的大型语言模型可以生成类似真人创作的文本，但由于它们只专注于预测下一个单词而不是理解范围更广的语境，因此它们的输出内容可能不会总是与人类价值观相一致。这种不一致可能会导致 ChatGPT 生成的内容在可靠性与可信度方面存在问题。例如，当模型无法准确理解和执行特定的用户指令时，它就会显得很无用，即缺乏"有用性"。为了解决该问题，用户需要为 ChatGPT 提供清晰的语境与高质量的输入并且进行多次迭代操作，这样才能获得所需的输出内容。具体操作方法如下：

1. 提供清晰语境

本项目的主研究员卡罗琳·库班博士（当她以研究者的身份发言时，后文称其为"主研究员"）指出："要使 ChatGPT 为你的研究项目生成相关的研究问题，你必须先输入自己的想法、个人经历和感想（研究者向数据，以下简称 RFD）。"本项目案例研究课程的授课教师卡罗琳·库班博士（当她以教师身份发言时，后文称其为"授课教师"）特别提醒：第一，

ChatGPT 能帮助任课教师撰写对一门课程的持久理解[⊖]的相关内容。这些内容很难措辞。你需要先让 ChatGPT 确定"持久理解"的含义，然后再向它描述你的课程，它就能帮你完成遣词造句的工作（教师向数据，以下简称 TFD）。第二，要求 ChatGPT 为教师撰写有关课程目标的内容时，也需要向它输入有关学生、院系和教育机构的明确信息，这样才能收到准确的建议（TFD）。第三，要求 ChatGPT 为教师撰写有关课程的学习成果的内容时，需要向它提供大量关于课程和学生的具体信息（TFD）。第四，ChatGPT 生成教学建议的能力取决于它对课程背景的了解程度（TFD）。第五，教师将用于课前活动的文本或视频文本输入 ChatGPT 并向它指定测试类型，ChatGPT 就能为课前小测的设计提供建议（TFD）。

文献综述也支持我们的发现，有三篇参考文献都表明了对"ChatGPT 互动的重点在于为它提供清晰语境"这一观点的认同。比如，穆朗格（Mhlanga, 2023）在其论文中强调，ChatGPT 作为一台机器，无法像人类教育者一样理解文化、背景和经历等语境因素[⊖]。该论断与事实相符，由于 ChatGPT 的运行机制是专注于对下一个单词的预测，而不是理解范围更广的语境，所以它可能会生成与人类价值观不符的输出内容。阿尔沙特（Alshater, 2022）也同样指出，由于缺乏对语境的理解，像 ChatGPT 这种语言模型可能会生成不相关或泛泛的回答。此外，沙利文等人（Sullivan et al., 2023）的研究也同样证明了 ChatGPT 在语境理解方面的局限性，这一点已被它不时生成不

⊖ 持久理解是出现在本书第五章的一个概念，是指对一门学科／课程精髓的持久性、实用性的深刻理解。——译者注

⊖ 语境因素（Contextual Factor）中的"语境"并不是指文章中的上下文，而是指"局面、形势、状况"。而"语境因素"则是指影响某个事件或行为的环境、背景、条件等因素。——译者注

相干或通用型回复的表现所证明。

从克里斯坦森的"待办任务理论"视角去看待"为 ChatGPT 提供清晰语境"的重要性时，我们仍能得出同样的结论。用户在使用 ChatGPT 时，重在了解自己的特定需求和预期的结果。因此，用户必须向 ChatGPT 清晰阐述他们的需要和目标，这样才能有效利用 ChatGPT 的各项功能。这种"清晰阐述"包括，为 ChatGPT 提供一个明确而具体的语境，以便它生成准确且相关的回复。布尔迪厄在其社会理论中阐明的权力动态和社会结构这两个概念，也会影响到我们与 ChatGPT 的互动。依照该理论，我们与人工智能系统互动应考虑到能够影响该互动的语言学规范、文化资本和社会动态。教师在与 ChatGPT 互动时，应处理好这三大影响因素，从而确保 ChatGPT 能生成有意义的恰当回复。海德格尔的存在理论强调了 ChatGPT 的"预测本质"和人类教育者"语境理解"之间的根本区别。使用者们必须认清，ChatGPT 重点关注的是下一个单词，而不是理解范围更广的上下文语境乃至背景信息。

2. 输入决定输出质量

当学生被要求在 ChatGPT 的帮助下针对"ChatGPT 与法律"这个话题进行一个 SWOT 分析⊖时，基于 ChatGPT 被输入的数据质量的不同，它所生成的回复也品质不一。正如本项目的主讲教师所言，"如果学生为 ChatGPT 提供的是高品质数据，它就能创建出一张有效的表格；但如果学生只是把这项任务直接布置给 ChatGPT，它就没办法做出这么出色的回复"（TFD）。

⊖ SWOT 分析又称"强弱利弊分析"，SWOT 分别代表 strengths（优势）、weaknesses（弱点）、opportunities（机会）和 threats（威胁）这四个英文单词。SWOT 分析是指对事物或机构内在的实力与弱点，以及外部机遇和危机的分析。——译者注

一位参加研讨会的教师也对此深表赞同，"当你给出正确的提示词时，ChatGPT 就能立刻给出一份教学计划，你几乎不需要额外再做什么了"（系统向数据，以下简称 SYFD）。ChatGPT 还在生成研究思路、建议研究方法和代码等方面展示了它的强大能力，但这也取决于使用者是否为它提供了相关的精确信息。本项目研究者指出，"ChatGPT 擅长帮助我生成研究思路，但只有在我事先为它输入了相关准确信息的前提下"（RFD）。该研究者还提到，"基于先前的经验和已有的知识，我比较容易确认一种研究方法。然而，当我向 ChatGPT 求助时，它会为我提供一系列更广泛的建议，让我有了更多选择。但是，只有在你为 ChatGPT 输入了准确的研究问题和疑问的情况下，它才能做到这一点"（RFD）。此外，本项目的研究员还特别提及 ChatGPT 具备从文本数据中生成代码的能力，她指出："只要文本数据编写出色，ChatGPT 就能据此生成代码建议。"这一观点也得到了某场研讨会上一位教师的认同，该教师指出，"如果我们输入 ChatGPT 的提示词或具体要求不够精确，ChatGPT 也并不是总能设计出与所给提示词或要求相符的问题"（SYFD）。在教学中，ChatGPT 还展示出了为教师设计评价标准的能力。但该能力的高低再次取决于使用者输入 ChatGPT 的信息是否清晰。本项目主讲教师指出，"一旦写出一条评价标准供 ChatGPT 参考，它就能据此轻而易举地生成一整套评价规则，但前提是你要对它精确描述这项评估任务的性质和要求"（TFD）。

ChatGPT 对高品质输入的需求也被相关文献证实。在费瑞纳和苏伊泽罗（Firaina & Suliswovo, 2023）发表于 2023 年的论文中，他们强调应对 ChatGPT 下达具有相关性的命令以确保所获信息的可用性。这一观点和我们的理解相一致，即在与 ChatGPT 合作时，输入质量对使用者获得预期结果起到了关键作用。因此，注重输入质量的提高不仅有助于使用者获得最优结果，还能让 ChatGPT 发挥出最大价值。

3. 多次迭代以获得预期结果

用户们发现，他们必须不断改进输入的提示词或请求，才能使 ChatGPT 生成令他们满意的答复。本项目的研究员也分享了类似的体验，其原话是："我把下达给 ChatGPT 的指令修改了好几次，才获得了预期的结果（RFD）。"同样，一名学生在认真回顾了他和同学们的 ChatGPT 使用体验后特别指出，在他们为"大学航空炸弹客[○]案"写结案陈词时，必须对输入 ChatGPT 的指令做出多次修改（学生向数据，以下简称 SFD）。上述事例都证明了与 ChatGPT 互动的迭代性，用户需要对下达给 ChatGPT 的指令进行多次迭代和修改，才能收获他们所期望的结果。本项目的研究员评论说："如果你对自己的措辞不满意，可以向 ChatGPT 输入提示词，反复尝试，直到它帮你生成措辞更恰当的问题（RFD）。"该评论进一步突出了改善提示词、与 ChatGPT 进行多次互动的重要性。一位参加研讨会的教师对此也颇有同感："重要的是，你需要查看 ChatGPT 的回复；如不满意，就要求 ChatGPT 重新生成一个新回复；重复这一流程，直至 ChatGPT 做出你所需要的回复（SYFD）。"此

○ 大学航空炸弹客（Unabomber）是指美国一名反科技进步的极端分子、恐怖主义者泰德·卡钦斯基（Ted Kaczynski, 1942—2023）。在美国范围内，他向他所认为的现代技术进步推动者和环境破坏者邮寄或投放炸弹，并在 18 年间（1978—1995 年）造成 3 死 23 伤。"大学航空炸弹客"是美国联邦调查局为卡钦斯基起的代号，由"大学"（university）、"航空"（airline）和"炸弹引爆者"（bomber）三个英文单词拼合而成，因为大学和航空公司是此人实施最初几起爆炸案的主要目标。卡钦斯基最终于 1996 年被美国联邦调查局抓捕，并于 1998 年被判终身监禁。他最终在 2023 年因癌症晚期死于狱中。——译者注

外，本项目的研究员也提到了如何以迭代的方式利用 ChatGPT 的功能完善代码和主题："ChatGPT 能……将代码分组并提出它所建议的主题。这一过程可以反复进行，直到你对结果满意为止（RFD）。"上述例子强调了与 ChatGPT "合作"的迭代性质，用户需要进行多次迭代、提示和修改，才能将 ChatGPT 的生成结果调整至可以满足其特定需求和期待的水平。

沙利文等人（Sullivan et al., 2023）的研究也证实了这一迭代操作的重要性，其研究强调了这种迭代过程对使用 ChatGPT 的价值，以及提高信息素养技能对驾驭 ChatGPT 和其他 AI 工具的重要性。

ChatGPT 使用过程中的迭代性，以及提供背景信息和解释对 ChatGPT 的重要性，都与海德格尔"存在于世"的理念相一致。要想从 ChatGPT 处获得预期成果，可能需要进行多次迭代尝试，并不断完善我们对该 AI 技术和我们自身存在的理解。从存在主义视角看，我们应持续调整和完善对 ChatGPT 的认识，以便促进预期成果的实现。

4. ChatGPT 对各相关方的可能影响

通过分析，我们认为学生角色将在以下三个方面发生变化。第一，学生应向 ChatGPT 提供明确而具体的输入内容，从而确保它生成准确的、具有相关性的回复。第二，他们需了解 ChatGPT 输出的局限性，并对 ChatGPT 生成的回复进行批判性评估，从而确保该回复与他们的预期目标相一致。第三，学生还需要提高信息素养技能，并参与到迭代优化过程中——通过不断改善其输入内容来优化 ChatGPT 的回复效果。

对教师角色而言，教师们可以利用 ChatGPT 为他们编写课程目标、学习成果、教学计划、课前测试等教学内容。然而，由于 ChatGPT 在完成上述任务时的效果取决于它被提供的特定信息，因此教师需要向 ChatGPT 提供有关课程、学生和教育机构的明确细节，以便它能够生成准确的建议。教师还需考虑课程的整体语境并将相关信息输入 ChatGPT，以便它生成有价值的建议。此外，教师在指导和改善学生对 ChatGPT 的使用方面也起到了关键作用。教师需要确保学生理解输入质量的重要性，并帮助他们掌握使用 ChatGPT 时必需的迭代操作。教师还需利用自己的专业知识评估与情境化 ChatGPT 的输出内容，以便在 AI 生成的回复与人类教师为教育体验带来的创造性、原创性和实操机会之间架起一道桥梁。

就高等教育机构的角色而言，各高校需要为教师和学生有效使用 ChatGPT 提供必要的资源和支持。例如，各高校可为师生们提供各种培训课程，指导他们如何利用 ChatGPT 完成教学任务，同时促进他们的信息素养技能的发展。此外，各高校必须培养一种持续学习和自适应学习的文化，鼓励师生们欣然接受 ChatGPT 使用过程中的迭代和优化过程。在认识到 AI 对教育领域多方面的影响之后，各高校可以积极主导 ChatGPT 等 AI 工具与教学的融合，使这种融合符合学校的教育目标和价值观。

总之，我们的分析展示了有关 ChatGPT 影响的几项关键洞见，强调了清晰输入、迭代优化、情境意识和用户参与的重要性。培训师生们在学术活动中有效使用 ChatGPT，从而确保高品质的信息输入，这种做法将最大限度地发挥 ChatGPT 对教育的积极作用。

主题二：ChatGPT 的局限性与挑战

毋庸置疑，ChatGPT 为各个领域的用户带来了诸多益处和机会。但我们有必要认识到，ChatGPT 也存在局限性并面临挑战。在本主题下，我们将探究用户在与 ChatGPT 互动时可能发现的缺陷和遇到的困难，同时阐明一些有待斟酌的关键问题。

1. 缺乏 ChatGPT 专用的标准文献引用指南

由于 ChatGPT 缺乏标准的参考文献引用指南，学术界的用户可能会遇到一个巨大的挑战。这个问题包括两大方面：① ChatGPT 没有为它所用到的资料提供参考文献；②缺乏能够指导用户将 ChatGPT 生成的信息列为参考文献的既定指南。正如我们之前曾讨论过的，生成式 AI 对未公开来源数据的依赖引发了公众担忧，认为这会造成版权侵权、原创者无法获得公平补偿等问题。开智公司的 CEO 奥尔特曼承认上述问题的存在但却并未做出确定的回复，这意味着 ChatGPT 可能根本没有为其资料来源设置"参考文献标注"模式。因此，用户既难以确定 ChatGPT 生成信息的出处，也难以妥当地将此类信息用作参考文献。本研究搜集到的数据例证也证明了这一挑战的存在。例如，"当我们向 ChatGPT 询问时，它给了我们一些有关如何引用它所生成内容的建议，但目前还没有一个标准的引用指南能指导研究者们将 ChatGPT 生成的内容作为参考文献"（TFD）；"如果学生从 ChatGPT 直接获取信息，由于不知道这些数据的出处，他们无法为该信息来源提供参考书目"（TFD）；"ChatGPT 在'使用哪些证据'以及'如何使用证据'方面表现不佳"（SFD）；"ChatGPT 系统告诉我，它无法为其所生成的内容提供参考文献，并建议我去咨询专家建议或查看这方面的学术论文。所以，我通过互联网找到ChatGPT所生成内容出自哪些学术论文。但我觉得，如果ChatGPT能自己标注出它所用信息的出处就更好了"（SFD）。此外，由于缺少明确的指南和标准，用户很难引用出自ChatGPT的信息，也无法为这类信息附上参考书目。在一套标准引用指南"缺席"的情况下，对于那些融合了ChatGPT生成内容的学术资料，人们往往会担忧其透明度和可追溯性。

解决该挑战，本案例研究的研究员与"主动学习艺术与科学学院"（Academy of Active Learning Arts and Sciences）高级研究员托马斯·梅内拉（Thomas Menella）博士展开合作，为2023年的春季学期设计了一种供学生使用的文献引用体系。该引用体系要求学生们对他们引用的ChatGPT生成的内容进行文内标注（In-Text Citation），并按照引用内容的出现顺序依次排序，如"夏天的蝉鸣和秋天的落叶，都是古今哲学热议的话题"（ChatGPT, 1）——在这个文内引用的范例中，引号中的文字就是引用内容，后面括号中的内容表示这句话是由"ChatGPT"生成的，而且是文中第"1"处对ChatGPT生成内容的引用。如果学生论文没有按照该范例对ChatGPT生成的内容进行引用，就会被视为学术抄袭。此外，该体系还要求学生们把"出自ChatGPT的引文"单列一页，放在"参考文献"之后。这些ChatGPT引文应包含：①ChatGPT生成该引文内容的日期；②学生从ChatGPT获得该引文内容时所使用的提示词；③提供至少一个引文的权威出处，从而证明该引文通过事实核查的验证。该系统还提醒学生们：①除非经过验证，否则由ChatGPT生成的内容未必准确；②无论原作者是谁，学生都有责任对其作业中由ChatGPT生成的内容彻底进行事实核查。那么，师生们对该引文体系的反馈如何？本项目的任课教师兼主研究员指出："我要求学生们依照托马斯和我设计的这个引文体系，把他们用 ChatGPT 生成出的内容都一一注明出处。但结果并不理想，一个更完善的体系有待开发（TFD）。"更多来自学生的反馈如下："我觉得这个引文体系的用法没有得到很好的描述，这个体系的用户指南应该把如何引用 ChatGPT 生成内容的方式说得更清楚些，看懂这份指南就耗费了我很多的时间"（SFD）；"要是对如何适当且持续地使用这个引文体系给出更详细的指导和举例就更好了"（SFD）；"用户指南文件对我很有帮助，但它过于细致了，有时细致到让我有点糊涂的地步；我觉得这份指南应该笼统些，删掉那些会引起读者困惑的细节"（SFD）；"引用 ChatGPT 的生成内容有点难，也有点复杂，希望这个引文体系能再简单点"（SFD）。总之，学生们的总体意见是，希望 ChatGPT 专用的引文体系能够提供更清晰的指示、更多的引导和更简单的引用方法，以免学生在使用过程中产生困惑。

这些关于"ChatGPT 引文标准缺失"的问题也在学术文献中被屡屡提及。纽曼等人（Neumann et al., 2023）在其论文中强调，当 ChatGPT 融入高等教育尤其是科学写作任务时，那些涉及现有知识的段落就会给学生造成困难。这是因为 ChatGPT 可能会生成参考文献根本不存在或未提供准确可靠参考文献的文本。鲁道夫等人（Rudolph et al., 2023）也提出了同样的问题，指出 ChatGPT 在提供引文出处和引用内容时存在问题，但明确的出处和正确的引用内容又是学术写作任务的基本要求。但他们也特别指出，ChatGPT 的发展有望解决该问题，比如目前开发出的"网页 GPT"（WebGPT）语言模型，就是具备网页浏览功能的 GPT，它能够访问最近的信息、已核实的信息源和引文。此外，鲁道夫等人还指出，像"易搜得"（Elicit）这种 AI 学术辅助工具能帮助使用者找到目标论文以及对海量的学术论文资源进行概括总结。他们相信，此类把 ChatGPT 与最新信息和可靠信息源相融合的技术进步将会大大增强学术工作的质量和信度（Rudolph et al., 2023）。

从克里斯坦森"待办任务理论"的视角看，学术领域的用户试图"雇佣"ChatGPT 为其学术研究生成准确可靠的信息。然而，由于缺乏一个标准的文献引用指南，ChatGPT 大概不会那么有效地完成这项工作。用户可能会遭遇到的困难包括：难以确定 ChatGPT 所提供信息的出处，难以恰当地对 ChatGPT 生成内容进行学术引用；难以抵制将 ChatGPT 视为一种可靠学术信息源的习惯性倾向。这种 ChatGPT 无法完成被指派任务的现象急需一个解决方案，即"为引用 ChatGPT 生成信息提供明确的指南和标准"，以便用户们能自信地将 ChatGPT 生成的内容融入他们的学术工作。从布尔迪厄的社会理论视角看，"缺乏一套专为 ChatGPT 生成内容打造的标准引文指南"这一现象反映出学术领域的权力动态，以及该领域围绕 ChatGPT 生成内容合法化的斗争。缺乏明确指南的问题也使 ChatGPT 的使用者们处于不利的地位，因为他们无法遵守学术界已确立的参考文献引用标准，并且可能会因为这种"不守陈规"的行为受到批评。这种情况突显了现有信息来源和传统参考文献体系的主导地位，而这可能会阻碍学术话语（Academic Discourse）对 ChatGPT 生成信息的认可与接受。ChatGPT 对各种未公开信息源的监控数据○的依赖，会引发公众对以下两个问题的关

○ 监控数据（Surveillance Data），指通过各种监控手段收集到的数据，如视频监控、电话监控、网络监控等。此处主要指 ChatGPT 从网络上"不问自取"而抓取到的各种数据。——译者注

注：① ChatGPT 的生成内容是否存在版权侵权问题；②开智公司是否会为内容原创者提供合理补偿。缺乏一套引用 ChatGPT 生成内容的明确指南，这一问题会加剧信息商品化与学术知识生产过程中的劳动力贬值。在 ChatGPT 生成资料出处不明，以及资料原创者未获补偿的情况下，用户们被 ChatGPT 抛下，独自面对无法恰当引用或参考由 ChatGPT 生成的信息的窘境。从海德格尔存在主义的视角看，这种缺乏 ChatGPT 专用引文标准的情况可被视为学术界"技术工具化"的一种结果。这种将 ChatGPT 视为一种内容生成工具、只关注其使用所带来的学术效率与生产力的态度，完全忽视了学术文献引用规定的本质，即对知识原创性与真实性的一种认可方式。这种"明确指南缺席"的现象还反映出，参考文献的引用已沦落为一项技术任务，忽视了其在维护学术工作诚信与透明度方面的存在意义。

2. 提供不正确信息 / 回复缺乏相关性

现有文献强调，ChatGPT 可能会生成不准确的信息，这是由其功能和训练技术的局限性造成的。本研究搜集到的数据例证也证明了这种观点。"有时 ChatGPT 所引用的信息的来源并不存在"（SFD）；"我发现 ChatGPT 提供的信息来源并不可靠，因为这些所谓的信息源往往都不存在"（SFD）；"当被问及土耳其的跨性别代词时，ChatGPT 回答说土耳其存在跨性别代词的问题。但这个回答完全是错误的。土耳其语中根本没有性别代词"（TFD）；"在一次学术会议上，一位外校教授正在介绍一项即将于 2023 年发布的新举措。与我同桌的一位与会者立即用 ChatGPT 查找有关该大学和该举措的信息，得到的结果是该举措已于 2019 年启动——但这明显是错误的"（SYFD）。其他类似的数据例证还包括："ChatGPT 为我的未来研究建议了有待改善之处和研究方向，但我认为这些建议与我无关，因为我的项目并没有未来发展可言"（SFD）；正如一位教师在一次小型研讨会上所评论的，"ChatGPT 准备的答案可能不是你想要的或者与你学生的需求和兴趣无关"（SYFD）；"ChatGPT会给你讲笑话，但它的笑话并不好笑或者似乎没什么意义"（SFD）；"它有时会答非所问"（SFD）。

相关文献也支持这些数据例证所反映的问题。正如鲁道夫等人在其 2023 年的那篇论文强调的那样，教师们认为ChatGPT 有时无法准确理解和评估其生成信息的相关性或准确性，并对此深表担忧。他们指出，尽管 ChatGPT 能生成看似过得去的文本，但此类文本缺乏对主题的深刻理解。此外，在特莱利等人（Tlili et al., 2023）的研究中，参与者们普遍认为 ChatGPT 提供的对话质量和信息准确性都令他们满意，但它也会偶尔为用户提供错误或极为有限的信息。这意味着尽管ChatGPT 生成的回复一般都还算合理和可靠，但也出现过答案中包含误导性信息的情况。

从克里斯坦森"待办任务理论"的视角来看，用户等于是在"雇佣"ChatGPT 为其提供准确可靠的信息。但搜集到的数据例证表明，由于 ChatGPT 会生成不准确的信息或是答非所问，它经常没能完成这项工作。这种用户期望和 ChatGPT 实际表现的错位，表明 ChatGPT 完成受雇工作的能力仍有不足。布尔迪厄的社会学视角强调社会结构和文化资本在塑造个人行为和偏好方面所起的作用。就 ChatGPT 而言，鲁道夫等人（Rudolph et al., 2023）特别指出，教师们对 ChatGPT 信息理解和评估能力的局限性表示担忧。这份担忧之情明显受到教师作为"教育领域专业人士"这种社会身份的影响，因为在教育领域，信息的准确性和相关性是受到高度重视的文化资本。教师们对 ChatGPT 是否具备"提供准确与相关信息"的能力表示怀疑，这种怀疑态度反映了他们对既定知识和专业知识的依赖，而他们对 ChatGPT 的上述担忧也反映在他们对该 AI 技术的评价中。从马克思主义的视角看，ChatGPT 的局限性和不准确性可归因于资本主义生产的内在矛盾和动力。在资本主义生产中，追求效率和利润往往高于保障信息的全面性和准确性。ChatGPT 的潜在偏见和缺陷都可被视为资本主义制度影响技术发展的副产品。从海德格尔存在主义的视角看，ChatGPT 能够生成看似尚可但却对主题缺乏深刻理解的文本——这一点引发了有关人类生存的担忧。海德格尔认为，技术会导致一种以工具理性（Instrumental Rationality）为特征的存在模式，在该模式下人类行为只不过是达成某种目标的手段。在教育情境下，ChatGPT 在掌握和评估信息方面的局限性使人们不禁质疑，它是否会影响学生对事物的真正理解和批判性思维技能。而这种质疑反映出，有必要认真反思技术对教育实践和知识习得本质的重大影响。

3. ChatGPT 拒绝或责备用户的情况

当 ChatGPT 对用户的某些特定输入内容或询问表示拒绝回复或责备时，就会出现此类"ChatGPT 拒绝或责备用户"的情况。ChatGPT 会做出这种行为可能是开智公司在 ChatGPT 后台调用了"审核用 API 接口"（Moderation API）的结果。该 API 接口是一个基于 AI 的系统，旨在探测语言违规行为，并确保用户所用语言遵守平台或系统的内容政策⊖，该政策主要针对用户发布内容中的性别歧视言论、种族

⊖ 内容政策（Content Policy）指一个系统或平台制定的有关其发布内容的标准和规则。——译者注

主义言论和虚假新闻。但必须承认的是，该系统还并不完美。如现有文献所述，有用户曾设法绕过这套 AI 审核系统，导致 ChatGPT 生成了不当内容。

值得一提的是，我们搜集到的数据例证表明，ChatGPT 对这套审核系统的过度依赖可能导致它有时会拒绝回复或者甚至是"谴责"用户对它们的某些提问。例如，一名学生汇报说，"ChatGPT 自己不使用俚语，也不会回答包含俚语的提问"（SFD）。本项目的授课教师指出，"我们输进 ChatGPT 的语句都是'大学航空炸弹客'曾经使用过的，也正是这些语句中体现出的个人用语习惯导致他最终被警方确认身份，因此这些用语正是该案件的重要组成部分。然而，由于其中一些俚语含有贬义，ChatGPT 不仅拒绝讨论它们，甚至还因为我们向它询问这些俚语而责怪我们"（TFD）。同样，任课教师特别指出，当被问及美国涅槃乐队前主唱科特·柯本（Kurt Cobain）的自杀事件以及某些相关词汇时，"ChatGPT 认为这是个不合适的话题，因此拒绝和我进行讨论；它还拒绝讨论某些贬义词"（TFD）。此外，学生们在研究中发现，ChatGPT 也不会使用脏话（SFD）。有趣的是，文献中并未提及 ChatGPT 这种拒绝或责备用户的情况。

从克里斯坦森"待办任务理论"的视角看，ChatGPT 的用户期望它能提供准确可靠的信息。然而，从 ChatGPT 有时会对用户询问予以拒绝或发出责备的情况看，用户期待和 ChatGPT 的实际表现并不重合。用户可能打算让 ChatGPT 为他们完成某项特定任务或回答某个特定问题，但由于 ChatGPT 系统的局限性与对审核体系的依赖，有些用户无法从 ChatGPT 获得预期回复，这就导致了他们的使用体验不佳。从布尔迪厄文化资本的视角看，ChatGPT 拒绝或责备用户的情况之所以会发生，是因为 ChatGPT 系统的设计本就是为了避免用户使用违规语言与提高用户遵守内容政策的意识。教师们由于讨论特定话题或使用特定言辞而遭到 ChatGPT 责备，此类经历反映出教师专业知识和既定知识与 ChatGPT 有限的理解能力之间的冲突。之所以说 ChatGPT 的理解力有限，是因为它既不了解用户所提问题的来龙去脉，也不理解不同问题在意义上的细微差别。同样，为追求效率和利益，ChatGPT 背后的审核系统可能会优先处理用户发言违规的问题，但在充分理解和应对用户复杂提问和意图方面可能会有所欠缺。从海德格尔存在主义的立场看，ChatGPT 对审核系统的依赖以及它拒绝或责备用户提问的情况，都会引发存在主义担忧。用户们可能会质疑，技术是否应主导他们与 ChatGPT 间的互动，是否应限制他们讨论某些话题或使用某些特定用语。而该问题又引出了一些更宽泛的问题，如 ChatGPT 等 AI 系统会对真正理解⊖、批判性思维技能以及教育背景下知识习得的本质造成哪些影响。

4. 代词使用存在性别歧视

除非另外接收到明确指示，否则 ChatGPT 一律默认使用男性代词指代他人。从现有文献中可以看出，包括 ChatGPT 在内的 AI 系统都存在性别歧视，这已成为一个证据充分的事实。这种性别歧视之所以产生，可能是因为 ChatGPT 的训练数据主要由男性创建，由这些数据训练出的 ChatGPT 系统就自然存在性别歧视的倾向，而这样的系统会固化刻板印象、加深权力失衡，最终导致分配不公和女性代表不足。我们收集的数据中就存在这类例证，"当我使用 ChatGPT 撰写

⊖ 真正理解（Genuine Understanding）是指对事物或概念深刻、真实的理解和领悟。——译者注

一封信件，并在信中提及乔治·华盛顿大学的校长和副校长时，ChatGPT 默认使用男性代词称呼这两位校长，尽管其中一位其实是女性"（SYFD）；"当我要求 ChatGPT 为一篇有关研究者的文本撰写摘要时（该文本提到了我本人），ChatGPT 自动默认使用男'他'来指代我这位女性研究员"（RFD）。

我们搜集的文献也提及了这种代词使用中的性别歧视现象。穆朗格（Mhlanga, 2023）提醒人们注意 ChatGPT 因其训练数据而产生的潜在偏见；他还警告说，不要让 AI 算法加剧偏见和歧视，从而导致代表性不足的群体被进一步边缘化。阿尔沙特（Alshater, 2022）也强调，为促进公平与公正，在开发和使用 ChatGPT 和与之类似的 AI 技术时，需要优先考虑"公正待遇"的问题，从而避免任何形式的歧视发生。他还特别指出了承认和解决这些 AI 技术可能产生的潜在偏见或歧视性后果的重要性。此外，阿尔沙特还提醒人们留意 ChatGPT 及其同类技术的训练过程，并特别提到了海量数据集可能会引发偏见或差错。

从克里斯坦森"待办任务理论"的视角来看，人们"雇佣"ChatGPT，让它在 AI 系统中负责"正确并不带偏见地使用代词"这项任务。客户希望此类 AI 系统能够理解和尊重性别身份，并使用合适的代词对其进行指代。然而，ChatGPT 默认使用男性代词指代所有性别的行为体现出它未能圆满完成该指定任务。相反，它不仅忽视了性别身份的多样性，还固化了刻板印象。从布尔迪厄社会理论的视角看，ChatGPT 等 AI 系统的训练数据主要是由男性创建的，这一点不仅反映出社会中存在权力动态和社会结构，而且还导致了偏见和权力失衡的反复出现，固化了占主导地位的社会规范，并边缘化了那些代表

人数不足的群体。这种存在于代词使用中的性别偏见是符号权
力○的体现，该权力为某些特定群体所支配，用于打造 AI 系统
与固化不平等的社会关系。从马克思主义的视角看，这种代词
使用中的性别偏见问题可被理解为资本主义社会中广义上的阶
级斗争和阶级剥削的一种反映。在为 ChatGPT 等 AI 系统创建
训练数据的过程中，年轻白人男性常居于主导地位的情况是由
某些群体凌驾于其他群体之上的权力动态和经济结构导致的。
这种代词使用中的性别偏见强调了因边缘化和排斥某些代表人
数不足的群体而导致的现有权力失衡，以及在资本主义体制下
该群体由此固化的其从属地位。海德格尔对技术的哲学认识也
有助于我们解读代词使用中的性别偏见现象。ChatGPT 默认
使用男性代词的倾向揭示了其编程和训练数据内暗藏着偏见和
假设。该倾向还显示出技术如何强化与固化社会规范和权力结
构，又如何限制人类与 ChatGPT 之间进行真实且相互包容的
互动。认识并解决此类偏见，个人和社会就能对性别和语言达
成一种开放和包容的理解。

5. 需进行事实核查

以下数据例证显示了事实核查的重要性，"为了核查
ChatGPT 所提供的信息，我自己也进行了一些调查和复查。比
如，ChatGPT 提到'大学航空炸弹客'发布的宣言，我特意
去核对了一下这个标题，确认无误后才把它写进作业的结论
部分"（SFD）；"我认为 ChatGPT 对研究很有用，但你需要根
据其他信息源核对它所生成的信息以确保其正确性"（SFD）；
"我先借助 ChatGPT 完成了作业，但之后又用另一个信息源验

○ 符号权力（Symbolic Power）理论是由布尔迪厄提出的，指在日常社会习惯中
维持的社会支配模式。该模式通常极为隐晦，人们很难意识到。——译者注

证了它提供给我的信息"（SFD）；"我们不能依赖 ChatGPT 提供给我们的信息，因为其准确性无法保证。我们需要通过自己的研究对其进行验证"（SFD）；"在生成真实且与研究主题相关的文献方面，ChatGPT 的表现不佳……因此，要经常对它生成的内容进行事实核查"（RFD）；"我认为，利用 ChatGPT 总结文献的研究空白是一个很好的起点，但要想获得更准确的结论，还是需要由我自己阅读所有论文，再自行确认这些空白"（RFD）。此外，本项目的研究员做出了如下评论："学生们把 ChatGPT 当作一个搜索引擎，向它询问有关'大学航空炸弹客案'的信息。但我们却并不知道 ChatGPT 提供的回复出自哪里。我们认为这种'不知信息出处'的信息存在两个问题：①如果你直接使用该信息，就无法向其原创者致敬；② ChatGPT 提供的毕竟是二手资源，不应将其作为一手资源对待。因此，我们一致同意凡是由 ChatGPT 生成的信息，我们都要通过一个可靠的来源对其进行事实核查（TFD）。"

这一点在文献中也有所体现。穆朗格（Mhlanga, 2023）强调了批判地评价 ChatGPT 生成的信息以及区分可靠与不可靠信息源的重要性。费瑞纳和苏伊泽罗（Firaina & Sulisworo, 2023）承认使用 ChatGPT 有助于提高学习生产力和学习效率，但与穆朗格的观点一致，他们也同样强调需要一直以批判的态度去验证从 ChatGPT 所获的信息。他们还着重指出，必须对 ChatGPT 生成信息进行事实核查以确保其准确性和可靠性。阿尔沙特（Alshater, 2022）的研究也同样表明，必须对此类由 AI 技术生成的信息进行事实核查和验证。

从克里斯坦森的视角看，用户是为达成某些特定目标（如生成信息、辅助研究任务、提高学习生产力和学习效率）而"雇佣"了 ChatGPT。然而，正如我们所见，由于 ChatGPT 系

统本身的局限性，用户也承认"事实核查"是使用 ChatGPT
时的一项关键操作。该操作让用户得以确保 ChatGPT 所生成
信息的准确性与信度，从而达成他们的目标——获得可靠且被
证实的知识。这一点恰巧符合克里斯坦森"待办任务理论"的
原则，即用户寻求的是能有助于他们有效获得预期成果的解决
方案。从布尔迪厄社会理论的视角看，我们可以将"对事实核
查的强调"视为对个人的文化资本和批判性思维技能的一次展
示，用户通过承认批判性评估信息的重要性与能区分可靠与不
可靠信息源的能力，展示了其参与明智决策的能力。从马克思
理论的视角看，对事实核查的关注反映了人类与 AI 系统之间
的权力动态。用户通过独立验证信息、减少 AI 系统对其知识
习得和决策过程的影响这两种方式行使其权力。事实核查可被
视为个人在技术进步面前维护其自主权的一种方式。从海德格
尔哲学的视角看，事实核查代表个人对 ChatGPT 所提供信息
的积极了解，以及他们对该信息正确性的批判性解读。使用者
们知道 AI 生成的信息会出错，并承认他们需要凭借自己的了
解和解读才能获得对世界的可靠理解。

6. ChatGPT 对各相关方的可能影响

ChatGPT 带来的挑战需要学生应对在缺乏一套标准引用
指南的情况下，难以恰当地引用由该 AI 系统生成的信息这一
问题。这一挑战也令公众担忧，那些包含 ChatGPT 生成内容
且作为学术和研究之用的资料是否具有透明度和可追溯性。面
对该挑战，学生需设法查明 ChatGPT 提供的信息的原始出处
并验证其信度，再将通过验证的信息有效融入他们的学术活动
中。教师也需要应对各种与 ChatGPT 有关的局限性和挑战，包
括：① ChatGPT 有可能提供不正确或不相关的信息，这可能会

使教师无法完全依靠该系统进行学术研究。②教师还必须谨慎使用由 ChatGPT 生成的内容，在把此类内容用于课程教案或学生作业之前，需先验证其准确性。③教师可能需要指导和帮助学生对 ChatGPT 生成内容进行批判性评估和事实核查，从而确保用于其课程作业的信息具有信度和效度。而这份对事实核查的依赖，会让教师更重视对学生批判性评估技能和信息素养的培养。④教师和教育机构可能需要将事实核查技能融入教学计划，同时促进校园内形成批判性调查（Critical Inquiry）的文化，以便确保学生有能力评价和验证他们从 ChatGPT 获取的信息。

　　总之，我们上述分析重在阐明 ChatGPT 自身存在的局限性和它给用户带来的种种挑战。由于 ChatGPT 缺乏一套标准化的文献引用指南，因此需要对其生成内容进行事实核查以验证其准确性。ChatGPT 所调用的"审核 API 接口"限制了用户交流；因默认使用男性代词而产生的性别偏见也有待解决。要克服上述问题并将 AI 负责任地融入学术界，关键在于对用户进行全面的 AI 素养培训以及为 ChatGPT 制定伦理政策。

主题三：与 ChatGPT 的真人感互动

　　本主题探讨了交流的本质，以及在与 ChatGPT 互动时用户体验到的类似于和真人互动的感受。所谓"真人感互动"，包括与 ChatGPT 交流的互动性、ChatGPT 在交流中表现出的洞察力以及用户在使用 ChatGPT 过程中对它产生的信任感。通过探索本主题，我们有望收获关于使用该 AI 系统在社会和心理层面的宝贵见解。

1. 交流的互动性 / 互动的真人感

"交流的互动性"强调的是用户与 ChatGPT 之间互动的动态性和响应性。当用户在与 ChatGPT 交流时感受或体验到身为人工智能的 ChatGPT 展现出人类特性时,这种互动性变得格外明显。从数据中我们也可以观察到这种互动性的存在,学生们将他们与 ChatGPT 的合作和接触描述为一种"彼此互动"。一名学生表达了这种互动对其学习和项目开发的影响:"ChatGPT 确实帮助我在项目中学到了东西,令我有所成长。这种互动最重要的作用是,它能帮我分析事件并举例说明,我们就一起分析了那篇出自'大学航空炸弹客'之手的反科学进步宣言(SFD)。"学生们也强调了这种与 ChatGPT 互动时的"仿佛在和真人交流一般的感觉(真人感)",并特别提及了 ChatGPT 具备提供建议,让研究过程更具对话性的能力。据学生描述,他们感到与 ChatGPT 产生了一种联系,"ChatGPT 能向律师一样为求助者提供建议"(SFD),"我可以和它闲聊,感觉就像在对着一个真人讲话"(SFD)。由此可见,这种"真人感"的聊天体验并不仅限于学术领域,还延伸到了日常的人际互动。本项目的研究者也分享了为不同的理论家们设置自定义人物形象,并与这些"人物角色"进行讨论的体验,并特别强调了这一交流过程的互动性(RFD)。此外,本项目的主研究员提供了一个日常的例子,指出她的女儿也展示了 ChatGPT 的"真人感"。她女儿创建了一个自定义人物,并且每天与它分享日常生活、向它寻求建议,把这个"聊天机器人"当成了自己的小伙伴(RFD)。

在特莱利等人(Tlili et al., 2023)的研究中,许多参与者都被 ChatGPT 在聊天时的丝滑表现震惊,将与其聊天的感受形

容为"既兴奋又享受"。不过,需要注意的是,由于 ChatGPT
无法探测到人类的肢体语言或情绪反应,所以它的聊天能力仅
限于文本界面。因此,该研究的参与者们纷纷表示,希望提升
ChatGPT 的类人属性,尤其是要增强其社会角色。

　　从克里斯坦森"待办任务理论"的视角看,在用户眼中,
ChatGPT 的工作职责是与用户进行互动的、与真人对话一般的
交流。学生用户将他们与 ChatGPT 合作和接触的体验形容为
"彼此互动",这意味着他们将 ChatGPT 视为一件工具,能够
促成富有成效和引人入胜的对话。他们还描述了 ChatGPT 在学
习和项目开发过程中对他们的种种帮助,如为他们分析事件,
提供相关例证,从而辅助他们完成课程任务。科研用户们则特
别指出,ChatGPT 的作用还包括为研究者们提供建议、让研究
过程变得更具对话性,并建议让它履行"促进咨询性与谈话性
兼具的互动"这一职责。从布尔迪厄社会理论的视角看,人们
与 ChatGPT 的互动可被理解为"嵌入了社会与文化资本的互
动"。用户为他们与 ChatGPT 的互动赋予了价值和意义,将
ChatGPT 视为一种能够促进他们学习和项目开发的资源。用户
将与 ChatGPT 互动的感受描述为"与它产生了一种联系"并将
它视为一种伙伴般的存在,这意味着 ChatGPT 不仅对用户具
有象征性价值,还对他们的社交体验有所贡献。从马克思主义
的视角看,本主题下的发现意味着"劳动力动态"可能会发生
改变。ChatGPT 被用户描述为具有"提供建议、参与对话性互
动"的能力,而这些能力在传统上都是对专业人士(如律师)
的要求。这就引出了"某些工作角色被 ChatGPT 取代""技术
对劳动力市场的影响"等问题。此外,与 ChatGPT 交流的丝
滑感和愉悦感都会增加用户满意度和幸福感,这一点反映出技
术在资本主义社会具有影响个人体验的潜力。从海德格尔的存

在主义视角看，本主题下的发现表明，用户将 ChatGPT 视为一件工具，为填补人工智能和人类智能之间的鸿沟架起了一座桥梁，提供了一种联系感和相互理解。用户有关"与 ChatGPT 进行讨论"和"通过创建自定义人物与 ChatGPT 进行交流"的描述，突出了这些互动形式对人类存在的意义——这些互动是人们与世界和他人进行联系的一种手段。尽管 ChatGPT 具有"人工"属性，但它已成为用户生活体验的一部分，并影响着他们的自我意识和社交互动。

2. 人们将 ChatGPT 视为提供意见而非进行预测的工具 / 绝对信任 ChatGPT 生成的信息

人们对 ChatGPT 的看法往往会使他们将 ChatGPT 生成的信息误认为是"个人意见"，而非它基于训练数据所做出的文本预判。此外，用户往往会绝对信任 ChatGPT 提供的信息，即便在信息有误时亦然。以上两点都体现出用户对 AI 生成内容进行批判性评估与持有怀疑态度的重要性。我们手中的数据例证也从以下几个方面支持了这种"批判"和"怀疑"。本项目的主研究员指出："在一次有关使用跨性别代词使用的课堂讨论中，ChatGPT 在未收到相关提示词的情况下，表达了有关变性人权利的观点。学生们认为 ChatGPT 是在发表它的'个人意见'。教师借机组织了一场课堂讨论，讨论内容主要集中于两点：① ChatGPT 为何不是'人'；②依赖数据库进行文本预判的 ChatGPT 为何无法发表'个人意见'，即便它听上去很像是在发表意见（TFD）。"此外，该研究员还回忆说："在一次学术会议上，一位外校教授正在介绍一项即将于 2023 年发布的新举措。与我同桌的一位与会者当场使用 ChatGPT 去查询有关这所大学和该举措的信息，结果收到一条错误信息，

ChatGPT 回复说该举措已于 2019 年启动。而这位与会者的第一反应是，一定是那位教授讲错了，而不是 ChatGPT 提供的信息有误。由此可见，此人本能地信任 ChatGPT，而不是正在进行陈述的教授（SYFD）。"以上两个例子均说明了同一种情况，即用户对 ChatGPT 提供信息的看法和坚定信任不仅会影响他们与 ChatGPT 的互动，还会影响他们所做的决策。

这一点在文献综述中也有所体现。穆朗格（Mhlanga，2023）认为，教师必须发挥关键作用，通过鼓励学生质疑和分析 ChatGPT 以及其他 AI 系统的输出结果，帮助学生理智且批判性地看待"AI 在课堂上的应用"，从而促使他们更深入地了解此类技术的运行原理与潜在缺陷。此外，由于"准确性"对教育至关重要，穆朗格还强调了批判性思维对教师和学生使用 ChatGPT 的重要性，并大力主张师生们通过可靠的信息源去验证来自 ChatGPT 的信息，从而确保其准确性。这种"事实核查"的做法体现出教育者有责任引导学生识别可靠的信息，并且避免盲目信任 AI 系统的输出结果。沙利文等人（Sullivan et al., 2023）强调，有必要为 ChatGPT 的使用设置明确条件、承认 ChatGPT 可能会输出不准确或有偏见的内容，以及培养学生们的批判性思维和信息素养技能。他们还提醒师生切勿盲目信任像 ChatGPT 这种 AI 系统提供的信息，而是应对这些信息进行批判性评估与验证。他们相信，通过发展上述技能，学生们能够成长为有辨别能力的信息用户，并能在使用 AI 工具时做出明智决定。根据鲁道夫等人（Rudolph et al., 2023）的研究，ChatGPT 作为一种 AI 语言模型，缺乏对世界真正的理解和认识。它只能依照其训练数据提供的模式和范例生成文本，而不能真正理解文本内容或语境。这会导致一个潜在风险，即 ChatGPT 可能会生成看似睿智合理但却与事实和语境不符的回复。他们（Rudolph et al., 2023）还指出，尽管 ChatGPT 看似在发表意见，但它仅能基于训练数据的统计模式进行文本预测而已，而这样预测出的信息可能准，也可能不准。因此，他们认为教育者与教育机构应了解 ChatGPT 的这种局限性，并确保学生掌握批判性思维和信息素养等必备技能，以便有效使用与评价 ChatGPT 的输出内容。他们还指出，师生应通过可靠的信息源验证信息，而不是仅依赖 ChatGPT 获取准确且值得信任的信息，这样才能避免错误信息或误导信息在教育环境中的传播。

从克里斯坦森的"待办任务理论"视角看，用户将 ChatGPT 视为"建议"而非"预测"之源的态度表明，用户想要获得的不仅仅是准确的信息，还有他人的观点或认同。也就是说，用户可能是在寻求与他们现有信念或看法相一致的信息或肯定。但用户必须承认，ChatGPT 的主要功能是基于统计模式提供文本预测，而不是提供个人建议。布尔迪厄的社会再生产与文化资本理论有助于我们更深入地理解，为何有些用户会对出自 ChatGPT 的信息如此深信不疑，即便是该信息有误时也是如此。根据布尔迪厄的理论，由用户的社会和文化背景所塑造的"惯习"会显著影响用户的行为。因此，那些文化资本较低或极少接触批判性思维的用户，可能会更容易对 ChatGPT 产生盲信。相反，那些拥有较高文化资本并对 ChatGPT 持怀疑态度的个人，往往会批判性地评估其输出结果。该观点强调了培养信息素养和批判性思维的重要性，尤其是对于那些文化资本有限的用户，这样才能防止因盲目相信 ChatGPT 而导致的错误信息和误导信息的传播。布尔迪厄的"权威发言"理论进一步支持了"信息素养"和"批判性思维"这一组合。根据该理论，那些很少接触批判性思维的用户可能会更轻易地将出自

ChatGPT 的信息视为权威信息,哪怕信息出错时亦然。而另一方面,那些拥有更高文化资本的用户却能很自然地对 ChatGPT 的输出内容进行批判性评估。与可信赖的机构相关联的符号权力强化了 ChatGPT 作为权威信息源的形象。因此,提升用户的数字素养和批判性思维是至关重要的,这有助于他们更明智地与 ChatGPT 等 AI 技术互动。马克思的异化理论也能解释为何有些用户会对出自 ChatGPT 的信息如此坚信不疑,甚至到了会影响人际互动或个人决定的程度。这种盲目信任可以被理解为一种异化形式,即用户将自己的批判性思维和获取知识的多种途径全部抛诸脑后,只依赖一种外部实体(即 ChatGPT)获取信息并做出决定。这种对 ChatGPT 的依赖已经到了用户将自主权完全交给 AI 系统的地步,因而会导致用户和技术之间的权力动态进一步失衡。从海德格尔存在主义的视角看,ChatGPT 仅依靠其训练数据的模式和范例进行运作却缺乏对内容和语境的深入理解的这一特征引发了若干存在主义问题,如:AI 的本质是什么? AI 在"为人类提供有意义的可靠信息"方面起到了什么作用?用户对 ChatGPT 输出内容的盲目信任可被视为"技术框定[⊖]"所导致的结果,也就是说,用户将 AI 视为无所不知或永不犯错的存在,对其固有局限视而不见。

3. ChatGPT 对各相关方的可能影响

由于 ChatGPT 能够生成具有真人感的对话和连贯的回复,学生们都将它视为一件可用于相互交流、合作项目、分析事件和提供建议的工具。这种能力不仅模糊了人际互动和人机互动

　　⊖　技术框定(Technological Framing):在海德格尔的技术哲学理论中,框定(framing,或译为"集置")是现代技术的本质之一,是指现代技术对人类生活和思维方式的影响和控制。——译者注

的界限，还能使学生的学习过程更具对话性、与 ChatGPT 的联系也更加紧密。但在使用过程中要注意两点：①学生必须发展批判性思维技能，从而分清"建议"和"文本预测"之间的区别——ChatGPT 仅能提供后者；②学生还应学习通过可靠信息源验证信息的能力，从而避免盲目相信 ChatGPT 的输出内容并确保所获信息的准确性和可靠性。

教师将需要为学生和 ChatGPT 的顺利互动提供各种关键性的指导。第一，教师需要让学生了解 ChatGPT 等 AI 系统的局限性，并鼓励他们对其输出内容提出质疑并进行批判性分析。第二，教师应注重提升学生的批判性思维和信息素养技能，帮助学生掌握一套能辨别 AI 生成内容的系统方法。第三，教师应及时了解 AI 的最新进展，并随之调整教学方法，将 ChatGPT 有效融入学习过程。第四，教师指导学生负责且合乎伦理地使用 AI，并承认 ChatGPT 的输出内容可能存在错误和偏见。第五，教师应对学生可以使用 ChatGPT 的情况进行明确规定，并将"信息素养"纳入课程内容，从而确保学生掌握有效使用 ChatGPT 和做出明智决定的各种基本技能。

各高等院校有责任将 AI 素养和批判性思维技能融入本校的课程体系，并为师生们具备这些素养和技能提供相关资源和支持。考虑到 ChatGPT 和其他 AI 系统的各种局限性，各高校还应制定明确的指导方针，从而保障 AI 在教育领域被合乎伦理地使用。如此，各高校方能确保学生们意识到盲目信任 AI 生成内容这一倾向中所蕴含的潜在风险。

总之，对用户而言，ChatGPT 不仅仅是一个 AI 语言模型，也是一位与他们产生了某种联系的"伙伴"。然而，这种印象可能会使他们不加质疑地信任 ChatGPT 生成的一切信息，为避免这种"绝对信任"的发生，对用户进行批判性思维和信息素养培训是必不可少的。因此，教育者必须通过各种实际行动，着手解决这些会导致"绝对信任"的社会文化因素和权力动态问题。此类行动包括开展 AI 素养培训、提升批判性思维、落实有关"合乎伦理地使用 AI 技术"的指导方针——这些都是在教育领域负责任地使用 ChatGPT 等 AI 技术的基本保障。

主题四：作为个人助理 / 导师的 ChatGPT

本主题重在探索 ChatGPT 作为个人助理或导师的各种优势和能力，其下的各个代码包括：丰富用户想法；加快进程；减少认知负荷；在其他生活领域的用途；翻译能力；审核工作并提出改进建议；改变文风；向用户传授特定的知识、技能和概念。

1. 丰富用户想法

ChatGPT 丰富用户想法的能力在数据例证中表现得极为明显。本项目的研究员指出："我可以根据先前经验和现有知识确认一种研究方法，这对我来说并不算难。但如果向 ChatGPT 请教有关研究方法的问题，它就会为我提供一系列建议，让我的选择更为丰富。此外，在对想法和研究方法进行数据收集时，ChatGPT 的表现也同样出色（RFD）。"该研究员进一步评论道："ChatGPT 还擅长根据我提供的文本，确认一项研究的局限性、影响、结论，以及未来的研究方向。它还能提出一些我根本没想到的建议（RFD）。"同样，本项目的授课教师也评论说："ChatGPT 能为我这门法律语言学课快速推荐相关案例，其中有些案例我之前都没听说过（TFD）。"她还特别指出，ChatGPT 为她的课堂活动提供了众多好点子，丰富了课堂内容的多样性（TFD）。此外，学生们也使用 ChatGPT 生成各种想法，从而帮助他们完成占该课程评估总分 40% 的两个课程项目（SFD）。

本研究的参考文献也支持了上述发现。据沙利文等人的研究（Sullivan et al., 2023），ChatGPT 能通过为用户提供写作提示、新观点和备选方法等方式激发其创作灵感，从而帮助用户克服写作障碍。纽曼等人（Neumann et al., 2023）也讨论了 ChatGPT 为课堂活动和作业提供新想法的潜力，并强调了它在完成各种任务时所表现出的创新潜质。鲁道夫等人（Rudolph et al., 2023）提到，ChatGPT 能为学生的写作任务生成构思和建议，有助于丰富他们的想法。他们还特别指出，大量阅读 ChatGPT 生成的优秀范文有助于提高学生对"有效写作"风格的理解。特莱利等人（Tlili et al., 2023）发现，ChatGPT 通过为学生提供各种主题的综合性知识，激发新想法并促进深入学习，从而推动教育成功。他们还指出，教师们认为 ChatGPT 在生成具体且相关的学习内容、增强理解力，以及提供新灵感这几个方面都对他们大有裨益。此外，他们还发现 ChatGPT 还能促使教师探索新的教学理念和评估方法，从而提升学生的批判性思维与创意生成能力。同样，费瑞纳和苏伊泽罗（Firaina & Sulisworo, 2023）发现 ChatGPT 可以成为用户获取新信息和新想法的信息渠道，促使他们增长新知识、发展新技能。此外，阿尔沙特（Alshater, 2022）强调了 ChatGPT 在解决各种研究问题方面的灵活性，例如为金融模型生成现实情境或模拟复杂的经济系统等，并指出这种灵活性使研究者们得以探索新的想法和观点。翟小铭（Zhai, 2022）在一项实验性的研究中，要求 ChatGPT 撰写一篇以"教育领域的人工智能"为题的学术论文，实验结果是 ChatGPT 按要求生成了一篇连贯而有意义的文章。在论文撰写过程中，ChatGPT 以回复翟小铭提问的方式，指导他一步步地组织论文和确定大纲，并为他提供了大量有价值的信息，如 AI 在教育领域的发展过程、发展潜力及其所面临的挑战。ChatGPT 还为他提供了许多细节性的说明和使用案例，从而丰富他对 AI 概念以及 AI 在教育领域各种实际应用的理解。

从克里斯坦森"待办任务理论"的视角看，在"ChatGPT丰富用户想法"的背景下，个人正在寻求一种能够提高其创造力和智力的解决方案。ChatGPT 作为一种工具，可以帮助用户生成想法并扩展知识储备。通过为用户提供各种提示、备选观点和优质范例，ChatGPT 成功完成了这份激发用户创造力、促进用户生成创意的工作。据布尔迪厄论证，个体的行为和偏好深受其社会地位及其所能获得的文化、社会和经济资本影响。在用户依靠 ChatGPT 帮忙生成创意的情境下，ChatGPT 的使用与可及性可能会受到教育背景、学校支持与经济资源等因素的影响。那些能够获得更多教育机会和资源的用户，更有可能从 ChatGPT 这一"丰富想法"的功能中获益；而对那些资源有限的用户而言，想要充分利用这件 AI 工具就可能会面对许多障碍。从马克思主义的视角看，在知识和劳动都被商品化的资本主义社会，那些需要智力和创造力的工作通常会受到低估或剥削。在"使用 ChatGPT 生成创意"的情况下，ChatGPT 起到了一件工具的作用，有可能会取代教育者和研究者去完成某些任务。这种情况使我们要面对两个问题：① ChatGPT 对劳动力动态的影响；②人类专业知识和技能贬值的可能性。尽管ChatGPT 能提高我们的创意生成能力并且支持科研工作，但我们有必要考虑 ChatGPT 更广泛的社会经济影响，确保这件 AI工具的使用不会有损人类劳动力或加剧不平等。海德格尔认为，技术能够塑造人类的存在和理解，但这经常导致真实性的消失以及我们与自我"根本存在"的疏远。在"ChatGPT 丰富用户想法"的情境下，海德格尔的观点使我们反思：依赖 AI 工具追求智力和创造力的提升会对人类造成怎样的影响？尽管 ChatGPT 为我们提供了宝贵助力，但对其局限性保持批判态度是至关重要的，决不能允许它取代人类自身的创意、理解和批判性思维。在"使用 ChatGPT 等 AI 技术"和"人类主动权和思考能力"之间保持平衡，对于保持我们智力活动的真实性至关重要。

2. 加快进程

与传统的学习和研究方法相比，ChatGPT 具有加快各种任务或进程的优势。学生们的评论包括："在学习上，ChatGPT 对我帮助很大。因为当你自己做研究时，你很可能会得到错误信息，还会花费更长时间……还有就是，我现在能在更短时间内完成一个原本耗时很长的学习任务"（SFD）；"ChatGPT 对我的学习很有帮助，它让我在短时间内更有效地学习"（SFD）；"我让 ChatGPT 为我提供信息是为了缩短研究时间"（SFD）；"ChatGPT 提高了我获得资源的能力和学习速度"（SFD）。一位学生还评论说："ChatGPT 对我们这一代人来说很容易上手……用它来获取信息十分方便。因此，学习新信息对我们这代人而言是简单、便宜、快速的（SFD）。"在一次研讨会上，一位教师评论道："在备课时，ChatGPT 真的很好用。教师不再需要把时间和精力花在备新课上，而是可以省出更多时间来满足学生们的特定需求（SYFD）。"另一位教师也表示："ChatGPT 就像一位助手，能根据你的需求为你提供最佳选项。它非常好用，而且能帮你节省时间（SYFD）。"在一

次有某家 ChatGPT 智库成员出席的学术会议上，一位参会者
对 ChatGPT "加快进程"的现象做出了一个颇为有趣的评论：
"ChatGPT 像是让我拥有了超能力，较之于使用它之前，我现
在可以在脑力上负荷更重，做事就像是开了十倍速（SYFD）。"
本项目的研究员评论说："ChatGPT 能快速总结文献，从而让
我可以更快确定哪些文献和我的研究最相关（RFD）。""向
ChatGPT 寻求研究方面的帮助时，它能为我提供一系列更广
泛的建议，这不仅大大丰富了我的选择，也加快了我的研究
进度（RFD）。"该研究员还指出："ChatGPT 是我们进行学
术研究设计的一件利器，它确实有助于加速研究进程"（RFD）；
"用 ChatGPT 生成调查和访谈问题极为高效，帮我省了好多时
间"（RFD）；"ChatGPT 能快速合并文献，它真的太省时了"
（RFD）。本项目的授课教师也评论说："ChatGPT 可以快速地
为我教的这门法律语言学课程推荐案例。其中一些案例我竟
然从未听闻过……比起我之前在网上四处搜索案例的老办法，
ChatGPT 把案例搜集过程提速了太多"（TFD）；"ChatGPT 为
课程所需的预习视频快速生成文稿，还能为教师推荐适合放入
视频的图片和视觉材料"（TFD）。该教师还指出："ChatGPT
特别擅长为课堂任务提供思路，这为我省下了大把时间
（TFD）。"根据她所做的课堂观察，该教师还举了一个具体的
例子："学生们先是写下英语中传统的性别代词，而后又尝试在
网络上搜索英语中现在所使用的性别代词。接下来，他们把同
样的任务交给 ChatGPT 完成。结果证明，ChatGPT 更高效地
完成了这项任务，为学生们节省了不少时间（TFD）。"

　　本研究所搜集的文献也能证明 ChatGPT 具有加快进程的
优点。福奇等人（Fauzi et al., 2023）表示，学生可充分利用
ChatGPT 的各种功能，如课表存储与管理、作业截止日期提

醒、学习任务列表等，从而优化其时间管理。这些功能有助于学生高效管理时间，减少他们忽略重要作业或错过截止日期的情况发生。同样，费瑞纳和苏伊泽罗（Firaina & Suliswara, 2023）指出，使用 ChatGPT 有助于师生更快地掌握教学资料。他们为撰写论文采访的五位讲师都表示，ChatGPT 不仅为师生提供了新信息和新想法，还加快了他们对教学材料的理解速度。阿尔沙特（Alshater, 2022）报告说，ChatGPT 和与它类似的高级聊天机器人都能够自动完成特定的任务和进程，如从财务文件中提取和分析数据，或是生成报告和研究摘要。他由此得出的结论是，ChatGPT 通过自动完成这些任务，为研究人员节省了时间并加快了研究进程。阿尔沙特还指出，ChatGPT 能迅速分析大量数据并据此生成报告和研究摘要，该能力大大提高了学术研究的速度（2022）。在翟小铭（Zhai, 2022）的研究中，他使用 ChatGPT 撰写了一篇学术论文，而且仅耗时 2~3 小时。这一事实体现出 ChatGPT 已具备加快写作过程和高效完成任务的能力。翟小铭还表示，ChatGPT 还展示出高效处理信息的能力，它不仅能快速搜索到所需信息并在短时间内完成任务。上述发现都表明了 ChatGPT 已具备了提高生产力、管理时间、理解复杂话题、加快进程这四项核心能力。

这与克里斯坦森的"待办任务理论"不谋而合，因为上述有关"ChatGPT 加快进程"的描述实际上都承认了用户是如何"雇佣"ChatGPT 来完成这些与生产力和学习相关的任务的。从布尔迪厄社会学的视角看，对 ChatGPT 的使用可被视为一种获取额外社会和文化资本的手段。学生和研究者可以利用 ChatGPT 获取信息、知识和各种高效的工具，从而提高其学习成果和科研生产力。从马克思主义的视角看，ChatGPT 和与它类似的技术具有自动化任务、节省时间和加快进程的潜力，而这些潜力使人们担忧，ChatGPT 是否会对劳动与就业产生不利的影响。尽管 ChatGPT 提高了个人效率，但它也会造成诸如裁员、权力与资源集中于此类技术的控制者和开发者手中等后果。海德格尔的存在论视角促使我们批判性地反思，严重依赖ChatGPT 等 AI 技术来完成原本由人类所做的任务所导致的后果。尽管 ChatGPT 为我们带来了方便和效率，但它也有可能导致人际关系、批判性思维和创造力的消失。这些潜在损失促使我们深思，技术在塑造我们的理解、人际关系和整体存在这三个方面所起的作用。

3. 减少认知负荷

ChatGPT 作为一件强大的工具横空出世，它通过为用户提供有价值的帮助和代替用户执行任务，实现帮助用户减轻认知负荷和脑力负担的目标。我们搜集到的数据例证显示了ChatGPT 实现该目标的不同方式。例如，本项目的授课教师评论说："我们用 ChatGPT 生成的助记法⊖来帮助学生记忆，这么做效果很好，因为学生不必把他们的认知浪费在先去创建一个助记法上，只需要专注于使用一个现成的助记法去记住相关知识点就好（TFD）。""我们在课堂上用 ChatGPT 总结长篇论文，这对学生帮助很大，他们可以在阅读更多细节之前对论文有一个大致的了解，并确定该论文是否和他们的研究目标相关。如果一名课程需要学生阅读大量论文，这么做无疑会减轻他们的认知负担（TFD）。"此外，学生们发现 ChatGPT 能快速为他

⊖ 助记法（mnemonics），顾名思义，就是各种帮助记忆知识的口诀、图片、谐音梗等方法。无论是三角函数的口诀"奇变偶不变，符号看象限"，还是用DOC 三个字母表示月亮的阴晴圆缺（D 代表上弦月，O 代表满月，C 代表残月），或是用谐音法"拍死它"记住英语单词 pest（害虫），都属于助记法的一种。——译者注

们提供复杂术语的准确定义。他们就曾要求 ChatGPT 为他们提供两个重要的语言学术语"语义学"和"语用学"的定义（TFD）。学生们还报告说，ChatGPT 帮助他们减轻了完成特定任务所需的脑力负担："它在完成作业方面给了我很大帮助。我只需要根据评分规则列出标题，再对作业进行相应的规划，基本上就不用再操心了"（SFD）；"ChatGPT 能帮我在短时间内有效学习，以及更容易回答课堂活动中的问题"（SFD）。此外，一位教师在某次研讨会上评论道："把 ChatGPT 作为研究伙伴的做法将有助于减轻学生的认知负担，让他们能够更多地了解相关主题（SYFD）。"

鲁道夫等人（Rudolph et al., 2023）强调，像 Grammarly 这类 AI 写作工具能通过提供实时反馈、检测错误和鼓励学生修改等方式，让英语写作练习变得更方便，同时提升学生的写作技能。虽然该论文并未明确提及 ChatGPT 能帮助学生减轻认知负荷，但它所展开的更广泛的讨论表明，AI 聊天机器人和写作助手能为学生提供写作帮助并促进他们自主学习，这两大功能都有助于减轻学生的脑力负担。特莱利等人（Tlili et al., 2023）表示，其研究的参与者承认，ChatGPT 通过简化学习流程和减轻学生认知负荷，能够有效收获教育上的成功。用户发现，ChatGPT 能为教师和学生提供各种主题的基础知识，并能以通俗易懂的语言对不同学科的复杂主题进行全面讲解。他们的研究还特别指出，ChatGPT 有潜力对学生的作业或表现给出自动反馈，以及减轻教师的教学工作量。费瑞纳和苏伊泽罗（Firaina & Suliswono, 2023）在研究中发现，ChatGPT 能成为师生们直接获取新信息和新想法的一条渠道，从而减少了他们亲自搜索信息时会耗费的认知。两位学者在其研究中所做的访谈显示，使用 ChatGPT 对生产力和学习效益都产生了积极影响，既便于学生更快地理解教学资料，又为他们节省了搜索资料的时间，由此减轻学习中的认知负担。阿尔沙特（Alshater, 2022）的研究也持有同样的观点。他认为 AI 聊天机器人可以通过两条途径提高生产力：其一是通过自动完成任务和提升研究效率；其二是通过提高研究的准确性。而准确性的提高既可以通过 ChatGPT "自动纠错"功能（即自动识别和修改数据或分析中的错误）来实现，也可以通过遵循标准化流程和规约以确保研究过程的一致性来实现。他认为，有了 ChatGPT 提供的以上帮助，研究者就能把注意力集中在研究内容和对该内容的理解上，从而减轻其认知负担。

根据克里斯坦森的"待办任务理论"，ChatGPT 是被"雇佣"来简化和精简任务的，用户由此得以卸下一部分认知负担，转交给 AI 聊天机器人承担。通过为用户提供诸如生成助记法、总结论文、快速提供准确定义等帮助，ChatGPT 能让用户专注于认知过程的更高层次，不被工作琐事缠身。从布尔迪厄的视角来看，ChatGPT 可被视为一种工具，通过为用户提供没它帮忙很难获取的信息，它能帮助用户填补知识空白并减轻认知负担。ChatGPT 还可被视为一条用户和知识之间的交流渠道，它不仅为用户获得新点子和新信息提供了便利，还有可能为拥有不同文化资本的个人提供公平的起点。但必须承认的是，"惯习"会影响用户与 ChatGPT 的互动方式。有些用户严重依赖 ChatGPT，并对它的生成内容不加以任何批判性的评价。尽管 ChatGPT 有助于减轻认知负荷并从而为学习赋能，但批判性思维的培养对评估其输出内容的可靠性来说仍是至关重要的。此外，在文化资本和惯习的语境中理解用户与 ChatGPT 的互动，这对于评估 ChatGPT 对"公平信息获取"的影响是极为关键的。马克思主义再次揭示了 ChatGPT 这类 AI 聊天机器人对劳动力的潜在影响。虽然 ChatGPT 自动完成任务和提高生产力的能力都有益于用户，但它再次引发了有关"人类劳动力是否会被 AI 取代"的担忧。正如上述研究所强调的，AI 聊天机器人被引入教育领域可能会减轻师生们的认知负担，但也必须考虑到此举更广泛的社会影响，同时必须确保 AI 技术的应用与各种平等原则和机会公平分配原则相一致。海德格尔的哲学强调了"存在于世"的概念，即我们的存在和我们对世界的理解是相互关联的。在 ChatGPT 有助于减轻认知负担的背景下，我们可以将"存在于世"的概念与"ChatGPT 作为一种工具或技术能增强我们与世界互动的能力"这一观点联系起来。由此，ChatGPT 可被视为我们认知能力的一种延伸，让我们得以更高效地获取和处理信息。它还扮演着"中间人"的角色，将我们的"存在"与知识世界联系在一起，让我们能够应对各种复杂话题，并且减少自行搜索这些信息所需的脑力付出。此外，海德格尔有关"上手之物"的概念也可以解释 ChatGPT 这种减轻认知负担的能力。据海德格尔定义，当各种工具已无缝融入我们的日常生活时，这些工具就变成了"上手之物"。在 ChatGPT 的语境中，ChatGPT 本身就是有助于我们轻松获取知识的"上手之物"。然而，我们也必须保持警惕，以免海德格尔担忧的"技术有可能会分散我们对世界的真实理解"这种情况的发生。尽管 ChatGPT 有助于减轻认知负担，精简信息获取的过程，但我们仍需对它的输出内容保持批判性态度，不应对它过度依赖或把它视为唯一的知识来源。

4. 在其他生活领域的用途

ChatGPT 的用途超出了它原本计划的范围，为生活的各个领域都提供了实际的应用和益处。这一点也被一手观察数据

所证明。本项目的研究员指出："ChatGPT 可以快速合并文档，
这为我节省了大量时间。你还可以让它根据伦理审查[⊖]标准对
你的伦理申请书进行同行评议，并对其中的遗漏或需要改进之
处提出建议。自从发现了这个申请书撰写功能，我还采用同样
的步骤用 ChatGPT 撰写过一封工作推荐信。只需输入该工作
的各个方面、被问到的问题，以及潜在员工的简历，ChatGPT
就能一键生成一份推荐信模版，你只需要在此基础上进行检查
和个性化处理就行（RFD）。"本项目的授课教师也总结了其观
察所得："学生们将案例中的短信缩写输入 ChatGPT，并要求
它把这些缩写转换为正常短信。与学生们不借助 ChatGPT 的
帮助、自己完成同样的任务相比，ChatGPT 的表现要好太多。
这让我们意识到，如果学生们在课堂之外也需要理解缩略语，
ChatGPT 无疑也会成为他们的好帮手"（TFD），以及 "学生们
也曾使用 ChatGPT 改变文风，如将正式文本改为非正式文本
等。ChatGPT 的这个功能在课堂外也应该能派上用场，比如说，
如果学生需要，可以让 ChatGPT 把他们的普通信件改写成一
封更正式的信函"（TFD）。

学生们也分享了他们对 ChatGPT 的各种用法。一个学生
说："我向它询问过土耳其地震史（SFD）。"另一个学生提到，
他向 ChatGPT 请教过感情方面的问题。还有一个学生说："我
曾经让 ChatGPT 为我的朋友们写歌，为我最喜欢的电视剧进
行人物分析，为我建议下一步棋该怎么走，以及为我提供投资

⊖ 伦理审查：伦理审查是科研项目启动前的重要步骤，目的是确保参与研究的
受试者和研究人员的权益得到妥善保护，并保障科研项目的合法性、可靠性
和可信度。伦理审查流程的第一步就是由研究人员撰写伦理申请书，详细描
述研究内容、目的、方法，以及将以何种方式保障相关人士的权益和项目的
合法性。第二步是将申请书交由相关的伦理审查委员会审查。第三步则是等
待委员会的审查结果，即该研究被批准还是被驳回。——译者注

建议（SFD）。"然而，有一个学生指出："使用 AI 系统已经成为我的一种习惯。我现在都是通过 ChatGPT 了解我感兴趣的信息（SFD）。"一个基于 ChatGPT 完成课程期末项目的学生指出："我准备出国一年参加伊拉斯谟项目⊖。通过 ChatGPT，我对要去的大学、将要生活的城镇以及当地的文化和历史都有所了解，从而为游学之旅做好准备。我还用它来学习一些我可能会用到的基本短语（SFD）。"

尽管在本研究所搜集的文献中，仅有少量内容涉及 ChatGPT 除教育之外的其他用途。例如，福奇等人（Fauzi et al., 2023）的研究强调了 ChatGPT 在提高语言能力方面的重要作用，并建议由 ChatGPT 为学生提供有价值的资料以提高他们的英语水平，还建议学生可以利用 ChatGPT 改善语法应用、拓展词汇量和提升写作风格。

从克里斯坦森"待办任务理论"的视角看，我们可以发现，用户"雇佣"ChatGPT，是把它作为一件有价值的工具，用于完成合并论文、评阅伦理申请书、撰写工作推荐信、转换短信缩略语等任务。这些现实生活中的例子显示出 ChatGPT 具有高效、省时、提高用户生产力等诸多优点。从布尔迪厄"社会资本"和"技能习得"理论的视角看待用户对 ChatGPT 的不同使用方式，我们发现，ChatGPT 是一个让用户们既可以获取广泛的信息和知识，又可以利用其社会资本去探索各个领域的平台。此外，用户与 ChatGPT 的互动中还包含了"技

⊖ 伊拉斯谟项目（Erasmus Program）全称为"欧洲区域大学生流动项目"（European Region Action Scheme for the Mobility of University Students Programme），是欧洲共同体在 1987 年成立的一个学生交换项目。自 2014 年 1 月起，欧盟在原有基础上升级启动"伊拉斯谟 +"（Erasmus+）项目，将交流拓展到欧洲以外的国家和地区，投入大量资金，促进欧盟内外师生、知识、技能、创新等领域的交流合作。——译者注

190

能习得"——当用户发展出浏览与评估 ChatGPT 所提供信息
的能力时，其理解和学习能力也随之得到进一步提升。马克
思主义理论再次揭示了 ChatGPT 对工作的影响。据师生们观
察，ChatGPT 非常适合完成修改文本和生成内容等任务。这一
点再次让我们思考"ChatGPT 对传统工作角色和劳动分工的影
响"这一关键问题—— ChatGPT 有潜力把原本由人类完成的
工作自动化执行或做得更好。海德格尔的技术哲学理论强调了
技术的颠覆性本质，以及技术是一种揭示世界的方式。作为一
种工具，ChatGPT 让个人得以完成不同领域内的特定任务和目
标。在职业环境中，ChatGPT 能帮助员工完成草拟电子邮件、
生成报告、快速提供信息等任务，从而精简了工作流程，这一
点正符合海德格尔对"上手之物"的定义。同样，在人际交往
中，ChatGPT 可以作为"个人助理"，帮我们安排约会、设置
提醒事项、提供建议，使我们的能力得以延伸——这些也正符
合了海德格尔"工具是透明的媒介"的理念。此外，ChatGPT
的创造性应用包括完成写作任务、提供建议、提高语言使用
能力——这些也都符合海德格尔提倡的"诗意栖居"（poetic
dwelling），即人类通过技术与世界形成更开放、更深刻的联
系。但他也提醒我们需重新审视技术的种种影响以及它使我们
与真实体验脱节的可能性。虽然 ChatGPT 的价值已得到证明，
但我们必须对它的普遍使用以及它对我们与世界的关系所造成
的影响保持警惕。

5. 翻译能力

尽管 ChatGPT 具备卓越的多语种翻译能力，但它偶尔也
会出错。比如，机器翻译模型有可能在翻译性别代词时出错，
出现了把"他"或"她"统一翻译成"它"的误译，而此类

误译有可能会导致"去人性化"的问题（Maslej et al., 2023）。然而，尽管存在此类问题，但数据例证也显示出 ChatGPT 在翻译方面的众多优势。本项目研究员指出："ChatGPT 能将访谈、调研等内容从一种语言翻译成另一种语言，这为我的研究过程省下不少时间（RFD）。"同样，本项目授课教师也如此评论："由于英语不是学生们的母语，ChatGPT 的翻译功能可以让学生们先用土耳其语读一遍材料并掌握其主要内容，然后把英语原文再读一遍，这大大降低了他们的认知负荷，并让他们能更专注于材料的内容本身（TFD）。"

在我们搜集的文献中，提及 ChatGPT 翻译能力的内容十分有限。但费瑞纳和苏伊泽罗曾特别提及，在他们进行的研究中，五位大学讲师受访者普遍借助 ChatGPT 把他们所写的科学论文从母语翻译成英语从而提高其论文在国际学术期刊上发表的概率，该功能能让英语水平有限的用户尤为受益（Firaina & Sulisworo, 2023）。

从克里斯坦森的视角看，ChatGPT 的翻译能力使用户能够利用它克服语言障碍，获取不同语种的信息。例如，ChatGPT 能将阅读资料翻译成便于学生理解的土耳其语，这就使学生们从中受益。ChatGPT 的翻译功能可以处理如语言理解、信息获取等功能性工作。从布尔迪厄的视角来看，ChatGPT 的翻译能力可被视为一种文化资本，帮助英语水平有限的人克服语言障碍。通过向用户提供科学文献的各语种译本，ChatGPT 为创造公平竞争环境、减少学术环境中因语言而产生的不平等做出了贡献。从马克思主义的视角分析，ChatGPT 的翻译能力会影响语言服务行业的劳动力动态。ChatGPT 自动生成的译本虽然能够提升效率和翻译服务的可及性，但也可能导致裁员以及对人类译者的潜在剥削。此外，翻译任务的自动化还引发了有关劳动力贬值和翻译品质下降的担忧。要平衡 AI 翻译的优缺点，应谨慎考虑公平（翻译）劳动待遇以及确保翻译质量。海德格尔的理论将技术视为一个能够影响人类存在和人际关系的"使能者"（enabler）。而在有关"ChatGPT 翻译能力"的讨论中，ChatGPT 可被视为一件能够促成语言互动的技术工具。然而，尽管 ChatGPT 能为用户提供跨语言的信息和交流，但它也改变了语言互动的本质。因此，对机器翻译的依赖可能会影响人类和语言互动的方式、语言学习以及文化理解。

6. 审核工作并提出改进建议

从学生评论中收集到的数据例证显示，对交付给 ChatGPT 的工作或内容，它明显具备分析、反馈、提出改进建议的能力。一个学生指出："ChatGPT 为我提供了特别有用的反馈，它给出的解释既详尽又有条理（SFD）。"另一个说："当我不知道该怎么完成（一项作业）时，ChatGPT 能一步步教我怎么做（SFD）。"不少学生承认 ChatGPT 给出的反馈特别实用，其中一个表示："它能指出我期末项目报告中它认为的不足之处，并通过对该项目的逐步评估为我提供细致的反馈意见（SFD）。"同时，ChatGPT 也起到了同行评议的作用。一个学生说："我让 ChatGPT 为我的小论文提供反馈意见，以下是它的回复。'这篇论文有效论证了虚假新闻的问题及其影响，并提出了解决方案……针对上述建议进行修改，会进一步提高论文质量'（SFD）。"他们对 ChatGPT 就其论文结构、清晰度和思路所提供的具体反馈表示感激。另一位学生说："ChatGPT 为我提供了有用的反馈。它帮助我在一开始就定好了标题（SFD）。"一名学生对 ChatGPT 分析的准确性表示认可，表示说："仔细思考 ChatGPT 给出的评价，我认为它所做的分析显然是正确的

（SFD）。"总体而言，学生们都认为 ChatGPT 的建议有助于他们查缺补漏并加强论证力度。研究者也发现 ChatGPT 是一件有助于写作和研究的利器，并表扬了 ChatGPT 的以下功能，如改写论文、缩短文本、拟定标题和小标题，根据输入的数据生成论文的引言和结论等（RFD）。他们还强调，ChatGPT 的实用性不仅仅局限于撰写研究性论文，"它可以用于任何类型的写作，无论是研究性论文还是其他类型的论文"（RFD）。

我们手中的文献也提及了 ChatGPT 在审核用户工作并提供反馈方面的能力。据福奇等人（Fauzi et al., 2023）的研究，ChatGPT 能够回答那些可以满足个人学习需求的特定问题，因此，学生们可以就特定概念、理论或主题向它寻求明确和详细的解释。他们认为，ChatGPT 提供的这种"个性化辅导"极大地提升了学生的理解力、领悟力和整体学习体验。同样，鲁道夫等人（Rudolph et al., 2023）也对各种 AI 数字写作助理工具的有效性表示认可。例如，Grammarly 这款 AI 写作润色软件就能为学生们在线审阅作业并提供反馈。他们特别指出，其研究表明，将 Grammarly 软件作为一种写作干预手段，可以通过其"自动纠错书面反馈"功能有效提高学生的写作参与度。该反馈功能可以为学生的文章提供即时的反馈和修改意见，指明其具体的错误位置并给文章打出技术性评分，以此激励学生进行修改。当学生做出修改后，Grammarly 会针对每一处修改相应地调高评分，从而鼓励学生不断完善其写作任务。鲁道夫等人（Rudolph et al., 2023）还指出，在英语为非母语的教学中，AI 干预已成为一种增强学生自我效能和学习情绪的有效手段。他们解释说，这是由于在人类写作老师缺席的情况下，AI 提供的智能反馈能帮助学生发现写作错误、总结常见错误模式并据此修改文章，从而增强学生的写作自主性。

从克里斯坦森的视角看，我们或许可以这样说：ChatGPT
为学生作业提供的分析、个性化反馈与指导服务意味着它能胜
任这份"提升学生学习体验和学术表现"的工作。学生们都很
珍视这种由 ChatGPT 提供的细致入微且条理分明的解释，并认
为 ChatGPT 能帮助他们理解概念、制定任务完成步骤并提升作
业质量。从布尔迪厄的视角看，学生们认为 ChatGPT 提供的反
馈是有效的，这种认可意味着 ChatGPT 拥有一种形式的文化资
本——深受学生重视并能提高其学术表现的知识和资源。通过
使用 ChatGPT，学生们获得了诸多有价值的反馈，这些反馈有
助于他们增强论证力度、改善论文结构和清晰度，以及创建论
文的各级标题。这种借助 ChatGPT 获得的文化资本可能会对社
会区隔（Social Distinction）和学业成功造成潜在影响。从马克
思主义视角看，ChatGPT 对学生作业进行分析并提供反馈的功
能，使得原本由人类劳动力承担的论文审阅和反馈任务被 AI 自
动完成了。通过执行上述任务，ChatGPT 减轻了教师和学生的
负担，让作业反馈过程变得更为高效和灵活。ChatGPT 的上述
能力也符合海德格尔的技术观，即技术是能够彻底改变个人与
世界互动方式的"使能者"和工具。而 ChatGPT 正是通过在各
个方面帮助人们完成写作任务，如改写文本、缩写文本、拟定
标题、生成引言或结论等，改变了用户写作与学习的方式。它
拓展了用户的潜能以及用户与技术的互动，提高了用户的参与
度并潜在地影响了他们的写作实践。

7. 改变文风

我们手中的数据例证显示，ChatGPT 这个"多面手"还
能改变文本的语体风格，正如本项目授课教师评价的："你能
让它改变（大学课程信息表）的文体风格，让定稿更适合学

生阅读（TFD）。"她还特别指出："学生们发现，他们可以把
ChatGPT 这件利器用在课堂外，帮他们把信件、电子邮件等实
用性文本的文风调整正确（TFD）。"一个学生指出："ChatGPT
能把我的非正式写作转换为正式写作（SFD）。"授课教师还补
充说："它是一个很有价值的工具，学生们在课堂外也用得上，
比如，帮他们把信件的文体转换得更为正式（TFD）。"此外，
ChatGPT 还能通过不同文本的语言风格识别出这些文本分别
出自哪些名人，正如本项目授课教师所说："ChatGPT 能根据
说话内容对说话人做出描述性介绍，这一功能随即引发全班对
'以假身份进行网络欺诈'这一现象的讨论（TFD）。"此外，
该教师还指出："ChatGPT 能把英式英语和美式英语自由转换
（TFD）。"而本项目研究者则将 ChatGPT 形容为："它就像一
间布满了镜子的大厅。我可以把自己的思路告诉它，再由它通
过结构主义、后结构主义、女性主义等不同的'镜面'把我的
思路表达出来。这一功能简直是变革性的。我认为，ChatGPT
必将推动研究工作取得更前一步、更快一步的进展。"

在鲁道夫等人（Rudolph et al., 2023）的论文中，尽管他
们并未特别提及 ChatGPT 具有改变文风的功能，但他们的确
探讨了与 ChatGPT 文本生成能力有关的、可能发生的误用和
挑战。例如，由于 ChatGPT 能够生成不会触发"反抄袭检测
软件"警报的平庸文章，他们因此担忧学生们会将其书面作业
交由 ChatGPT 完成。鲁道夫等人表示，他们认为这种 AI 代笔
现象会使传统的作业评估方式"失灵"，因而教师们需对此进
行调整。他们还特别指出，当 ChatGPT 这类 AI 工具已经有可
能通过修改文章句子的方式避开抄袭检测，继续使用由 AI 驱
动的反抄袭软件去检测这样的文章岂不可笑。他们建议，教师
在教学评价过程中应采取以学生为中心的方式来应对 AI 工具

对教育领域所引发的诸多问题。教师则应将作业设计得更具挑战性，并使用文本生成检测软件对学生作业进行反抄袭检测；学生则应在教师指导下了解 AI 的各种局限性、在 AI 工具的辅助下解决问题以及提高各种数字素养技能。他们还建议，高等院校应为学生和教师提供数字素养教育和培训，更新其学术诚信政策并将 AI 工具引入高校以应对这片不断发展的领域。同样，特莱利等人（Tlili et al., 2023）也指出了 ChatGPT 所引发的作弊和操纵行为。他们发现 ChatGPT 能帮助学生撰写论文并回答考题，这些操作都可能会助长学生的作弊行为；不仅如此，它还能操纵系统规避 AI 输出内容检测器的检测。

从克里斯坦森的视角看，ChatGPT 这种改变文风的能力让用户可以获得他们为达成不同的目的（如完成学术任务或进行专业交流）而需要的语体风格。从布尔迪厄社会学的视角看，ChatGPT 模仿包括名人在内的个人写作风格的能力，向我们提出了有关语言再生产和语言真实性的问题，即语言可被用于欺骗与操纵他人。从马克思主义的视角看，ChatGPT 各种潜在的负面用途，如利用它来完成作业和逃避抄袭检测，使我们必须面对有关"技术对教育的影响"的重要问题，主要包括教育已转变为一种商品，以及 AI 生成内容可能会造成人类劳动力贬值——它们都符合马克思主义对资本主义和劳动剥削的批判。从海德格尔存在主义的立场看，ChatGPT 把用户的思路通过如结构主义或女性主义等不同视角转化为文章的能力反映出 AI 工具在研究与学术领域的变革性潜力。然而，当此类写作任务全权由 AI 接管时，我们就不得不面对作者身份、原创性、人类创造力这些事关人类本质的问题。

8. 向用户传授特定的知识、技能和概念

数据例证显示，学生们纷纷表示，ChatGPT能通过回复用户询问的方式，向他们传授特定的信息、技能和概念。一个学生评价说："首先，我用ChatGPT研究和搜索了'大学航空炸弹客案'的信息，其中包括庭审时被呈递的法律语言学证据。接着，针对期末作业的要求'为此案准备庭审时的结案陈词'，我用ChatGPT帮我组织并完善了思路和论证。例如，我向ChatGPT输入了我的结案陈词草稿，它不仅对我的遣词造句给出了建议，还提供了更多能支持我论证的相关信息（SFD）。"另一个学生特别指出他通过ChatGPT获得了大量知识："我觉得ChatGPT为我提供了额外的信息。比如，当我向ChatGPT询问有哪些法律语言学证据被用来确认炸弹客的身份时，它为我清晰解释了当时的专业人员是如何通过研究该炸弹客的写作风格、拼写特征、句法特点和语言特质来确定其年龄、出身以及其他特征的。它的解释确实有助于我理解语言学证据与此案的相关性以及在此案中发挥的作用（SFD）。"ChatGPT还能指导学生写作。一名学生指出："当我作为控方律师撰写结案陈词时，我先是直接向ChatGPT提问，'如果你是大学航空炸弹客案的控方，你会怎么写结案陈词？'然后，我把（由法律语言学课程主讲教师布置的）期末表现任务的评分标准输入ChatGPT，并让它根据该标准重新组织文稿。在ChatGPT发回修订好的结案陈词之后，我最后要求它为我推荐几张有助于说明该结案陈词的图片（SFD）。"另一名学生承认："ChatGPT有助于我在短时间内进行有效学习。在它的帮助下，我能更轻松地完成课堂练习（SFD）。"授课教师也对ChatGPT帮助学生的有效性赞不绝口，她表示："ChatGPT对学生掌握标点符号

的使用规则也大有助益。当学生们输入相同的句子却使用了不同的标点符号时，它能告诉学生因标点不同而造成的句意改变（TFD）。"该教师还指出，当她向 ChatGPT 询问诸如"定冠词和不定冠词的使用规则"等语法问题时，它同样能够做出快速回复（TFD）。此外，该教师表示："学生们会使用 ChatGPT 的'疯狂填词'（MadLib）功能为彼此进行词汇测试。这让我们想到，学生们还可以利用该功能为自己设计可用于复习重要概念的测试题（TFD）。"一名学生也给出了类似的积极反馈："在备考时，我曾经要求 ChatGPT 为我提供一些习题，以便我备战考试和完成作业（SFD）。"

福奇等人（Fauzi et al., 2023）的研究也支持上述从数据例证中得出的结论。他们发现，ChatGPT 对学生而言是一项宝贵资源，能为学生们提供有用的信息和资源，从互联网检索相关信息，推荐书籍和论文，完善语法、扩充词汇和提升写作风格——从而帮助学生全面提高其学业表现和语言技能。纽曼等人（Neumann et al., 2023）指出，学生不仅能用 ChatGPT 生成特定源代码、概括文献大意，以便为期末评估做好准备，还能用它生成用于完成课程作业和项目的代码片段，从而促进他们对软件工程学重要概念的理解和掌握。同样，翟小铭（Zhai, 2022）发现 ChatGPT 还是撰写学术论文的好帮手，用户只需对其生成的论文进行结构上的微调即可。

从克里斯坦森的视角看，学生们是在"雇佣"ChatGPT，让它帮忙收集信息，完善思路和论证过程，从而更有效地提升他们的写作和学习水平。从布尔迪厄的角度看，ChatGPT 增加了用户可用于获取信息和机会的社会资本与文化资本。从马克思主义的观点看，学生们可以利用 ChatGPT 来提高他们完成写作、研究、备考等任务的生产力和效率。作为技术资本的一种形式，ChatGPT 可以赋能学生更高效地完成他们的学术任务，从而潜在地减少他们对传统的劳动密集型研究方法的依赖。但需要注意的是，只有在人人都能公平使用 ChatGPT 的情况下，这种技术资本才算是可用资本。从海德格尔的视角看，ChatGPT 通过拓展信息检索、语言润色以及知识生成的方式，重新定义了人类与技术在教育环境中的关系。通过与 ChatGPT 的互动，学生可以参与到一种由技术促成的新型学习和交流模式中。这种互动将影响他们对特定知识、技能和概念的看法和理解。

9. ChatGPT 对各相关方的可能影响

通过为学生提供宝贵的资源和工具，ChatGPT 有助于他们提高各方面的能力并完成诸如生成想法、提高写作水平、提供反馈和加强语言技能等任务，从而潜在地提升其学习体验和学术表现。然而，有人担心 ChatGPT 可能会被误用或者影响学术诚信。比如，学生可能会将作业"外包"给 ChatGPT 完成，或利用 ChatGPT 绕过论文的反抄袭检测。这引发了人们对学生作业的真实性以及学生批判性思维和写作技能的成长性的担忧。

高等院校和教师需要积极应对这些挑战，并为"在教育中使用 AI 工具"制定负责任的政策。ChatGPT 通过自动化某些任务、帮助教师检查和反馈学生作业等功能，强化了教师的作用。它还通过为教师提出改进建议、检测错误并指出、帮忙完成语言类任务等方式，为教师节省了大量的宝贵时间。然而，教师也需要适应 ChatGPT 带来的变化，并找出和学生有效互动的新方法。教师的作用也可能会从单纯的授课和批改作业转向推动学生进行讨论、指导学生有效利用 AI 工具，并设计出不适合外包给 ChatGPT 或交由它自动完成的作业。教师还应充分意识到 AI 工具的局限性，并帮助学生在高效使用 ChatGPT 的同时，提升其批判性思维的各项技能。

各高校应认识到 ChatGPT 等 AI 工具的潜力及其对教学的影响，并因此为教师和学生提供有关数字素养的教育和培训，更新学术诚信政策并支持有关"AI 工具对学习和教学的影响"的研究。此外，高校还应考虑到 ChatGPT 对教育资源公平获取的影响。虽然 ChatGPT 能够为用户提供有价值的支持，但它也引发了人们对数字鸿沟⊖和技术获取差距⊜的担忧。因此，各高校不仅应确保所有学生都有平等的机会从 AI 工具中受益，还应采取措施以消除学生间的现有差距。

总之，ChatGPT 在教育领域的多功能性和实用性提升了学习体验，为学生提供了个性化的反馈和指导。然而，它对劳动力动态、学术诚信和社会伦理的影响也令人担忧。要解决这些问题，制定负责任的政策和开展数字素养培训是必不可少的。

主题五：ChatGPT 对用户学习的影响

在本主题下，我们探索了 ChatGPT 对用户学习的影响，并专门考察了它完成指定学生任务的有效性以及它对学习过程的整体影响。

1. ChatGPT 展示出完成指定学生任务的能力 / 妨碍用户学习进程

我们从调查结果中发现，ChatGPT 已展现出它熟练完成指

⊖ 数字鸿沟（Digital Divide）是指拥有计算机和网络访问权限的人和不具备这些条件的人之间在经济、教育和社会地位等方面的不平等现象。——译者注

⊜ 技术获取差距（Disparities in Access to Technology）是指不同群体或地区在获取技术资源或服务方面的不平等现象。——译者注

定任务的能力。然而，这种能力会对学习过程产生不利影响，
有碍于学生对学习的积极参与和对知识的独立习得。来自学生
们的反馈也证明了这一点。在这门"法律语言学"课程的初期
阶段，本项目的授课教师要求学生评估 ChatGPT 在他们所上
的其他几门课程中完成课堂活动的能力，班里有 57.1% 的学生
认为 ChatGPT 完全有能力完成所有的课堂活动，而 28.6% 的
学生则认为它只能部分完成。学生们认为能由 ChatGPT 完成
的课堂活动包括撰写短文和回答问题。同样，学生们还被问
及 ChatGPT 在其他课程中完成课程作业和课程项目方面的表
现。71.4% 的学生表示它完全能够胜任，而 14.3% 的学生认为
它只能部分地完成这些评估任务。一个学生指出："总体而言，
ChatGPT 是无所不知的。但这一点对学生而言是十分危险的，
因为学生们在做作业时总喜欢走捷径。如果 ChatGPT 不断完
善下去，学生们会经常使用它。这也是为什么当学生知道教师
会给他们的作业打分时，他们会动用 ChatGPT 以赚取更多的
分数（SFD）。"另一个学生说："学生会把作业交由 ChatGPT
完成的可能性就会使教师们生疑，从而可能带来不利的后果
（SFD）。"学生们还承认，ChatGPT 的影响取决于他们对它的
用法。一个学生指出："实际上，它的影响取决于你对它的使用
方式。如果你用它来检查作业和帮忙，它就能帮你学到东西。
但如果你把作业直接交给它，它就会省略学习环节，只交给你
一个结果（SFD）。"他们进一步评论说："使用 ChatGPT 就像
是在放松自己。它对我做作业有很大帮助，但我觉得它减少
了我的思考过程和自己的想法（SFD）。"另一个学生说："当
然，ChatGPT 对我帮助很大，但也让我变得有点懒惰。不过，
我还是认为它应该留在我们的生活中（SFD）。"还有一个学
生说："它肯定会跳过学习过程的某些部分。当我向它索取信

息时，我是为了缩短研究时间。如果自己花时间研究，我想我会得到更详细的信息，形成更复杂的想法（SFD）。"据本项目授课教师所言，ChatGPT 很擅长为课程的期末评估出谋划策，但她也给出了一些提醒："ChatGPT 很擅长依照 GRASPS 六要素[⊖]为期末评估提供思路，它想出的点子比我自己的更好。不过，其中一些评估方法很容易被 ChatGPT 自己轻松完成。因此，教师需要把它提出的建议进行改写，从而避免这种情况的发生（TFD）。"该教师还对 ChatGPT 为期末评估创建评分标准的能力进行了点评："一套期末评估方案被写好后，ChatGPT 就能轻松地为该方案制定评分标准，但前提是评估任务应在方案中被精确描述。不过，该评分标准的权重应由授课教师进行调整，以便区分评估任务中能由 ChatGPT 完成和不能由它完成的部分（TFD）。"此外，该教师还特别指出 ChatGPT 能根据课前任务的文本或视频生成相应的课前测试；但她提醒说，如果测试中用到的案例存储在 ChatGPT 的数据库中，学生很可能会选择直接用 AI 完成测试，而不是在学习了被指定的文本或视频后由他们自己完成（TFD）。此外，针对 ChatGPT 对课堂活动的影响，该教师举例说："如果学生要求 ChatGPT 依照各个主题将单词分类，那么就算这个课堂任务被 ChatGPT 快速完成了，它的参与却让该任务的学习目标被直接略过，学生并没能通过该任务复习到他们应在课堂上掌握的词汇。这一点可能会影响到我自己此后设计课堂词汇复习活动的方式（TFD）。"这种"ChatGPT 帮助学生完成课程活动"的情况也

⊖ GRASPS 六要素是第五章出现过的概念，是指一种设计评估方式的指导原则，即教师在设计评估任务时，应以目标（Goal）、角色（Role）、受众（Audience）、情境（Situation）、表现／产品（Performance/Product）和标准（Standards）这六个要素为指引，设计出与真实环境相符的评估任务，从而测试学生是否能将所学的知识和技能应用于真实的情境。——译者注。

在一次研讨会上被提及，一位教师说："当我意识到 ChatGPT 可能会帮助我有志于成为教师的学生们完成一项教案设计的课程任务时，我改变了评分规则的当前权重以适应这种新情况（SYFD）。"另一位教师也碰到了类似的情况："学生们可能无须完成阅读任务就能完成作业，因为 ChatGPT 能轻松地帮他们找到答案（SYFD）。"还有一位教师表示："ChatGPT 无法让一个人从任务完成过程中学习。这种由 ChatGPT 直接提供答案的方式只是给出了一个结果，却对学习过程没有任何帮助。众所周知，学习是发生在过程中的，而不能只看结果（SYFD）。"

那么，我们所搜集的文献对此有何评论？在穆朗格（Mhlanga, 2023）的研究中，教师们对 ChatGPT 会干扰传统评估方法（如撰写期末论文）并让学术抄袭检测变得更加困难的可能性深表担忧。但穆朗格表示，他相信 ChatGPT 的使用会为教育实践创新打开大门，并建议将 ChatGPT 等高阶 AI 技术用于改善评估流程、教学方法、学生参与度、学生协作以及实操性的学习体验，从而推动教育体制的现代化。纽曼等人（Neumann et al., 2023）也探讨了 ChatGPT 在完成指定学生任务方面的能力及其对学习过程的影响。他们强调了 ChatGPT 在软件工程中包括评估准备、翻译、源代码生成、文献总结和文本转述在内的各种应用。然而，尽管他们特别指出了 ChatGPT 为教师备课和设计作业提供新思路的能力，但纽曼等人依然强调了透明度的重要性，并希望对 ChatGPT 展开进一步的研究和理解，从而确保学生能够全面把握 ChatGPT 的能力和局限性。他们不仅建议将 ChatGPT 融入教学活动，同时探索具体的使用案例并制定使用指南，还建议将它与诸如"基于问题的学习""翻转学习"等现代教学方法相融合，融合过程的重点是在遵守学校相关教学制度的前提下调整课程内容。鲁道夫等人（Rudolph et al., 2023）对 ChatGPT 可能会影响学生学习过程和考核真实性表示了担忧。他们尤为担心学生把书面作业交由 ChatGPT 完成，因为这很可能会对传统的考核评价方式造成冲击。此外，由于 ChatGPT 能帮助没有全面掌握学习资料的学生完成学习任务，他们担心它会妨碍学生对课程的主动参与和批判性思维技能的养成。特莱利等人（Tlili et al., 2023）重点关注了 ChatGPT 的误用问题。比如，在学生撰写小论文或回答考题时，ChatGPT 简直是一件作弊的利器。他们因此强调教师应着重考虑如何有效地发现和预防此类作弊行为。对于 ChatGPT 对学生批判性思维技能的负面影响，他们也同样忧心不已，认为过度依赖 ChatGPT 可能会削弱学生创新思考和独立思考的能力，从而潜在导致学生缺乏深刻理解与解决问题的技能。由于这些问题的存在，翟小铭（Zhai, 2022）提议应重新评估教育中对读写能力的要求。他建议在 ChatGPT 的冲击下，对学生读写能力培养的重心应从"如何写出准确的句子"转移至"如何有效利用 AI 语言工具"，认为将 AI 工具融入基于学科的学习任务可能会成为提高学生创造力和批判性思维能力的一种方法。翟小铭还建议，对学生的评估方式也应随之做出改变，重点考核学生的批判性思维和创造力，并因此鼓励教师探索创新的考核形式，从而有效评价学生的这两种技能（2022）。

从克里斯坦森的视角看，ChatGPT 可被视为一件"受雇"于学生、用来完成其教育之旅中特定工作或任务的工具。然而，人们担忧 ChatGPT 可能会对学生们的学习积极性、独立习得知识的能力、批判性思维以及整体学习过程都造成负面影响。因此，有必要采取一种平衡的手段取长补短，尽量避免其使用所带来的种种弊端。根据布尔迪厄的社会再生产理论，我们可以深入了解 ChatGPT 对社会和教育造成的各种后果。学生们对依赖 ChatGPT 完成作业的便利性及其可能导致的后果（包括来自教师的质疑、自身批判性思维能力的下降）深表担忧，而这份担忧恰与布尔迪厄的社会结构再生产理论形成了共鸣。也就是说，ChatGPT 会通过提供学习捷径的方式对学生的深度学习和批判性地参与学习造成阻碍，从而有可能会固化教育不平等。学生们对"ChatGPT 对学习过程的影响"所做的评论还反映出马克思异化理论的一些要素。尽管 ChatGPT 为学生们完成课业任务提供了便利和帮助，但学生们也对自己在积极投入学习、思考课程问题和拓展个人思路方面所付出的时间和精力大幅缩水表示担忧。这种"学习过程似乎与我无关"的感觉可被视为一种形式的异化，即学生们感受不到他们和教育体验之间的联系，并且觉得只能依靠一件外部工具来完成学习任务。海德格尔将技术视为一种能够揭示并塑造人们对世界的理解的手段，他的这个观点也适用于此。ChatGPT 就是一件能够变革教育领域的技术工具，它通过为用户生成思路、提供帮助和自动化完成某些任务的方式，揭示了各种新的可能性。然而，技术以绕开批判性思维、个人参与和深层理解等教育基本要素的方式影响学习过程，这一点引起了师生们的共同担忧。因此，在把技术融入教育的过程中，教育者必须深思熟虑并意图明确，才能确保其融入与教育目标相一致。

2. ChatGPT 无法完成指定的学生任务

在探索 ChatGPT 完成任务或作业的局限性时，本项目的授课教师指出："我先是向学生们展示了如何从期末评估项目的评分标准中获取信息，并将这些信息输入 ChatGPT 以观察 ChatGPT 能完成期末项目的多少内容。接下来，我让学生们对评分标准中的权重做一下了解，并确认哪些要求是 ChatGPT 无

法完成的（例如，ChatGPT 无法为用户提供视觉资料），或是
完成得十分低效的（例如，在分析'大学航空炸弹客案'时，
ChatGPT 仅能为学生提供极为有限的法律语言学相关信息，却
无法提供一手资料以供参考）（TFD）。"该教师还提到了另一
个能说明 ChatGPT 局限性的实例，据她描述："学生们先是阅
读了几篇关于如何撰写结案陈词的文章，而后又要求 ChatGPT
为他们提供撰写结案陈词的建议。他们把这两种来源的建议相
互参照，合并成一份建议清单。接下来，他们又观看了两段视
频，内容是分别出自控辩双方的结案陈词。他们被要求记下双
方陈词中的要点，并和列出的建议清单进行比对。经证明，这
项课程活动是 ChatGPT 无法完成的，因为学生们必须写下他
们从视频中听到的内容来作为例证（TFD）。"该教师还给出
了第三个实例："学生们先是阅读了一篇关于如何通过声学语
音学分析进行醉酒检测的论文，并将其中的要点记录下来。而
后，他们又观看了美国男星约翰尼·德普（Johnny Depp）在
酒醉后发表获奖感言的一段视频，并将他所说的具体内容作为
声学语音学的例证，逐一摘抄在相应的论文要点旁边。由于这
项活动必须由学生们亲自观看整个视频才能完成，所以它也是
ChatGPT 无法插手的任务类型（TFD）。"此外，该教师还评论
说："学生们可以用任何他们喜欢的形式（海报、视频、访谈）
完成他们的期末考核项目。但只有当他们为最终作品配备了可
输入 ChatGPT 的文本时，它才能对照评分标准帮忙审核该作
品。如果输入的是非文本格式的作品，ChatGPT 就无能为力了
（TFD）。"学生们注意到，"ChatGPT 无法对两份与美国涅槃
乐队主唱科特·柯本（Kurt Cobain）有关的自杀遗书进行笔迹
分析"（TFD）。

　　从克里斯坦森的视角看，ChatGPT 的局限性在于它无法完

成用户"雇佣"它来完成的特定工作或任务，如为用户提供视觉资料（即说明性的图片、影像等）、案例的详细数据以及可作为参考文献的一手资料。用户也无法"雇佣"该系统协助完成需要使用（除文本外）其他媒介的任务，比如，ChatGPT 无法回答与视频或海报内容相关的问题。这些局限性都限制了用户利用该工具有效完成预期目标和任务的能力。从布尔迪厄的视角看，ChatGPT 的局限性可能反映了文化资本在用户之间的不平等分配。用户所具备的有效利用 ChatGPT 各种功能的能力——如将 ChatGPT 提供的信息与其他同类信息相互比对或批判性地评价 ChatGPT 的输出内容——都取决于用户本身所拥有的文化资本。充分接触过教育资源并掌握了必要技能的学生可能会从使用 ChatGPT 的过程中获益更多，而那些缺乏文化资本的学生则可能难以充分利用 ChatGPT。这种情况体现出社会不平等和优势再生产在教育环境中所起的重要作用。从马克思主义的视角看，ChatGPT 可以被视为一件由资本主义的利润驱动逻辑所塑造的技术工具。其局限性可能源自成本考虑、效率要求或某些任务较之其他任务更具优先级。这些局限性反映出，能够影响到资本主义技术的因素更为广泛，其中，对利润的追逐和市场需求都可能会损害其输出内容的质量、准确性和全面性。从海德格尔的技术理论的视角看，ChatGPT 的局限性揭示了技术作为一件器具或工具的本质——工具自身的局限性使它无法完全取代人类的各种能力。ChatGPT 无法进行笔迹分析或无法处理那些需要人类感官与背景信息才能完成的任务，工具的这种"无能"恰巧体现了人类的存在、解释和理解在某些教育环境中的重要性。

3. ChatGPT 对各相关方的可能影响

学生使用 ChatGPT 的体验可谓好坏参半。一方面，它能熟练地为学生们完成任务并提供便利。但也有人担心它可能会阻碍学生们对课程的积极参与、对问题的批判性思考以及对知识的独立习得。一些学生还表达了对"过度依赖 ChatGPT"的担忧，认为这种倾向会使他们失去投入学习和拓展思路的热情。此外，人们还担心 ChatGPT 的使用可能会引发技术滥用的问题，如作业外包或助长作弊。这份担心同时也体现出维护评估真实性与培养批判性思维能力的重要性。

对教师而言，ChatGPT 与教育的融合给他们带来了各种新挑战和考虑因素。尽管 ChatGPT 能够出谋划策、建议评分标准、协助完成各种任务，但教师仍必要仔细调整课程评估方式，从而避免冗余并确保与 ChatGPT 的功能保持一致。ChatGPT 对课堂活动的影响也是一个问题，因为它可能会绕过学习过程，阻碍有效教学。要解决这个问题，教师需要重新考虑课堂活动的方法，积极管理 ChatGPT 的使用，确保学生积极学习，而不是仅仅依赖 AI 工具来学习。

此外，各高等院校必须审慎思考 ChatGPT 与教育融合后引发的广泛影响。这意味着学校应随之调整对学生读写能力的要求与成绩评定方式，以提高与考核学生的批判性思维能力和创造力为重点目标。ChatGPT 的成功融合需要透明度、适应性和防止 AI 插手的课程活动。各院校还需制定明确的学业评估和学术抄袭检测政策。为了能在不影响学生学习体验的前提下充分发挥 AI 的优势，平衡 AI 融合带来的利与弊是至关重要的。因此，各院校需为教师提供适当的培训，鼓励他们在 AI 驱动的教育环境中拥抱新的教学方法。

主题六：教育环境中通用型机器人的局限性

本主题探讨了在教育领域使用通用型机器人程序所面临的挑战和存在的不足，主要包括知识空白、学科背景局限性以及特定文化数据库这三个问题。

1. 知识空白

由于 ChatGPT 不会像传统搜索引擎那样抓取网络信息，因此它的一个显著缺陷是只能依赖 2021 年 9 月之前的信息[⊖]。这一点已被我们观察到的以下事例所证实。本项目授课教师指出："我先是要求学生们向 ChatGPT 询问 AI 对庭审案件的影响。之后，我又发给学生几篇最近的论文，要求他们阅读并记录其中有关 AI 对庭审案件造成影响的部分。接着，学生们把自己的笔记与 ChatGPT 的回答进行了比较，并认为他们的笔记内容比 ChatGPT 的回答更为切题。这可能是因为我提供给他们的文章是在 2022 年年底或 2023 年年初发表的，而 ChatGPT 的数据库只更新到 2021 年（TFD）。"本项目的研究员也谈到了一个类似的例子："我对 PICRAT[⊖]矩阵分析很感兴趣，并希望用

⊖ 开智公司于 2023 年 9 月 27 日宣布，ChatGPT 已不再局限于 2021 年 9 月之前的数据。它现在可以浏览互联网，提供最新的权威信息及其来源链接。——译者注

⊖ PICRAT 是一种旨在帮助教师改进课堂实践的教育技术整合模式，它由 PIC 和 RAT 两部分组成。PIC 部分是对"学生与技术的关系"这一问题的回答，即被动性（Passive）、互动性（Interactive）或创造性（Creative）。RAT 部分是对"技术的使用对教师现有教学实践的影响"这一问题的回答，即替代（Replacement）、放大（Amplification）或转换（Transformation）。这六个元素两两组合，可排列为一个 3×3 的矩阵，也就是 PICRAT 矩阵。该矩阵能够综合反映教师、学生与技术之间的相互影响与作用的复杂关系。——译者注

该理论去分析我的一些研究发现。虽然我很熟悉这个矩阵，但它是最近才开发出来的，所以当我向 ChatGPT 询问这个矩阵的相关信息时，它连续三次都提供了错误信息。直到我对此提出质疑，它才最终回复说它对 PICRAT 矩阵并不了解（RFD）。"有意思的是，在我们所掌握的文献中，"知识空白"这一现象并未被提及。因此，我们只好再次向几位理论家求教。

从克里斯坦森的视角看，ChatGPT 在知识方面的局限性会阻碍其充分履行提供准确的、最新的信息的职责。如果用户"雇佣"它来完成与信息相关的任务，他们可能会发现 ChatGPT 过时的知识库无法满足他们的需求。因此，该知识库是限制 ChatGPT 能力的一道枷锁，使它无法有效完成受雇任务。这种对过时信息的依赖可能反映出 ChatGPT 的开发通常以成本效益和效率为优先考量。从海德格尔的视角看，技术作为一种人类造物的本质以及它与生俱来的局限性就变得十分明显。作为一件技术工具，ChatGPT 受限于它的程序设计和训练数据，而这两大要素又决定了 ChatGPT 的知识库和功能。它的知识空白源自于该技术本身固有的局限性，因此其能力也无法超出其设计和训练的范围。该视角促使我们反思人类与技术的关系，并提出了有待我们思考的问题：AI 系统能在多大程度上真正满足人类知识和理解的复杂需求。

2. 学科背景局限性

我们从数据例证中获得的一个突出发现是，ChatGPT 在理解特定学科背景或掌握某些领域的专业知识方面存在局限性。一个学生指出，考虑到证据的可用性，ChatGPT 背后的 AI 可能无法像人类法官那样做出判断，这或许会导致它做出令人质疑的决定（SFD）。同样，另一个学生也表示，如果无法获得适当的信息源，法官（此处指 ChatGPT）可能很难做出准确的裁决（SFD）。

阿尔沙特（Alshater, 2022）也对 ChatGPT 等聊天机器人可能缺乏广泛的专业领域知识（尤其是在经济和金融领域）的状况表示了担忧。他指出，受训练数据所限，ChatGPT 在某些特定领域（在其研究中专指经济和金融领域）可能不具备深厚专业知识，因此无法准确分析和解释这些领域的数据。他由此提醒道，在 ChatGPT 不擅长的领域，用它执行数据分析或研究解释等任务可能会导致错误和不完整的分析。针对该局限性，阿尔沙特建议用户应谨慎行事，充分利用额外的资料或专业知识并动用人工监督以确保准确的输出结果（Alshater, 2022）。不过，他对自然语言处理和机器学习的不断进步持乐观态度，并相信这些进步在未来能强化 ChatGPT 等 AI 系统在特定领域的专业知识。

从克里斯坦森"待办任务理论"的视角看，ChatGPT 未能充分满足用户在某些领域寻求准确判断和深入专业知识的需求。用户希望有一款工具能有效地分析和解释这些领域的数据，但 ChatGPT 却未能完成这一特定的"待办任务"。从学生们对 ChatGPT 的局限性表示担忧这一态度中，我们能明显发现布尔迪厄社会学理论的存在。在特定领域拥有专业知识可被视为一种形式的文化资本。学生们认识到，在进行复杂的判断和分析时完全依赖 ChatGPT 的做法可能不会为他们带来什么好结果。从马克思主义视角看，ChatGPT 在某些专业领域的局限性可能会固化现有的社会结构，在该结构中，这些领域的专业知识和常规知识都深受重视且回报丰厚。依靠 ChatGPT 等 AI 系统完成复杂任务也可能会导致这些领域内的人类劳动力和专业知识遭到贬值。从海德格尔的视角看，ChatGPT 被观察到

的在理解力和专业知识方面的局限性都源自于它的程序设计和
训练数据，而这两大要素也决定了它的功能。作为一件工具，
ChatGPT 只能在它被设计和训练的范围内运行，这就导致它有
时无法满足人类使用的需求。

3. 特定文化数据库

ChatGPT 中"特定文化数据库"的概念是指，ChatGPT 的
访问数据或训练数据都是基于一个偏向于某种特定文化或文化
背景的数据库。而这种数据库会对 ChatGPT 造成潜在束缚，使
它无法针对用户的个人需求做出具有相关性的回复。在 2020 年
的一项研究中，美国麻省理工学院（Massachusetts Institute of
Technology, MIT）已经对此提出了警告：如果 ChatGPT 的训练
数据过于具有文化倾向性，其编码就极有可能存在偏见（Grove,
2023）。虽然我们很难确定 ChatGPT 数据库的具体构成，但
值得注意的是，开智公司和谷歌（现为"字母表公司"）的总
部都位于美国加利福尼亚州，微软的总部位于美国华盛顿州。
这些公司在开发和利用 AI 方面占据主导地位的现状意味着，
ChatGPT 与美国文化乃至西方视角之间可能存在千丝万缕的联
系。因此，这些公司的文化背景和观念都可能会影响 AI 模型的
开发和训练。

对 ChatGPT"文化特定性"的担忧也明确体现在由学
生们提供的数据例证中。一个学生不建议在法学教育中依赖
ChatGPT。因为各国法律各有不同，ChatGPT 很难在法律问题
上提供准确的建议（SFD）。另一个学生则对 ChatGPT 能做出
可靠法律判断的能力表示怀疑，并援引了一个 ChatGPT 将英
国的判例法应用于处理土耳其法律事务并导致了误判的例子
（SFD）。这种情况也在我们之前描述过的一个有关土耳其语中

跨性别代词的例子中出现过，当时 ChatGPT 提供的错误回复就表现出了它的土耳其语只停留在一知半解的水平。

令人惊讶的是，我们为本研究搜集的文献并未明确表达对此类"特定文化数据库"的担忧。不过，沙利文等人（Sullivan et al., 2023）特别提到了其研究的文化局限性，承认他们的研究语料均出自澳大利亚、新西兰、美国和英国的新闻报道。他们还指出了同类学术研究中的文化失衡问题，表示此类研究的参考文献也是以分析西方新闻尤其是出自美国的新闻报道为主。他们将这种文化失衡比喻成"警示旗"，提醒人们在讨论 ChatGPT 等 AI 技术时不能单纯依赖西方的声音和视角。我们认为，沙利文等人的这份担忧也适用于 ChatGPT 的数据库。

从克里斯坦森的视角看，学生们提出的对 ChatGPT 数据库文化特定性问题的担忧，反映出学生"雇佣"ChatGPT 来完成的工作可能与 ChatGPT 本身的功能不匹配。这种不匹配表明，ChatGPT 应不断完善，从而满足特定的用户需求并解决其数据库多元文化背景匮乏的问题。从布尔迪厄的视角看，由于开智、微软和谷歌等几家美国 AI 公司的参与，ChatGPT 必然与美国文化和西方视角脱不开联系。这种文化资本和惯习对 AI 模型训练和运行影响巨大，并可能会将偏见和局限性编码进 ChatGPT。人们对于 ChatGPT 在不同文化环境中所做回复的准确性和相关性表示担忧，这反映出文化资本对 AI 系统的表现造成的影响。从马克思主义的视角看，全球 AI 大权集中于这几家大公司与这些公司的西方文化背景，可能会导致 ChatGPT 对知识和观点的表述存在偏见或局限性。此外，海德格尔的技术观使我们对 ChatGPT 等 AI 系统的本质和影响产生了疑问。人们对 ChatGPT 文化特定性及其局限性的担忧引发了一个有关存在主义的问题：在人类活动中，AI 的作用和责任是什么？此外，这种特定文化数据库为 ChatGPT 带来的限制和潜在偏见也要求我们对 AI 的本质、它对人类知识和决策的影响以及在 AI 开发和使用过程中所需要考虑的伦理因素进行批判性的反思。

4. ChatGPT 对各相关方的可能影响

对学生而言，ChatGPT 的知识缺口和学科背景局限性可能会影响学生对 AI 系统的信赖度，使他们不再盲目相信 AI 一定能为他们提供准确的信息和分析。本项目授课教师和研究员提供的例子也表明，学生发现针对某一特定学科领域的问题，他们自己所做的笔记或所掌握的专业知识要比 AI 的回复更具相关性。这表明学生可能需要批判性地评估 ChatGPT 提供的信息，并用自己的专业知识或其他资源对这些信息加以补充。这也强调了学生不应依赖 AI 系统，而是应该靠自己的努力来获取知识和批判性思维的技能。

教师可能需要调整教学方法，并指导学生在了解 ChatGPT 局限性的前提下对其进行有效的使用；可以鼓励学生质疑并批判性地评估 AI 系统所提供的信息，从而加深他们对学习主题的理解；或许还需要为学生提供最新的资料并组织他们对 AI 技术的局限性进行讨论，从而提高他们对 AI 的认识和洞察力。

此外，高等院校应在 ChatGPT 等 AI 系统融入教育环境的过程中发挥重要作用。作用之一就是为实现"在教育中负责任地使用 AI"制定指导方针和道德框架，从而确保学生们了解 AI 技术的局限性和偏见。高校还应促成跨学科合作并与 AI 业界建立伙伴关系以解决 ChatGPT 学科背景局限性的问题，同时促进具备专业领域知识的 AI 系统的发展。此外，为缓解人们对 ChatGPT 数据库的文化特定性和偏见性的担忧，高校可以通过对 AI 设备的采购、开发和使用促进其文化多样性和包容性。通过将各种文化体系、观点和数据集融入 AI 系统，各高校能帮助这些系统减少潜在的偏见和局限性，从而确保它们能够更好地服务于来自不同文化背景的学子。

在本章中，我们根据本研究的六大主题对 ChatGPT 对学生、教师和高校的影响进行了深入探讨。通过讨论，我们认识到各大学面对 ChatGPT 的到来所应采取的必要行动，其中包括对伦理因素的考量，如评估 AI 检测工具、批判性地评价 AI 文献引用系统、重新定义 AI 时代的"学术抄袭"、培养 AI 伦理方面的专长以及加强大学伦理委员会的作用。这些必要行动还包括与 AI 产品相关的种种事宜，如确保全体学生都能公平使用 AI 机器人，培养与业界的协作，获取或开发教育专用的机器人程序，以及开设"提示词工程学"的相关课程。此外，ChatGPT 还对教育本身造成了诸多影响。比如，处理 AI 对基础学习所产生的影响，利用翻转学习以应对 AI 给教育带来的各种挑战，重新规划课程体系以适应 AI 驱动的未来，提倡采用对 AI 具有抵抗力的评估方式，调整教学方法，利用"提示词库"，以及提升 AI 素养。在之后的三章中，我们会讨论上述研究发现的实际影响，并会把这些影响分为伦理影响、产品相关影响和教育影响这三大类进行逐一讨论。因此，在本章已概述了为应对 AI 的到来所必须采取的基本步骤的情况下，以下三章将会介绍把这些步骤付诸实践的各种实用性方法。

第七章
伦理影响

评估 AI 检测工具

正如本书的文献综述所示，当前的论文都在围绕"大学是否应采用 AI 检测工具来打击抄袭行为"这一话题展开持续的辩论。沙利文等人（Sullivan et al., 2023）讨论了当前各种可用 AI 检测工具，包括开智公司的"开放文本分类器"、论文查重系统"图尼丁"、防 AI 代写软件"GPT 清零"、在线教育平台"霸百科"、自然语言处理开源社区"抱脸"和 AI 作弊检测器"弊必查"。然而，有人对这些 AI 检测工具的精确性和先进性持保留意见。鲁道夫等人（Rudolph et al., 2023）指出，当各种 AI 模型（如 ChatGPT）有可能会通过修改文中句子的方式顺利通过抄袭检测时，再用 AI 驱动的反抄袭软件去检测此类文本的行为实属自相矛盾。同样，特莱利等人（Tlili et al., 2023）表示了他们对 AI 作弊和操控行为的担忧，他们揭示了 ChatGPT 在帮助学生应付论文写作和回答考题方面所起的作用，认为它的帮忙会纵容学生的作弊行为并帮助他们避开抄袭检测。结果就是，学生禁不住诱惑，把作业全权交由 ChatGPT 完成或利用 ChatGPT 规避抄袭检测的情况不断发生，并且由此引发了教师对学生作业真实性的普遍质疑。在这种情况下，教育机构和教育者所面临的紧迫任务就是，制定 ChatGPT 使用准则以防止上述"代笔"和"规避检测"情况的反复发生并规范 AI 工具在教育中的使用。当下的核心问题就是有必要采取健全的措施来打击并预防作弊行为。然而，另一个摆在眼前的关键问题是：上述目标是否能通过使用现有的 AI 检测工具就能达成？最近的研究显示，答案是"不能"。一项于 2023 年 6 月公布、由来自欧洲几所大学的几位研究者所做的研究明确表示：现有的 AI 检测工具都缺乏精确性和可靠性，它们表现出将文本内容归类为人类原创的明显倾向，而不是在检测文本是否由 AI 生成（Williams, 2023）。此前的另一项研究特别指出，非英语母语者会在此类检测中居于劣势。由于他们的英语词汇量有限，较之于英语母语者的创作，他们的文章往往会有更高的概率被误判为"AI 生成"（Williams, 2023）。此外，由美国马里兰大学（University of Maryland）的几位学者进行的一项单独调查表明：一方面，AI 内容检测工具的确会做出误判；另一方面，学生可以利用"AI 改写工具"将原本由大语言模型生成的文本改头换面，轻松规避 AI 检测工具的检查（Williams, 2023）。如此一来，各大学又该如何应对？

为进一步探讨该问题，我校图书馆馆长向几家出品 AI 检测工具的公司提出邀请，请它们派代表来 MEF 大学对自家产品进行介绍。几位公司代表先是展示了其公司的升级产品，而后又通过问答互动环节为我们提供了更多有关此类检测工具的专业见解。据这些代表们宣称，他们都为自家的检测工具添加了可用于 AI 写作检测的各种功能，旨在帮助教育者维护学生的学术诚信和学术公平。这些新增检测功能之一是被并入原创性报告中的"AI 写作指示器"。该指示器会提供一个整体的百分比以表明被测文本由 AI（如 ChatGPT）生成的可能性。此外，它还能生成一份报告，将疑似由 AI 创作的特定片段以高亮显示。几位代表强调，AI 写作指示器的设计目的只是为教育者基于学术和高校政策做出"学生书面作业或论文是否由 ChatGPT 代笔"的判定提供数据支持，而不是直接对学生做出"抄袭行为已证实"的最终判定。他们还特别提醒，不要仅凭该指示器所显示的百分比就采取行动或将其作为最终的评分方法。那么，新问题来了：这种 AI 检测器的工作原理是什么？

AI 写作检测工具的运行方式为：先将用户递交的文件分割成文本段，然后在每个文本段中逐句判断该句是由人类撰写还是由 AI 生成的，并最终打出一个该文件"含 AI 量"的总体估值。传统抄袭检测工具的工作原理是，使用文本匹配软件将用户上传的文章与一个大型数据库中储存的现有文献资料进行比对，并将匹配的内容在文章中高亮显示；与其不同的是，AI 抄袭检测工具是根据 AI 生成文本的特征和模式去对比用户上传的文件，最终结果显示的是用户文件由 AI 生成的可能性或与 AI 生成内容的相似度。由于这些 AI 检测系统都是由某家公司专营的，这种专营性往往会限制其透明度，让教育者或教育机构很难验证其所下论断"该文件由 AI 生成"的准确性和可靠性。这种由 AI 检测工具做出的缺乏具体证据的论断会造成严重影响，尤其是在学生面临抄袭指控和法律诉讼的情况下。因为在资料来源缺乏明确证据的前提下，学生会更难自证清白并进行自辩。

发生在美国加州大学戴维斯分校（University of California Davis）的两起案例具体展示了各大学使用 AI 检测软件时所遭遇的挑战。一起案例涉及一位名叫威廉·考特曼（William Quarterman）的学生，他的教授使用一款 AI 驱动的反抄袭软件"GPT 清零"分析了他的历史课考卷，而该软件判定该考卷是抄袭之作；考特曼由此受到了来自该教授的考试作弊指控（Jiminez, 2023）。尽管考特曼对此予以坚决否认，但教授的指控受到 AI 软件支持，结果就是不仅考特曼的历史成绩被判不及格，他还留下了"学术不诚信"的记录。随后进行的荣誉法庭[○]听证会对考特曼而言也是一场折磨，但他最终证实了自己的清白并被取消了抄袭指控。在一次类似的事件中，一位即将毕业的大四生露易丝·斯代弗思（Louise Stivers）也遭到同样的错误指控（Klee, 2023）。后经调查发现，戴维斯分校所使用的 AI 抄袭检测软件存在一处重大缺陷——该软件只在一个规模有限的数据集上经过训练，因此无法识别学生群体中多样的写作风格和文化背景。这起事件不仅突显出 AI 算法存在文化歧视的问题，还强调了对开发更具包容性的 AI 工具的需求。而在经历错误指控后，斯代弗思积极地与大学合作，力图增强该检测软件的包容性和准确性。她希望自己的努力能推动高校采用一种更公平的 AI 技术评判学生的学术成果，确保该 AI 技术能更好地适应多样化的学生群体，并为抄袭检测提供准确的结果。

因此，是否应在大学中使用 AI 检测工具已成为一个广受关注和讨论的话题。《今日美国》（*USA Today*）的记者凯拉·吉米尼兹（Kayla Jiminez, 2023）在一篇报道中特别强调了几位教育技术专家的建议。这些专家提醒教育者，鉴于作弊检测软件的迅速发展，与其立即对学生采取惩戒措施，不如在指控学生使用 AI 代笔完成作业之前，先让他们展示其完成作业的具体经过。纽曼等人（Neumann et al., 2023）也支持这种做法，并建议可以将"抄袭检查器"和"AI 检测工具"并用，再辅之以人工检查，从而鉴定学生文字作品的原创度。他们还强调，在进行原创度判定时，彻查参考书目与识别 AI 生成内容所具特征的重要性。鲁道夫等人（Rudolph et al., 2023）也

○ 在美国，荣誉法庭是一个学生机构，专门负责审理和处理学术不端和其他违反校规的行为。——译者注

承认反抄袭软件在检测 ChatGPT 生成文本时的局限性，还提出教师应与学生建立互信关系并且采用以学生为中心的教学法和评估法。他们不赞成以一种监管的方式来对待学生，而是强调应"以评促学"和"以评自学"。我们在 MEF 大学正是这么做的。通过调查，我们认为现有的 AI 检测工具无法达到它们预期的设计目的。因此我们建议，与其单纯依赖此类检测工具，不如采用其他方式来评估学生的学习成果，如师生间进行一对一的讨论或完全放弃对学生的写作内容进行评估。我们认为，要解决抄袭问题，可以禁用 AI 检测工具，但应不禁止 AI 技术本身。

细查 AI 文献引用系统

当前，一套 ChatGPT 专用的标准文献引用指南仍有待制定，这给学术环境中的用户造成了较大的麻烦，这些麻烦主要包括两个方面：一是 ChatGPT 并未向用户提供其生成内容的出处（因此无法验证其真伪）；二是在缺乏引文指南的情况下，用户不知该如何引用 ChatGPT 所生成的信息。不过，我们也可以把这些麻烦细分为三个关键问题。其一，ChatGPT 本身并不会为它用过的信息注明出处。其二，用户可能会将 ChatGPT 视为一个搜索引擎，但目前尚无明确的引文标准指导用户该如何引用一个搜索引擎所提供的搜索结果。其三，ChatGPT 可被视为一件能为用户出谋划策并提升写作质量的工具，这就给人们提出了一个问题：在这种情况下，是否还应使用一套引文系统？

为解决第一个问题，研究者们正在为 ChatGPT 开发一个系统，以便确认其信息的出处。鲁道夫等人（Rudolph et

al., 2023）也特别提到过这个方面的显著进展，比如，由开智公司开发的"网页 GPT"模型就能够借助网络信息回答用户的问题，并在回复中提供最新且经过验证的信息来源。此外，像"易搜得"这类 AI 研究助手软件可以帮助用户从在线资料库中查找学术论文并总结学术文献。在 MEF 大学，我们还测试了一款适用于 ChatGPT-4.0 的测试版插件"学者 AI"（ScholarAI），结果令人惊喜。"学者 AI"插件通过连接数个大语言模型（LLM），使得 ChatGPT 能够获取由全球知名科研出版机构斯普林格·自然集团（Springer-Nature）出版的所有学术论文——这意味着 ChatGPT 的用户可以访问一个存储了海量论文与学术研究成果的知识宝库。"学者 AI"插件与 ChatGPT-4.0 的融合还让用户可以直接查询已通过同行评议的相关研究。这些进展旨在通过纳入最新信息和可靠资源以提高学术工作的质量和信度。综上，我们认为开发一个参考文献识别系统的责任在于 AI 产品开发人员，而各高等学府的责任在于时刻关注并了解 AI 技术的最新进展。

至于第二个问题，即缺乏可将 ChatGPT 作为一处信息来源使用的文献引用范例，我们必须指出的是，该问题在当前无解。在撰写本书时，尚未出现专为 ChatGPT 或与之类似的 AI 聊天机器人设计的标准文献引用体系。然而，美国心理学协会（APA）和美国现代语言协会（MLA）等团队都积极投入到此类引文指南的开发工作中，旨在解决对生成式 AI 工具进行引用与恰当使用的问题。在 2023 年春，两家团队都推出了各自制定的临时性指南和范例，为引用 ChatGPT 的生成内容给出了一个起步的方向。不过，在深入探讨 APA 和 MLA 团队做出的具体成果之前，让我们首先理解一下在学术论文中标明参考文献的根本目的。在一篇学术论文中，引用参考文献主要是为了满足以下几项关键目的：第一，引文能让你向原作者或原创者致敬，承认他们所做的贡献和提供的思路。引用文献的举动还可以显示出你对现有研究成果已有所了解，并会在此基础上展开自己的研究。第二，引文能提供出自可靠来源的证据，用于支持你自己的主张和论点。这会增加你的论文的信度，并显示出你的观点不仅依据充分而且受到现有文献的支持。第三，合规的引文能够让读者验证你的论文信息的正确性和可靠性。读者在通过你所提供的参考文献找到原始资料后，就能确认你的论文的学术诚信度，并能对你的研究发现予以信任。第四，通过引文，你还能展示自己的研究技能以及识别可靠的相关信息的能力。它能反映出你对该研究领域的理解，以及你对更广泛的学术对话所做出的贡献。第五，引文还能帮你避免无意识的学术抄袭行为。通过引文，你可以将论文中所引用的信息得体地归功于原作者，表现出你的研究是基于现有知识的基础之上，而不是将其标榜为自己的成果。第六，引文能将你的研究与同领域其他学者的研究联系起来，让学术讨论得以持续进行并影响未来研究的走势，这些都是引文为学术界所做的贡献。总之，引文是学术诚信不可或缺的一部分，能够确保一篇论文是经过精心研究的、可信的，并成为大规模学术对话的一个组成部分。

在了解上述引文目的之后，让我们看一下为全球学术论文撰写规定文献引用与参考文献规范的知名学术机构 APA 对学术论文中引用 ChatGPT 生成内容所提出的建议。APA 认为，当研究论文中含有由 ChatGPT 或其他 AI 工具生成的内容时，作者应当遵循一些特定的规范（McAdoo, 2023）。对此，APA 的具体建议是，如果作者已经在其研究中使用了 ChatGPT 或与其类似的 AI 工具，就应在论文的"方法论"部分或一处相

关的部分解释一下它在论文撰写过程中的具体用途。而对于
文献综述型论文、课程作业型小论文、读后感型小论文和反馈
型小论文，APA 建议作者应在引言部分描述这些 AI 工具的用
法，还应在论文中提供作者使用的提示词以及 ChatGPT 根据
提示词所出的回复——无须提供全部回复的文本，摘取与论述
相关的片段即可。但 APA 提醒，作者们有两点需要注意：其
一，作者与 ChatGPT 的"聊天"是无法被读者检索到的；其
二，尽管在采用 APA 格式的学术论文中，不可检索的数据或
引语通常都会被以文内引用的方式标注为"私人交流信息"，
但 ChatGPT 生成的文本并不包含"人际"交流（McAdoo,
2023）。所以，APA 指出作者从一段"人机"对话中引用
ChatGPT 所生成文本的行为，更类似于和读者们分享一种算法
所输出的内容。APA 由此建议，在这种情况下，作者应将该
算法设计者的名字加入文末的参考文献列表与文内引用的相应
位置，以下是该引用方式在文内引用和参考文献中的一个具体
示例：

> 被输入的提示词为"左脑与右脑的区别是真实的还是只是一
> 个比喻说法？"之后，ChatGPT 生成的回复表示，尽管两个脑
> 半球各有分工，但"把人单纯分为'善用左脑'或'善用右脑'
> 这两类的标记法可被视为一种'过度简化'和'流行的谬论'"
> （OpenAI, 2023）。
>
> **参考文献**
> 开智 . (2023). ChatGPT (3 月 14 日版) [大语言模型].
> https://chat.openai.com/chat[⊖]

[⊖] 英文格式为：OpenAI. (2023). ChatGPT (Mar 14 version) [Large language model].
https://chat.openai.com/chat。——译者注

APA 建议，在一篇 APA 格式的论文中，作者可以选择把 ChatGPT 长段回复的完整文本直接放入文末的一份附录或作为补充资料放在网上并提供可供读者访问的网页链接。APA 指出，这么做可以确保读者们能够访问 ChatGPT 生成的精确文本；但需要注意的一点是，即便输入同样的提示词，ChatGPT 在每一次的对话中都会做出独一无二的回复，所以作者应记录 ChatGPT 所生成的具体文本（McAdoo, 2023）。因此，APA 建议，如果作者选择创建附录或补充资料，应记得在论文的正文部分至少对每一份附录或资料做出一次引用，具体范例如下：

> 输入一个后续提示词"更准确的描述是什么？"之后，ChatGPT 生成的文本指出，"不同的大脑区域进行协作以支持各种认知活动"以及"大脑不同区域的特定功能会随着体验与环境因素的改变而改变"（OpenAI, 2023; 完整文本详见附录 A）。
>
> **参考文献**
> 开智 . (2023). ChatGPT (3 月 14 日版) [大语言模型].
> https://chat.openai.com/chat⊖

APA 还建议，在引用 ChatGPT 或其他 AI 模型与软件时，作者可以遵循 2020 年版《美国心理协会出版手册》◎第 10.10 小节所提供的指导方针（McAdoo, 2023），并特别提醒说，这些指导方针主要是为了引用软件而设计的，并建议论文作者们可对其略作调整，从而使其同样适用于在论文中注明对大语言模型、算法或类似软件的使用。APA 建议，在文末的参考文献列

⊖ 英文格式为：OpenAI. (2023). ChatGPT (Mar 14 version) [Large language model]. https://chat.openai.com/chat。——译者注

◎ 英文书名为：*Publication Manual of the American Psychological Association*。——译者注

表与文内引用中，作者们可对 ChatGPT 的生成内容进行如下标注：

开智 . (2023). ChatGPT (3 月 14 日版) [大语言模型]. https://chat.openai.com/chat[⊖]

括号内引用:（开智，2023）[⊖]

叙述性引用: 开智（2023）[⊜]

现在，让我们逐一检验 APA 的上述建议，并根据学术论文中引用文献的基本目的对这些建议进行点评。这些基本目的包括致敬原创者、支持作者本人的观点和主张、使读者得以验证所引文献的准确性、展示作者的研究技能。

- **ChatGPT 能否通过在论文中标明所用资料出处的方式来致敬原作者或原创者？**

  不能。因为 ChatGPT 自己无法在一篇学术论文中向原作者或原创者致敬。作为一款语言模型，它缺乏确认或引用外部信息资源的能力。因此，向论文所用信息的原作者或原创者致敬的责任应交由研究者来完成。

- **ChatGPT 能否通过引用可靠信息源的方式来支持作者的论点与主张？**

  不能。ChatGPT 只能基于其输入信息对用户询问做出回复，尽管这些输入信息中可能包含对信息或数据的引用，但它只能根据它从训练数据中学到的模式生成文本回复，却并没有能力验证它可能会提及的信息的信度与可靠性。因此，研究者应独立验证

───────

⊖ 英文格式为：OpenAI. (2023). ChatGPT (Mar 14 version) [Large language model]. https://chat.openai.com/chat。——译者注

⊖ 英文格式为：(OpenAI, 2023)。——译者注

⊜ 英文格式为：OpenAI (2023)。——译者注

与引用可靠来源的信息以支持其论点与主张。

- ChatGPT 能否通过为论文提供参考文献原始出处的方式来验证信息的准确性与可靠性？

    不能。ChatGPT 不具备为参考文献提供原始出处的能力。如果由 ChatGPT 生成的信息被用于研究，发现与引用该信息原始出处的责任应由研究者承担。

- ChatGPT 能否通过对相关且可靠信息的引用来展示其研究技能？

    不能。作为一款语言模型，ChatGPT 不具备展示研究技能的能力或恰当引用参考资料的能力。因此，无论是进行彻底研究还是引用相关且可靠的信息，两者都属于研究者的职责。

- ChatGPT 能否通过提供引用信息的出处并在论文中致敬原创者的方式来避开无意的抄袭行为？

    不能。尽管 ChatGPT 可能根据输入信息做出回复，但它没有能力确认或防止无意间的抄袭行为。因此，确保对文中所用信息进行恰当引用并且向该信息原创者致敬的责任，还是应该由研究者来履行。

- ChatGPT 能否通过引用现有研究，以及把论文研究者的工作与同领域其他研究者们的成果联系起来的方式来为学术界做出贡献？

    不能。尽管 ChatGPT 能够根据输入内容为用户提供信息，但它不具备引用现有研究或为同领域的不同研究工作建立联系的能力。因此，研究者应独立完成文献综述并对相关研究工作进行引用，从而为丰富学术话语做出贡献。

   对上述所有问题的回答都是一句斩钉截铁的"不能"。尽管我们认可 APA 所做的善意尝试——为如何引用 ChatGPT 的生成内容提出建议、以解决学术诚信问题，但我们认为该机构的建议与我们在论文中引用参考文献的目的并不相符。如果引文目的是为了让读者获取并验证一手资料，那么APA的建议与该目标并不一致。这些引文建议只能表明作者在论文写作中使用了ChatGPT并以此体现作者的学术诚信，但却无法为读者提供任何实际价值。基于这一点，我们认为ChatGPT就其目前的表现而言更像是维基百科（Wikipedia），即一件可作为研究起点的实用工具，但并不是一处能让研究者获得可靠研究资料的信息源。因此我们认为，为确保研究效度，ChatGPT应被视为一块可为研究者生成思路的"跳板"，借助这块跳板，研究者就能找到能支持他们思路和写作的一手资料。因此，研究者与其引用ChatGPT，不如直接引用他们已核查过的信息，这样才能为读者提供有价值的信息。

现在，让我们面对第三个问题：如果ChatGPT被用作一件拓展思路和提升写作的工具，那是否还有必要为"一件工具"专设一套引文系统。为使该问题更容易理解，我们探讨了MLA提出的引文建议，具体地说，就是如何在ChatGPT作为一件写作工具的情况下，对它生成的内容进行引用。据MLA建议，第一，每当作者使用一款生成式AI工具进行改写、引用或为其论文加入由AI工具生成的任何内容（文本、图像、数据或其他格式），都应对该AI工具进行引用；第二，作者应在论文的注释、文本或其他合适的位置，承认他们对AI工具的一切功能性使用（如编辑文章或翻译单词）；第三，作者还应仔细审核ChatGPT所引用的二手资料（《我是如何在MLA论文格式中引用生成式AI的？》[⊖], n.d.）。在之前的讨论中，我们已经发表过对MLA第三点建议的看法。如果作者需要验证

⊖ 英文标题为：*How Do I Cite Generative AI in MLA Style*? ——译者注

由 ChatGPT 引用的二手资料，那还不如在文内引用和在参考
文献中直接使用那些已获得验证的信息资料，这么做会对读者
更有帮助。不过，我们仍需探讨 MLA 建议引用 ChatGPT 等
生成式 AI 工具的前两种情况——用 ChatGPT 进行内容改写或
将它用于如编辑文章或翻译单词等功能性的用途。然而，我
们在实践中应如何对 ChatGPT 在这两种情况下的操作进行引
用？为了解决这个问题，让我们首先讨论一下 ChatGPT 在本
书撰写过程中的使用情况。显而易见，由于我们引用的论文和
文献大多都是 2021 年 9 月之后才出版的，而 ChatGPT 的训练
数据也正是截止在同时间段，这意味着 ChatGPT 并未被我们
当成一款搜索引擎来使用。不过，它在我们的研究过程中起到
了重大的作用，这些作用都被一一记录在面向研究者的日志当
中，并成为本书内容的一部分。尽管我们已经讨论过 ChatGPT
在研究方法论中的作用并在第六章中进行了举例说明，但我们
现在要重点讨论 ChatGPT 为本书的写作过程做出了哪些贡献。
为了说明 ChatGPT 提供的全部帮助，我们再次借助布鲁姆分
类法所提供的框架，梳理并总结了我们在撰写本书时最常用的
ChatGPT 指令。

- 记忆
  - 重写该段以提高其连贯性。
  - 略微缩短该小节以增加其可读性。
  - 总结该论文提出的主要论点。

- 理解
  - 用更简单的语言描述该文本的主要观点。
  - 改写该论文的内容。
  - 缩短该文本，但保留其核心概念。

- **分析**
  - 一评估该理论的优缺点，并提出强化其要点的方法。
  - 一通过该理论家的视角分析该本文。
  - 一评估该论点的有效性，并提出改进建议，使其更具说服力。

- **评估**
  - 一批判性地评价该文本的表意是否明确，并重新措辞使其更易理解。
  - 一评估该小节的影响，并在保留其说服力的前提下将其改短。

- **创造**
  - 一为该文本提供一个更简洁的版本，同时保留其核心含义。
  - 一简要总结该章内容，同时保留其主要发现。

我们是否对上述所有使用 ChatGPT 的情况都在书中进行了引用？答案是否定的。我们之所以这么做是有原因的。正如我们在研究发现部分所讨论的，ChatGPT 必须经过多次迭代操作才能生成用户预期的回复。这就提出了一个问题：我们应该把 ChatGPT 的每一次迭代操作进行引用，还是只引用它的最后一次操作即可。此外，ChatGPT 是我们在撰写本书过程中的一款常用工具。如果依照 MLA 的建议，把每一次对它的使用都进行引用，那本书的长度可能是现在的五倍，并且大部分内容都是参考文献列表，这对读者并无益处。考虑到引用参考文献的目的之一是为读者提供帮助，MLA 的建议似乎并不符合该目的。实际上，作者把 ChatGPT 的每一次使用都列入参考文献，类似于数学家把他们每次使用计算器的操作都进行引用，这种引用方式明显是不切实际的。同样，人们也不觉得应对 Grammarly 等 AI 写作工具的使用在论文中进行如此详尽的引用。重新回到刚刚那个数学方面的例子，需要注意的是，尽管包括 ChatGPT 在内的 AI 聊天机器人被比作"词汇计算器"，但我们认为这种观点有些过于简单化。与计算器不同的是，AI聊天机器人具备超出基础任务能力之外的高级功能，其中一些已到达布鲁姆认知分类法中较高的层次，如应用、分析、评估和创造。因此，此类机器人能够完成通常被视为"作者专属"的任务。这又引发了一个疑问：AI时代的"作者"该如何定义。

在AI时代，作者这一职业角色呈现出一种全新的特征，AI模型现已能够完成传统上被视为人类作者"独有统治领域"的各种任务。这使人类创造力和AI辅助能力之间的界限变得模糊，并引发了有关"人类能动性是否会在写作过程中丧失"的担忧。这种"能动性丧失"的现象不仅已被美国好莱坞编剧为抵制AI编剧而进行集体罢工的事件所证实，还预示着大量工作岗位流失的风险。完全依赖AI进行写作的主要隐患之一在于AI严重依赖之前的输入数据，因而有可能会扼杀新想法、新发展和新创意。为避免此类问题，我们认为AI时代的作家需要接纳"人机协作法"，以便充分利用人类智能和人工智能的优势。AI不会取代人类作者，而是会成为作者手中的一件利器。作者们现在有机会利用AI工具来增强写作过程中的方方面面，如思路生成、内容组织、语言润色等。通过把重复且耗时的任务转交由AI完成，作者可以更加专注于雕琢引人入胜的叙事，进行有深度的分析，表达独树一帜的见解。他们还应积极保持批判性思维能力和原创能力，从而确保AI助理只能为他们的创造性表达锦上添花，但无法取而代之。我们认为，要成为一位AI时代的作家，最终需要在"充分利用AI技术所提供的机会"和"在写作过程中保留人类的创造力和原创力"之间保持平衡。这正是我们在本书中所做的。然而，在人类作家和AI之间找到这个平衡点不仅是一项重大挑战，还将以尚未完全实现的方式影响写作的未来格局。

重新思考 AI 时代的"抄袭"

在本章中，我们主要围绕着各种 AI 检测工具进行了探讨，重在揭示它们面对 AI 生成内容时的无能为力。此外，我们还考察了新制定的 AI 聊天机器人（如 ChatGPT）引用指南并指出了其中的不足之处。这些无能和不足引出了一个问题：如何在这些新挑战下应对抄袭现象。但必须承认的是，在 AI 时代，由抄袭所构成的新挑战对学术界而言并不陌生。多年以来，随着各种新技术的层出不穷，同样的情况一再发生，继各种"作业／论文代写"网站的兴起之后，最明显的一次挑战是由 2001 年维基百科面世所引发的。这些事件要求教学机构重新调整它们对学术工作和研究范式的理解。现今，AI 代办工作已成为一件无法避免的事实，大学也必须随之调整其相关规章、期待和看法，从而适应这些技术突破的到来。但我们在对此进行深入讨论之前，必须先理解"抄袭"的核心概念。

使用他人的成果或想法却并未对原创者给予恰当的认可并意图将其据为己有的行为就构成了"抄袭"。抄袭的具体形式主要包括：将一份资料的内容直接复制粘贴到自己的文本中，却并未注明其出处；对他人作品进行与原文差别不大的改写，甚至是把他人作品原封不动地当成自己的原创作品上交。包括学术界和新闻界在内的许多领域，都将抄袭视为一种有违学术、行业伦理的严重行为。然而，抄袭并不总是一种故意的行为，它可能会意外发生，尤其是如果涉嫌抄袭者：①缺乏应有的谨慎或对抄袭行为的构成一无所知；②不了解进行文内引用、改写、列出参考文献的正确方式。但现在的学生一般都熟知文内引用和撰写文末参考文献列表的正确方式；也经常会选择使用各种"抄袭检测器"软件来审核他们自己的文字作品并根据检测结果进行必要的修改。然而，AI 聊天机器人的面世使局面复杂化了。目前，尚未出现一套被普遍接受的"AI 生成内容引用指南"，各种 AI 检测工具的可靠性也饱受质疑。如果将抄袭定义为"使用他人作品或想法，但却未对原创者给予应有承认的行为"，那么当该"作品"的创造者是一款人工智能而不是一位人类时，这个定义该如何调整？这种理念上的根本转变模糊了人们对"抄袭"概念的传统理解，并催生了一个"盗用"人工智能工作成果的概念。毕竟，人工智能和人类不同，它们并不具备一个可识别的作者身份或是一个人类身份。有趣的是，其实 AI 聊天机器人生成的全部信息也都是通过"盗用"得来的，它们并未将这些信息归功于其原创作者。因此，一道难题就这样摆在我们眼前：如果把学生们使用了 AI 却并未对它进行引用的行为视为"不符合伦理的"，那 AI 使用他人信息却从不注明出处的做法又算什么？正是这道难题使我们现在不得不疲于应付关于"我们该如何在文内引用和文末参考文献中注明 AI 的存在"的各种挑战。

纽曼等人在他们 2023 年的研究中承认，目前尚有几个悬而未决的问题有待进一步的探讨，如："由 ChatGPT 生成的文本应被视为一种潜在的抄袭？""我们该如何引用由 ChatGPT 生成的文本？""ChatGPT 生成的内容在全文中占据多少比例是可被接受的？"但他们也意识到，还有许多其他问题将不可避免地陆续出现。除却上述考量因素，考虑到当前状况，特别是 AI 的固有问题，即它们不会为自己所生成信息提供出处，上述这些问题都有些不切实际。与其寻找这些问题的答案，还是探索其他可替代的策略更为有益，比如，设计出让抄袭问题难以发生的学生作业，我们将在第九章对此进行重点讨论。再比如，我们可能需要大力培养人们的 AI 伦理素养，这也是充满前途的研究领域。

培养 AI 伦理专长

谈及"合乎伦理的学术实践"，其核心在于学术诚信。学术诚信由一整套指导原则和管理办法组成，旨在为学术界培养诚实之风和符合伦理的行为。作为学术界的道德指南或伦理规范，学术诚信包含诚实、信任、公平、尊重、责任等价值观。从实际角度看，学术诚信体现在学生和教师都能够自我约束，远离抄袭、作弊、捏造或篡改数据等不诚实的行为。相反，他们应该拥有自己的学术成果、认可他人的学术贡献，并尊重学术界的每一位成员。维护学术诚信的目标是营造一个培养求知欲和促进智力成长的环境，同时确保每个人的成果都能获得认可和重视。学术诚信有力地保障了教育体系及其所生成研究的品质与可靠性。然而，正如上文讨论的，AI 的新进展和教育环境的融合为我们带来了诸多的复杂挑战。因此，学术诚信的概念也应随着 AI 技术的突破而同步发展。包括沙利文等人（Sullivan et al., 2023）在内的许多专家都主张，应加大对 AI 伦理素养的培养力度。这意味着面对这一颠覆性技术所带来的种种挑战和机遇，学术诚信的基本原则也应随之调整。但究竟什么是"AI 伦理素养"？

AI 伦理素养可被概括为"用户在使用 AI 技术的过程中应用各种伦理考量因素和原则的能力"。这一概念强调，用户要做出明智决策，应充分理解 AI 系统的复杂性、强项和局限性。同时，AI 伦理素养还包括用户应对源自 AI 使用的潜在伦理问

题有所警觉，如偏见、透明度问题、隐私泄露和责任认定。AI
伦理素养的核心在于批判性思维，批判性思维能够鼓励个人对
AI 应用过程中可能引发的各种情况提出质疑，如 AI 的用途、
成效、潜在危害、不平等问题等。AI 伦理素养还包括负责地使
用 AI、尊重个人权利与隐私以及鉴别 AI 应用可能有害或不合
伦理的情况。此外，AI 伦理素养还包含倡导性与行动性，积极
拥护那些合乎伦理的 AI 实践与规则，同时强烈反对有害的 AI
应用。随着 AI 技术的持续发展与对各领域的渗透，培养 AI 伦
理素养的重要性也愈发突显。该素养仿佛一道屏障，确保 AI
技术的使用是合乎伦理与负责任的，并且在支持公平和透明度
的同时维护人权。我们将在第九章从对师生进行 AI 素养培训
的角度对该话题进行更为深入的讨论。不过，解决此类 AI 使
用伦理问题最合逻辑的起点，很可能还是要依靠各高校已建立
的伦理委员会。

加强大学伦理委员会的作用

本书在第二章探讨了 AI 伦理的快速发展，并着重强调了
随着生成式 AI 系统的兴起，解决公平、偏见、伦理等问题已
成为当务之急。人们对 AI 系统尤其是对话式 AI 和图像模型存
在的歧视和偏见的高度担忧，已引起学者们对 AI 伦理问题展
开研究。然而，正如我们所见，各方已采取积极措施以应对此
类问题，如相关研究的增加、AI 业界的参与、各种以"AI 系
统的公平性与偏见"为主题的学术会议和小型研讨会的召开
等。经过讨论，学术界和业界都认为"可解释性"与"因果推
断"是解决 AI 歧视问题的关键。与此同时，与 AI 相关的隐私
问题也引发了有关"隐私保护"的讨论。此外，人们还对"生

成式 AI 会如何使用不透明的监控数据"表示担忧，因为这会
引起版权问题以及与创作者相关的问题。随着 AI 与社会的联
系日渐加深，它所涉及的伦理问题的范围也在日益扩大，我们
有必要对它进行技术方面之外的周密监督。鉴于伦理问题的复
杂性，我们认为应扩宽大学伦理委员会的职责范围。传统上，
伦理委员会一直重点关注人类研究与医学伦理，但它现在应扩
大其职权范围，以涵盖与"AI 在教育领域的应用"相关的方
方面面。我们认为，伦理委员会的职责应包括：①评估学生数
据隐私、算法偏见、透明度、人类与 AI 的互动等问题。②确
保 AI 系统在教育环境中的透明度，评价 AI 生成内容的包容
性，并落实学生数据使用的知情同意原则。③引领学者们对
"AI 在教育中的伦理影响"展开研究，其影响主要涵盖三方面，
即 AI 支持的学习、AI 教学内容中的偏见、AI 对学生的整体影
响。在学术领域外，AI 造成的更广泛的伦理问题还包括隐私权、
同意权和知识产权。使用 AI 工具来处理学生作业需遵守各种
法律法规，如欧盟制定的《通用数据保护条例》(*General Data
Protection Regulations*, GDPR)。研究者和学生在使用 AI 的过
程中还会遭遇各种伦理困境，引发诸如学术诚信、AI 产出内容
的所有权归属等问题。在所有权问题当中，由 AI 系统生成信
息，尤其是涉及产品开发或专利创造等原创领域的信息，其所
有权归属问题对我们构成了极为复杂的挑战。上述这些错综复
杂的伦理考虑因素无一不在强调大学伦理委员会在引领 AI 融
入教育和研究领域的过程中所起到的关键作用。该委员会应为
其职责扩张而制定一套警觉性、适应性和稳健性兼具的伦理规
范，从而确保 AI 伦理的进步，并同时维护隐私、公平和知识
所有权的价值。

第八章
产品影响

确保对机器人的公平使用

确保大学内对 AI 聊天机器人的公平使用是避免在学生之间出现一道数字鸿沟的关键因素。在 MEF 大学，我们已经通过如数字平台、慕课等其他应用软件有效地解决了类似的问题。我们的策略就是，由大学出面，购买或获得可供全校学生使用的在线学习资源，由此成功达成了教学资源"公平使用"的目的。现在，我们准备将该策略延伸到 AI 聊天机器人。但必须指出的是，开智公司目前还没有为高校专门开放 ChatGPT 服务，这使我们不得不另寻出路。我们目前正考虑的一种可能的解决方案是为每一位教师购买付费版的 ChatGPT-4.0。该方案将会使教师能够把他们和 ChatGPT 的特定聊天互动以链接的形式分享给学生，从而提高学生的课堂参与度。然而，ChatGPT-4.0 的一个现有使用限制在于，它通常回复用户提问的时间以小时计，这可能会影响它在某些特定环境中的整体表现。尽管为教师购买 ChatGPT 的个人付费账号并不是一个理想的永久性解决方案，但在开智公司为大学等机构用户开放服务之前，或是直到我们考虑为本校各学院购买或开发该学院专用的机器人程序之前，也只能用这个临时方案过渡一下。

我们也对微软推出的"必应"（Bing）搜索引擎进行了考察。微软已经在它的"边缘"（Edge）浏览器和必应搜索引擎中都融入了 ChatGPT 技术，让用户可以通过手机应用和语音指令就能获得受 AI 支持的使用体验。此外，微软开发的聊天机器人"必应聊天"（Bing Chat）也集成了 ChatGPT，在该扩展语言模型的支持下，用户能够与"必应聊天"自然互动并收到它所做出的与真人回复相差无几的答复。尽管"必应聊天"的各项功能都已逐步推出并且现已广泛普及，但我们大学更喜欢谷歌的服务，这就让"谷歌方案"更适合我校采用。谷歌推出的聊天机器人"巴德⊖"是一款与 ChatGPT 类似的 AI 聊天机器人产品。不过，巴德胜在能够从网上搜集信息。它还兼具编码、解数学题以及写作辅助等功能。巴德于 2023 年 2 月被推出，受谷歌研发的 PaLM 2 语言模型支持。它最初使用的是谷歌开发的聊天模型 LaMDA，而后更换为 PaLM 2 以获得更好的表现。巴德能支持多语种用户使用，还能在回复中包含图像。尽管具备上述功能，但巴德自发布起就遭到了批评。用户们发现，它有时会给出错误信息，在表现上也逊于 ChatGPT和必应聊天这两款竞品。为了解决这些问题，谷歌用 PaLM 2 取代了原本支持巴德的语言模型 LaMDA。PaLM 2 是谷歌基于其早期模型（如 LaMDA）开发出的一款升级版语言模型。它在训练技术和模型架构上都有所提升，在理解和生成语言方面展现出了更优秀的整体表现。我们已经在 MEF 大学激活了谷歌巴德以供全校师生使用。就在撰写本书时，我们也正在评估它是否能够成为解决"教学资源公平使用"问题的一种可用方案。

为找到一个最佳解决方案，我们一方面与几家业界知名的大语言模型公司保持接洽，力争与它们达成一个专属于我校的

⊖ 在 2024 年 2 月，谷歌已将"巴德"更名为"双子座"（Gemini），实现了其聊天机器人产品的升级与品牌重塑。——译者注

服务协议；另一方面，我们也正在抓紧测试巴德的有效性。但必须承认，如果我们的双份努力在下学年开始前依然未见成效，我们还会启动一套应急预案。首先，教师会在课程开始时对学生们开展一次调查，以确认哪些学生已经注册了 AI 聊天机器人或工具并乐于和其他同学分享。而后，教师可以将有 AI 工具资源的学生和没有资源的同学相互搭配，将全班分为若干组，从而达成在课堂公平使用 AI 资源的原则。这个方法还能带来更多的好处。如果我们的教育重心是在以学生为中心的课堂上培养学生们的协作参与能力，这种鼓励学生分析 AI 工具的做法就能有效避免当学生单独与自己的 AI 机器人互动时可能会涌起的孤独感。相反，这种分析工具使用的做法可能会促进学生们的集体参与和合作学习。还有一点也不能忘记，就是总能找到一款可作为备选的开源语言模型。目前可供选择语言模型包括开智的 GPT-3.0，谷歌的 BERT、T5 和 XLNet，以及脸书的 RoBERTa。

开展与各行业的协作

我们认为，为帮助学生更有准备地去迎接一个以 AI 为主导的世界，大学应积极与各行业展开协作，通过对 ChatGPT 和 AI 机器人所带来的种种机遇进行逆向分析来把握各行业在 AI 进步驱动下不断发展的技能需求和工作要求。基于这些发现，大学应重新评估其现有的单门课程与课程体系，使课程设置与就业市场不断变化的需求保持一致。这一评估过程应包括两个环节：第一，确认哪些是与 AI 相关的关键技能；第二，思考如何将这些技能融入不同学科。此外，大学还可以开设多门新课以应对 AI 技术所创造的新兴机会。最理想的情况是，此类课程的开设是以解决现实世界中的行业问题为核心，学生选课的目的就是努力发现这些问题的解决方案，而该方案则是课程期末成绩评定的一个组成部分。南佛罗里达大学就是这么做的，校方与其行业伙伴共同开设了一门课程并大获成功，其毕业生获得了极佳的就业机会和高薪安置（《有效的高等教育》[⊖]，2023）。这种高校与行业间的合作也为更多的学生提供了在该行业内各家公司实习的机会。再则，大学可以通过研究确认各行业所用的 AI 聊天机器人类型，并以此做出关于是否应为各院系购买或开发学科专用机器人的明智决定。这种做法将确保毕业生都能在该 AI 机器人的帮助下掌握他们所选领域的专业化知识与技能，从而为进入由 AI 驱动的就业市场做出更好的准备。但需要注意的是，采取这种逆向工程法需要持续不断的努力。大学必须持续评估行业趋势，与行业伙伴密切协作并聘请 AI 专家，从而确保其课程与所用 AI 工具都能与时俱进，紧跟技术进步的节奏。

购买或开发专门用途的 AI 机器人

尽管我们当前正在积极地寻找解决方案，以确保我校全体学生都能平等地使用一款通用型 AI 聊天机器人，但这只是一项临时措施。我们所做的研究显示，碍于其专业知识数据库和文化数据库的有限性，通用型 AI 机器人可能无法满足我校的教学需求。因此，各大学还剩下两种可行的选择：要么投资一款学科专用的成品机器人（又名"订阅用户专享[⊜]"机器人）；要么

⊖ 英文标题为 *Higher Education That Works*。——译者注
⊜ 订阅用户专享（Walled Garden）英文本义为"围墙花园"，指仅限订阅用户访问的（网页）资源或信息。——译者注

选择一款空壳机器人，并对其进行能满足学院与学科特定需求的适当调整。这两种选择方案各具优势，各大学和院系应根据自身的特别需求和喜好，经审慎考虑后自行选择。我们先来了解一下用户专享型机器人。

"用户专享型 AI 模型"是 AI 产品中的一个独特分支，与从互联网数据海洋中汲取养分的普通 AI 模型不同的是，用户专享型 AI 受训于精心编排的数据集（Klein, 2023）。由于它有可能为师生提供更可信、可靠的 AI 工具，这种专门用途的 AI 模型在教学中更具实用性（Klein, 2023）。显然，在用户专享型 AI 的支持下，能对当前教育问题发表精准洞见的聊天机器人才得以创建。此类 AI 在教育领域具有多方面的优势：其有限的数据集最大限度地降低了生成错误或误导性回复的风险，从而提高了其生成内容的可靠性；其开发者为业界知名机构，这不仅能让师生产生信任感，还保障了其回复的准确性与可信度；其可塑性支持个性化互动，从而能够满足独特的教育需求（Klein, 2023）。然而，该选择也并非完美无瑕。用户专享型 AI 属于定制型开发，其成本可能会高于通用型 AI。此外，其回复的准确性取决于训练数据的质量，因此必须避免此类 AI 可能因训练数据质量欠佳而生成偏见，从而确保其输出内容的公正性（Klein, 2023）。因此，尽管此类 AI 模型具备成长为一款优质教学工具的潜力，但我们必须细致了解其开发和使用，并对其利弊进行反复权衡（Klein, 2023）。当前的用户专享型 AI 包括生物 BERT（BioBERT）、科学 BERT（SciBERT）、临床 BERT（ClinicalBERT）、金融 BERT（FinanceBERT）、医疗 BERT（MedBERT）、化学 BERT（PubChem AI）、专利 BERT（PatentBERT）和法律 BERT（LegalBERT）。如它们各自的名称所示，每一种 BERT 模型[一]都是为了某个专门领域定制的。这些专门用途的 AI 语言模型都是经由精心编排的数据集一丝不苟地训练而成的，它们所用的数据集也都与其各自领域相一致。因此，它们所擅长理解和生成的内容也都与其所属专业领域的特有主题相关。通过满足生物医学、科学研究、临床文献、金融、医学、化学、新药开发、专利分析和法律事务等不同专业领域的独特需求，这些模型可以为专业人士和研究人员提供一件宝贵的工具，用于完成那些需要深刻理解特定主题信息的任务。但值得注意的是，此类专业化语言模型的长处和局限性是并存的。其局限性在于，在处理那些需要一个更广泛、更具多样性的知识库作为支持的任务时，此类模型可能无法发挥最佳性能。

除购买专门用途的机器人外，另一种可解决"教学资源公平使用"问题的选择是先购买一款"空壳机器人"或一款预训练语言模型，再对其进行适合特定学科的微调。此处的"微调"是指使用特定领域的数据集对一款预训练语言模型进行再培训，使其能够更好地理解该领域的需求。与从零开始训练一款语言模型相比，该微调过程有助于用户节省时间和资源，因为这些预训练模型已具备扎实的语言理解基础。在此基础上进行微调，该模型就能更适合完成特定领域的专业任务。然而，成功的微调不仅依赖于特定领域数据集的可用性和质量，还需要微调者具有机器学习和自然语言处理方面的专业知识，如此才能达到最理想的调整结果。几款开源预训练语言模型可以作

○ BERT 全称为"基于变换器的双向编码器表示"（Bidirectional Encoder
Representations from Transformers），是一种由谷歌公司开发的大语言模型，
它通过预训练和微调的方式，让计算机能够理解和生成人类语言，从而实现
自然语言处理的目标。——译者注

为微调专业限定型机器人的起点。当前流行的模型，如 BERT、XLNet、ALBERT、T5 GPT 和 RoBERTa，均由知名的大机构开发，经微调后能够完成各种自然语言处理任务。这些模型构成了稳健的基础，经过相关数据集的训练即可适用于专门领域。不过，考虑到 AI 领域的高速发展，各大学有必要持续关注语言模型的最新发展动态，从而发现能满足其教学目标且与时俱进的开源语言模型。

在各大学考虑有关 AI 机器人的决策时，最好先与各院系进行商讨。无论是选择一款全校通用的机器人，还是购买一款学科专用预训练机器人，再或是选购一款有待微调的空壳机器人，关键在于让各利益相关方都参与到决策过程中。正如之前所讨论的，各院系应积极主动地考察其专业相关行业的现状以确认该行业所用的聊天机器人，并由此推导出最适合于本院系的机器人类型。当然，我们也理解并不是所有学校都有财力去负担这种做法。在这种情况下，我们建议财力不足的院校可以去研究一下免费的开源工具，这也是能让全体学生公平使用 AI 机器人资源的一种可行性备选方案。"开放源代码社区"本就致力于促进源代码的公平使用以及确保数字工具的人皆可用。通过对这些开源工具的使用，各大学即便预算有限，仍能为学生们提供与 AI 机器人互动的平等机会。关键是要帮助学生们养成一种符合学校价值观和教学目标的协作态度，从而最终提升全体学生的学习体验。

提供提示词工程学课程

作为对提示词工程就业市场显著增长的回应，各大学应积极主动地为全体学生提供提示词工程的课程。提示词工程是一个通过创建有效提示词使 ChatGPT 等语言模型生成预期回复的复杂过程。该操作需要使用者全面了解一个语言模型的长短板，这样才能创建出为内容生成、代码补全等具体应用定制的提示词。提示词工程的从业者应牢固掌握 AI 语言模型的架构，深入了解其处理文本的机制，并熟知其固有的限制因素。具备了这些基础知识，就能够有策略地构建提示词，从而使语言模型生成既准确又与语境相关度高的输出内容。作为一个涉及多个方面的过程，提示词工程包含了多种要素。第一，从业者应善于使用各种预训练模型生成文本，并能根据特定任务要求对这些模型做出改动。这种"语言模型精通"的能力有助于从业者有效地筛选出能令语言模型生成预期内容的提示词。第二，创建能令语言模型做出连贯且高相关度回复的提示词是一项细致入微的工作，涉及语境的细微差别、指令的明确性、措辞的复杂性以及对多轮对话的管理。第三，控制语言模型的输出内容也极为关键。这种控制可以通过提供明确指令、使用系统消息以及训练语言模型能根据特定关键词做出反应等技巧来达成。这些技巧好似导航工具，引导语言模型按照预定的方向生成输出内容。能有效地将 AI 回复中可能存在的偏见或敏感之处降至最低的提示词也属于负责任 AI 互动的一个组成部分。提示词工程也具有伦理功能，能够确保 AI 生成的内容属于公正且不存偏见的信息。提示词工程的迭代包括提示词尝试、提示词生成结果评估、提示词完善这一整套流程。这套流程的动态循环能促成预期结果的达成，应不断微调提示词以使 AI 聊天机器人有最佳表现。第四，要将提示词工程用于内容创建、代码生成、文章总结和翻译等各种任务，就必须调整提示词，使其与各项任务的独特语境相一致。提示词工程的这种适应性可确保提示词经微调后，能够令 AI 机器人生成与语境相关的准确输出。就本质而言，提示词工程是一种集合了 AI 技术专长与语言技巧的综合性技法，能够优化人类用户和语言模型间的互动，令语言模型做出正确且符合预期语境和预期目标的回复。

在了解到为学生提供提示词工程课的重要性后，我们于 2023 年 9 月通过 MEF 大学基于大型开放在线课程（MOOC）的项目，为全体学生提供由美国范德比尔特大学（Vanderbilt University）在 Coursera 平台上开设的一门课程 "ChatGPT 提示词工程"（White, 2023）。

在本章中，我们广泛讨论了将 AI 聊天机器人融入教育领域的四个关键环节：大学必须保障学生对此类聊天机器人的公平使用；大学应与各行业展开协作以了解毕业生所需掌握的就业技能和工具；大学应对专门用途 AI 机器人的购买或开发做出全局性的决策；大学为学生提供 "提示词工程" 课的意义。在接下来的第九章，我们将深入探讨 AI 聊天机器人进入校园对教育产生的各种影响。

第九章

教育影响

AI 对基础学习的影响

在本章中，我们将深入探讨调整课程体系、评估方法和教学策略以适应 AI 时代的重要性。此处的一个核心问题是 AI 对基础学习[一]的潜在影响，我们的研究成果以及沙利文等人（Sullivan et al., 2023）的论文都强调了这一点。与所有技术一样，ChatGPT 对学生学习的影响也是好坏参半。但我们主要关注它对基础学习的显著影响。我们通过研究发现，在基础学习领域，ChatGPT 存在几处值得认真思考的隐患。隐患一：如果学生在生成内容、答案和想法时过度依赖 ChatGPT，可能会有碍其批判性思维能力和解决问题能力的发展，从而潜在导致作业的原创性降低以及有效综合信息的能力下降。隐患二：如果学生养成了借助 ChatGPT 完成作业的习惯，那么他们自主理解与研究问题的动力可能会减弱，从而会导致浅层学习[二]和对

[一] 基础学习（Foundational Learning）是终身学习的基石，一般包括基本的读写技能、算术技能、可用于完成其他任何工作的可转移技能（如沟通技能、时间管理、批判性思维、领导能力、团队合作能力等）。——译者注

[二] 浅层学习（Surface-level Learning）这一概念是由瑞典学者弗伦斯·马顿（Ference Marton）和罗杰·萨尔乔（Roger Saljo）在一篇发表于 1976 年的论文《学习中质的区别：结果和过程》（*On qualitative differences in learning: I. Outcome and process*）中提出的，与"深度学习"相对应。浅层学习是指在外力驱动下，采用简单记述、重复训练和强化记忆的方式习得新知识的学习形式。——译者注

基本概念的掌握有限。隐患三：如果学生过度依赖 ChatGPT，他们和同学、教师的人际互动就会大幅减少。而这种互动对于促进深度学习、开发重要社交技能是至关重要的。隐患四：如果学生持续依赖 AI 进行交流，其语言和交际能力都会受到负面影响。长时间接触 AI 生成的内容可能有损学生的连贯表达能力和参与有意义对话的能力。隐患五：如果在内容创作的过程中，学生完全依赖 ChatGPT，自己却半分贡献全无，其构思原创论点和想法的能力也会逐渐弱化。在完成写作或解决问题等创造性任务时，对 AI 的过度依赖可能会抑制学生与生俱来的创造力，因为他们已经愈发习惯于直接采用 AI 生成的样本和观点。就此我们必须指出，写作不仅有益于创作，也有益于学习——后者通常被称为"以写促学"（Writing-to-learn）（Nelson, 2001）。这一概念源自建构主义理论，强调人类的知识和交流都具有生成性。无论从个人认知的视角看，还是从更广泛的社会视角看，写作与学习之间的动态关系都包括挑选、组织和关联（Nelson, 2001）。纳尔逊的论文《以写促学》（*Writing to Learn*）（Nelson, 2001）讨论了写作在四个方面表现出的关联性，分别是想法间的关联、文本间的关联、作者间的关联以及学科间的关联。她还阐明了"以写促学"法的两个主要理论依据。一是权威性依据，即通过写作掌握学科知识、成为该学科的权威；二是真实性依据，即在学术领域，学习内容和写作规范是相辅相成的。这强化了写作在学习中的重要作用。沙利文等人（Sullivan et al., 2023）的研究同样强调了学习与写作的关系，尤其是写作对理清思路的作用。可以说，写作是巩固知识的一件有力工具，因为用自己的语言总结、改写或解释概念能增强作者的理解力和记忆力。写作还有助于培养批判性思维，因为学生需要在写作过程中分析、评估并综合信

息，提高他们组织连贯思路和用证据支持论点的能力。写作还
能鼓励学生进行自我反思和自我评估。自我反思能帮助学生复
盘学习经历、确认自身优势并设定提高目标。自我评估则有助
于他们发现自身不足和需要进一步探索的领域。此外，写作还
能培养创造力和表达力，为学习者提供一个深入了解自身想法
和情绪的平台，并建立起与写作主题的深刻联系。在各个学科
的学习中，写作有助于推进问题解决、研究和分析——通过撰
写研究论文、案例研究和课程论文，学生们能够提高他们构建
解决方案和做出合逻辑论证的能力。写作还能加强交流技能，
使学习者能够在不同的专业领域娴熟自如地表达思想。此外，
写作还有助于加强长期记忆。记笔记、创建学习指南和练习写
作都是巩固记忆的有效方法。将写作与图表、多媒体等其他学
习手段相结合，可以促进多样化学习，多途径地提升理解力。
写作还能促进元认知，使学生有能力监控自己的思维过程、评
估自己所做的决定、探索其他替代观点。再者，写作还能对语
言水平产生积极影响，学生可以通过规律的写作练习提升其在
语法、词汇和句子结构方面的水平。

　　考虑到写作在学习过程中的关键作用，人们不免担心，那
些能代替人类完成大部分写作任务的 AI 工具，是否会对上述
通过写作才能获得或增强的个人能力产生负面影响。首先，过
度依赖 AI 生成的内容可能会削弱学生的批判性思维能力。完
全依赖 AI 的建议和反馈可能会妨碍学生对材料的深入理解及
其独立分析技能的发展。尽管 AI 工具能够出色地生成结构化
内容，但它们也可能会扼杀学生的创造力和原创性，从而导致
标准化与重复性的写作。过度强调语法准确性和遵守语法规则
可能会打消学生们在写作中进行尝试和冒险的念头，阻碍他们
探索自己独特的写作风格。不仅如此，严重依赖 AI 工具还可

能会助长技术依赖，削弱学生解决问题和进行学习的独立性。最后，单纯重视使用 AI 工具生成结构出色的书面内容可能会使学习过程本身受到忽略。学习不仅仅包含了最终结果，也包含了贯穿教育过程始终的认知参与、探索与成长。这就引出了一个问题：如果这种基础学习阶段缺失的情况继续下去，会产生什么影响？

基础学习的缺失会造成显著且深远的影响。作为知识形成阶段，基础学习构成了学习者获取高阶知识和技能的基础，该阶段的缺失会对学生学业之旅和事业前途的方方面面都产生影响。基础学习为学生提供了日后理解复杂学科所必需的基本原理。缺乏通过基础学习所打下的坚实基础，学生可能很难理解各种高级概念，对一门学科的掌握也只能浮于表面。各种高水平课程通常都建立在基础知识之上，而缺乏基础知识不仅会有碍于学生们在高等教育阶段取得成功，还会使他们不堪重负。此外，基础学习还有助于培养学生的批判性思维、分析技能和有效解决问题的能力。该阶段学习体验的不足可能会妨碍学生信息分析、决策制定、问题解决等能力的发展。通过基础学习打下的扎实基本功还有助于提升学生的适应能力，使他们能够从容面对新信息和不断变化的环境；而缺乏基础训练，同样的信息和环境就会变成他们需要艰难应付的挑战。再者，大多数职业岗位都会要求应聘者牢固掌握基础概念。因此，对基础概念缺乏了解的学生，恐怕会在日后的求职面试、工作任务和事业发展中频频碰壁。此外，过度依赖 ChatGPT 等 AI 工具可能会有碍于学生进行独立思考和批判性思考，并最终会抑制他们的创造力、问题解决能力和原创能力。在基础学习阶段，学生的语言能力、交流技能、连贯表达个人想法的能力也会得到培养——这些都是达成有效的口头交流和书面交流的必需技能。

基础学习环节的缺失可能会导致学生知识缺口的不断扩大，从而削弱他们学习的信心和动力。基础学习还能培养学生的研究技能和收集可靠信息的能力。不具备这些技能的学生可能难以独立发现学术资料并评估其可靠性。除了学业，教育还能助益个人成长、激发求知欲、培养从各个角度看待和处理问题的作风。基础学习的缺失则可能会剥夺学生的这些体验。为防止出现这些不良后果，教育应以扎实的基础学习为先。这就要求我们创建出能适应 AI 融入的课程体系、评估方法和教学模式。但具体该如何操作呢？

以翻转学习应对 AI 挑战

人们担忧，学生可能会因 ChatGPT 融入教学而无法掌握本应在基础学习阶段习得的基本技能，如读写、算数、可转移技能等。为除却这份担忧，我们认为可以求助于翻转学习等现代学习方法。纽曼等人（Neumann et al., 2023）和鲁道夫等人（Rudolph et al., 2023）都认为，应对 AI 负面影响的有效方法就是将它纳入各种现代教学方法，并特别指明翻转学习就是一套适合融入 AI 的教学法。鲁道夫等人指出，在翻转学习的课堂上，课堂任务的提出（即教学过程中支持基础学习发展的部分）是由师生面对面完成的，并且形式以多媒体任务和口头陈述居多（2023）。因此，他们认为采用翻转学习法能增加反馈和修正的机会，从而支持基础学习。鲁道夫等人也指出，ChatGPT 能支持翻转学习中的一个要素——体验式学习。他们建议，学生应通过由 ChatGPT 支持的游戏式学习和以学生为中心的教学法，积极探索各种问题解决方案（2023）。此外，鲁道夫等人还强调 ChatGPT 可能会提高翻转学习中的另一个内在要素——协作与团队合作。他们建议，应在教学环节中添加小组活动，由 ChatGPT 为这些活动生成能鼓励学生们以合作方式解决问题的各种情境，从而在学生间培养团队精神和相互支持的风气。因此，鲁道夫等人着重指出，与其将 ChatGPT 视为一件破坏性极强的工具，不如将其潜能用于教育转型，但这种转型应通过翻转学习这种现代教学手段来实现（2023）。基于自身经验与上述文献的支持，我们认为，翻转学习是教育者创建可适应 AI 融入的课程体系、评估方式和教学实践的一个有效起点。

在本书第五章"研究方法论"的第一小节"研究背景"中，我们介绍了 MEF 大学的教师在创建翻转课堂时所推荐的三个阶段。该三阶段教学设计以"追求理解的教学设计"（UbD）的教学框架为核心，还融入了"布鲁姆分类法""以评促学、以评自学、学习评估"以及"加涅九事件教学模型"这另外三种教学框架。在该小节中，我们还描述了如何通过这四种教学理念框架建立起一套连贯的"课程、评估与教学"体系，从而实现有效学习。但在 AI 加入后，这套体系会出现什么变化？依照 UbD 框架，教师的课程设计可分为三个阶段，第一阶段为确定预期的学习成果（课程设计），第二阶段为确定可接受的学生习得知识的证据（考核评估），第三阶段为制订教学计划（教学实践）。因此，为了让教与学都能适应 AI 技术的融入，我们将在以下三小节中对每个阶段逐一梳理，并将各阶段可能出现的问题一一列举并予以解答，从而对"在教学过程中该如何融入、何时融入 AI"这一决策过程进行具体的指导。

面向 AI 时代的课程

在我们推荐的翻转学习三阶段教学规划法中，让我们先从
UbD 框架指导下的第一阶段"确认预期的学习成果"谈起。虽
然我们已经在第五章中对该阶段进行了详细说明，但为了表达
清晰，我们会在此简要重温一下该阶段的各项要素。在第一阶
段，教师应制订"教学目标"，并通过捕捉课程中最为基本和
持久的概念构建出对课程的"持久理解"。在此基础上，教师
可接着创建课程的"基本问题"，从而引导学生进行探索并培
养其批判性思维能力和问题解决技能。基本问题有两种类型：
一种是综合型，通常适用于更广泛的主题；另一种是专题型，
通常只关注特定主题。在确定课程目标、持久理解和基本问题
之后，下一步就是明确"学习成果"。这一步骤将以布鲁姆分
类法为指导，根据要求将学习成果依照认知水平由低到高的顺
序一一排列。这一结构化的步骤能确保教师开发出既有助于加
深学生理解，还能指导教师进行有效教学的学习成果。不过，
考虑到 ChatGPT 等 AI 聊天机器人的出现，我们认为有必要重
新考察第一阶段的这四个方面（教学目标、持久理解、基本问
题、学习成果），从而判断它们是否会受到 AI 技术的影响。

"持久理解"代表着一门课程具有持久价值的核心知识，
因此不会因 AI 技术的进步而发生太大改变。同样，课程"基
本问题"的设置以培养学生的批判性思维为目的，即便在 AI
的影响下也可能会保持不变。然而，AI 领域的高速发展促使
我们更为仔细地去审视一门课程的"学习成果"，从而判断我
们原本设定的成果是否仍适合当下这个由 AI 驱动的世界。为
了进一步研究这个问题，现以与本研究密切相关的"法律语言

学"课程为例，让我们重新审视原本设定的"学习成果"之一，同时也是期末课程考核的第一个"学期项目"——"就一桩现实案件中所涉语言的某一特定方面撰写一篇模拟结案陈词，并证明其合理性"——以判断该成果与评估项目是否仍符合 AI 时代的要求。当我们把该学期项目的评分规则输入 ChatGPT，ChatGPT 即刻就生成了该项目的大部分答案，这样一来，学生本人几乎不需要做出任何额外贡献，就取得了课程所要求的一项"学习成果"。因此，这样的学习成果设定虽然曾经对现实世界的律师工作是有价值的，但在 AI 能力的冲击下，可能已经失去了它原本的意义。在学生们未来的职业生涯中，他们必然会使用此类 AI 工具帮助他们撰写结案陈词，ChatGPT 就是一件完成此类任务的有用工具。不过，在法律领域，当庭说出结案陈词并证明其合理性仍是至关重要的。这意味着我们可能需要在学习成果的设定中更重视口头陈述而不是书面表达，还意味着我们可能需要调整该学习成果的部分措辞，将其改为"就一桩现实案件中所涉语言的某一特定方面撰写与陈述一篇模拟结案陈词，并向现场听众证明其合理性"。

根据以上这个实例，我们建议教师最好能基于 AI 的各种功能，对现有课程的各项学习成果进行重新评估。而检验一项学习成果是否仍具有现实意义，只需提出一个关键问题即可判断，该问题是："该学习成果对 AI 驱动的真实世界是否仍然有用？"如果答案是肯定的，那么该学习成果可以保留不变。如果答案为"否"，我们建议课程的任课教师重新评估保留该学习成果的必要性。在这种情况下，正如我们在第八章中建议的，课程教师可以和该课程相关的行业展开协作，对 AI 技术冲击下该行业所需的工作岗位进行分析，而后据此调整该课程的学习成果。

为进一步理解有关第一阶段的各种关联和影响，我们用下面的流程图（见图 9-1）说明持久理解、基本问题、学习成果与 AI 之间的相互关系，从而指导我们在 AI 的影响下做出明智决策。

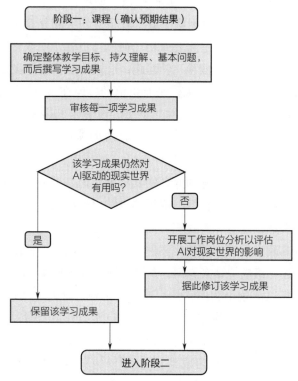

图 9-1　AI 环境中重新评估学习成果的决策流程

可适应 AI 的评估策略

正如我们在文献综述中所讨论的，在 ChatGPT 时代，有些大学选择使用传统考试的方式来避免因 ChatGPT 引发的各种问题。然而，沙利文等人（Sullivan et al., 2023）反对这种完全依赖考试的做法。他们认为教师应重新布置评估任务，让它们很难由 AI 代为完成；同时，评估任务还应是个性化的，能够评估学生的批判性思维。由于我们采用的翻转学习教学法本身自带各种现代的评估方法，我们也赞同他们的观点。因此，我们就来到了翻转学习设计的第二阶段。在该阶段，教师应确定"评估证据"，即学生通过该课程的学习应掌握哪些知识和技能。教师在第二阶段还会提出以下问题：如何确认学生是否已取得了预期成果？要证明学生已理解并有能力在新情境中运用（迁移）其课程所学知识，什么是我们可以接受的证据？我们如何以公平、持续一致的方式评价学生的表现？（Wiggins & McTighe, 1998）。教师在第二阶段主要使用的两种评估类型是"表现任务"和"其他证据"。表现任务要求学生在新的真实情境中运用其所学知识，从而检验他们是否真正理解并能运用这些知识。表现任务并不是为了日常课程而设置的，而是在一个教学单元或一门课程结束时对学生的最终考核。此外，表现任务的设计不仅应包含贯穿学期始终的三种评估方式［学习评价（AoL）、以评促学（AfL）、以评自学（AaL）］，还应遵循"GRASPS 六要素"的指引［目标（Goal）、角色（Role）、受众（Audience）、情境（Situation）、表现 / 产品（Performance/Product）、标准（Standards）］。

期末表现任务

设置期末表现任务的主要目的是整体评估学生在某一特定时间点的表现。尽管这种评估可以在课程授课期间定期进行，但它通常会出现在课程收尾的时候，也就是期末。然而，AI（尤其是 ChatGPT）的面世给我们出了一道难题——在 AI 可轻松完成各种评估的情况下（据我们观察，它通常可以做到），教师如何才能准确评判学生真实的学习成绩？而由此可能会导致的连带影响包括：①教师难以判断学生是否已经达到了学习下一门课程或升入下一学年的基本水平；②如果学生成绩的可靠性有了水分，那么将成绩作为用人或录取标准的雇主和研究生院对大学体系本身的信任也会大打折扣，这将会导致学历贬值并最终使大学名存实亡。那我们究竟该怎么办？我们应该抵制ChatGPT在大学的使用，还是该打击学生使用ChatGPT作弊的行为？我们对这两种行为皆持否定态度。那么，究竟该如何应对"AI影响下学生成绩失真"的问题？为了回答这个问题，让我们再次回顾一下来自"法律语言学"课程的案例研究范例。

在ChatGPT推出之前，本项目任课教师采用了MEF大学推荐的与翻转学习相配套的备课方法，将"GRASPS六要素"用于设计期末表现任务以评定学生的学习成果，设计出的任务是"就一桩现实案件中所涉语言的某一特定方面撰写一篇模拟结案陈词，并证明其合理性"。她为该任务设计的具体指令（同时也是评分标准）如下：

> 你将扮演诉讼案中的辩方或控方律师，通过当庭发表一份结案陈词使案件中的被告被无罪释放或被定罪。台下听众将扮演法官和陪审团。表演场景为：你将在庭审末尾进行结案陈词。作为一场表演，你需要创作一份结案陈词，并分别以书面形式和录音演讲的形式呈现。评分标准为：结案陈词中应包括案件回顾、证据回顾、相关故事与类比、能让陪审团支持己方当事人的论据、攻击对方立场的论据、能总结己方观点的结语以及案件的视觉证据（照片、录像等）。

在任课教师为该评估方式撰写的任务说明中，每一条评分标准的权重都是平均的。正如我们在第五章中提到的，为测试出该表现任务原定的评分标准对 ChatGPT "代笔"的防御水平，任课教师将上段任务指令连同相关案例一同输入 ChatGPT，并密切观察其输出结果。结果令人惊叹不已。ChatGPT 即刻就为每一桩案件都生成了绝大部分的结案陈词，内容几乎涵盖了评分标准的方方面面。但她也发现，ChatGPT 在提供与法律语言学相关的细节证据时表现不佳；此外，尽管它无法生成与案件有关的视觉资料，但能够为其配图提供建议。乍一看，ChatGPT 的强大表现似乎让该评估任务的大部分内容变得毫无意义，但任课教师从中意识到了 ChatGPT 作为一件工具对学生未来职业的宝贵价值。她因此决定，学生仍可以使用 ChatGPT 完成该任务，但前提是解决 ChatGPT 在完成任务时贡献过高的问题。为此，教师对评分规则进行了修改，主要是调整了各评分点所占的权重，为 ChatGPT 无法完成的部分配置了更高的权重，而它游刃有余的部分则被削减了权重。具体来说，就是调高了"证据回顾"和"提供视觉证据"部分的权重。而在"证据回顾"中，较之于完全依赖由 ChatGPT 提供的二手资料，学生引用自己找到的一手资料会拿到更高的分数。任课教师还意识到，依照她原本设计的表现任务"就一桩现实案件中所涉语言的某一特定方面撰写一篇模拟结案陈词，并证明其合理性"，学生需要用书面证据来证实其论点，而在现实的法庭辩论中，律师们都是通过"唇枪舌剑"当庭证明其论证的。因此，她决定在学生播放完其结案陈词的视频后，新增一个学生间的问答环节。这样一来，教师可以根据学生向其他同学所提的问题，以及他们回答他人问题时的表现，再给出一个问答表现评分。这部分的评分权重也自然高于那些 ChatGPT 所能完成的部分。在反思她为 2022—2023 学年春季学期的"法律语言学"课程重新设计的期末任务及其评分标准时，任课教师对学生的任务完成情况十分满意。但她发现，在学生们交上来的结案陈词视频中，大多数学生都在直接读稿——但这是真实庭辩中不可能发生的情况。因此，任课教师计划在下一个学期的授课中，让学生们（以在线同步的方式）进行现场陈述，从而提高学生们的公共演讲技能，让他们无法继续依赖"读稿大法"混过这一环节。此处需指出的一点是，如果任课教师按照上文第一阶段的建议，依照图 9-1 所示流程仔细分析她之前设定的课程学习成果，并据此对该期末表现任务进行修订，这种读稿问题根本不会出现。

在设计一项期末表现任务时，另一个需要考虑但并未在我们的案例研究中出现的关键要素是：让 ChatGPT 等人工智能参与完成任务的某些部分，这么做可能会有益于学生未来的职业发展，但却有碍于学生当下的基础学习。在这种情况出现时，教育者该如何应对？对此，我们的建议是给学生创建一个封闭的环境，让他们不被允许也不可能使用 ChatGPT 或其他 AI 聊天机器人。这就涉及在一个被严密控制或无法使用网络的环境中进行评估。如果期末评估是以写作的形式进行的，这一点尤为重要。更好的评估方式是，教师应选择对那些重视实际操作的技能、实践性实验、涉及触觉的任务进行考核，因为这些领域恰恰是人工智能—— ChatGPT 等高阶 AI 也不例外——的天生短板。这些评估均需要学生本人到场和亲自操作，这样就屏蔽了 AI 的插手。因此，此类评估方法都能有效防御 AI 代笔，从而促进学生对知识的真正理解和实际应用。

基于上述讨论，我们设计了决策流程图以供教师在 AI 环境下设计期末表现任务时进行参考（见图 9-2）。

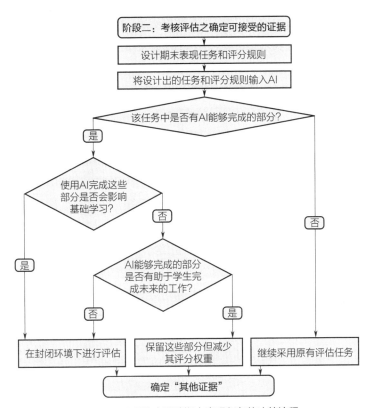

图 9-2　AI 环境中设计期末表现任务的决策流程

　　在创建期末表现任务时，我们建议教师以出自 UbD 教学框架的"GRASPS 六要素"为指导进行设计。我们认为，该方法有助于任课教师将真实生活中的场景融入评估任务，这一点尤为重要，因为在完成此类"现实向"任务的过程中，学生们能掌握未来工作所需的基础技能。不过，一种更有利于学生的评估方法是我们在第八章曾提到过的教师与行业展开合作，共同确定一道真正的行业问题，将其作为期末表现任务的核心。这个方法不仅能增加考核的真实性，还能让学生直面各行业的现实挑战，从而为日后的就业做好更充分的准备。作为教师，我们设计期末表现任务的主要目的是为学生提供应对人生挑战所需的工具。通过在大学课程中解决未来工作中的实际问题，学生们将会更好地把握住即将到来的工作机会。

课前测试

在本小节的第一条中，我们探讨了 AI 环境下"期末表现任务"的设计问题。但在 UbD 教学框架第二阶段的规划中，教师除了要确定"表现任务"的内容和要求，还需要决定使用哪些"其他证据"来评估学生的学习情况。在翻转学习中，能够评估学生的"其他证据"之一就是课前测试（AfL，"以评促学"）。因此，我们先在此重温一下实施课前测试的步骤。在课前或在线自学阶段，课程的每个单元都是以对关键术语的概述或介绍开头的。而后，学生们会参与一项能评估他们理解力的先验知识⊖活动。接下来，学生们会以观看视频或阅读资料的方式，了解课程的基本概念。教师通常会以简短的课前测试（AfL）的方式确保学生按要求完成了课前预习，并在上课前掌握了必要基础知识。学生在提交测试答案后，会收到系统自动反馈的评分和标准答案。根据我们的经验，这些反馈会为学生学习课前材料带来动力。然而，由于 ChatGPT 具有做出快速回复的能力，这就将此类课前测试的"预习监督"作用化为乌有，因为学生无须预习教师所布置的课前材料，仅靠 ChatGPT 的帮忙就能完成测试。这种情况会带来两种隐患。其一，如果学生选择走 ChatGPT 这条"捷径"，他们就规避了学习过程。

⊖ 在教育心理学领域，先验知识（Prior Knowledge）是指一个人在学习某一特定主题之前所拥有的所有相关知识，简单而言，就是一个人的知识储备。——译者注

其二，课前测试的结果是教师手中的一件利器，有助于他们评估学生对课前自学内容的掌握情况。学生在课前测试中的表现可以反映出哪些预习内容是他们已正确理解的，哪些是他们有所误解的，哪些又是他们无法理解的。因此，通过课前测试，教师能够精准把握学生的"痛点"，并通过即时指导为学生查缺补漏，从而做到因材施教。但如果学生没有自己完成课前测验，这种自适应的教学策略就变得毫无意义。那么，我们该如何解决这个问题呢？

我们认为，解决该问题的关键是修改问题类型。教师可将原本的封闭式问题替换为开放式问题。比如，让学生描述他们预习所学知识的现实应用。再或者，教师可以在课前评估中融入一些在线互动元素，如小组讨论或辩论，从而增进学生间的协作与观点分享，这也是 ChatGPT 无法复制的能力。这类个性化问题不仅能够培养学生的高阶思维，还能防止他们对 ChatGPT 的过度依赖。然而，由于在线教学系统的自动反馈功能仅适用于给封闭式问题打分，此类开放式问题往往需要教师亲自评阅，这就增加了教师的教学负担，尤其是在他们进行大班教学时。因此，教师需要在个性化考核与灵活评分之间尽力保持平衡，目标是兼顾学生对预习内容的积极投入与教师对工作量的有效管理。解决课前测试由 ChatGPT 代笔的第二个方法是将线上测试转为线下测试，让学生们在每节课的最开始于教室内完成测试。采用该方法后，学生需要在课前认真学习预习资料并做好笔记，这样才能答出课堂测试的问题。为确保 ChatGPT 无法轻易参与这一答题环节，教师可以利用"可互课"（Kahoot）、"智力计量仪"（Mentimeter）等互动型测试工具为测试设定时间限制。这些工具不仅能快速处理信息，还能为教师提供每位学生答题情况的数据，便于教师用作打分依据。第三个避免 ChatGPT 插手预习评估测试的有效方法是让学生制作各种能够展示他们对预习内容理解的视觉材料，如思维导图、流程图、概念图、时间线、维恩图（Venn diagram）、条形图、信息图、故事板或带标签的图表。这些活动的用处在于，它们既能提高学生对所学主题的记忆和领悟，还能培养学生的可视化表达能力，从而提升他们对知识的整体理解。此外，这些活动还能极大地激励学生在课前钻研预习内容，并积极利用视频创作来增强对这些内容的理解。另外，教师可以在一节课开始的时候就收取这些视觉作业，作为日后给学生打分的依据。如果是在线课程，学生们还可以把他们手绘的图表以照片的形式发给教师以供评估。这样一来，评估就变得更为全面，能够激励学生进行深度学习与创造性表达。但必须认识到，在课堂环节进行课前测试的做法存在一个问题。该做法缩短了"课前"的时间起止，没给教师留下足够的时间去确认学生对预习材料的不同掌握程度，以及为学生提供有针对性且实时的辅导。在这种情况下，教师只能在课堂上随机应变，进行实时调整。为展示教师在设置课前测试时应当经历的决策过程，我们特别制作了以下决策流程图（见图 9-3）。

以评自学（AaL）

除了确定期末表现任务和课前测试，UbD 教学框架下的第二阶段还包括对"以评自学"（AaL）的测试方式进行规划。因此，让我们先简单重温一下"以评自学"测试包含的具体内容。在教学中，"以评自学"强调的是通过评估来优化学生的学习过程。与传统的"教学后评估"不同，"以评自学"将评估融入学习过程的始终，强调学生通过各种评估测试进行自我评价与反思，从而了解自身的优缺点，并在此基础上进行自主

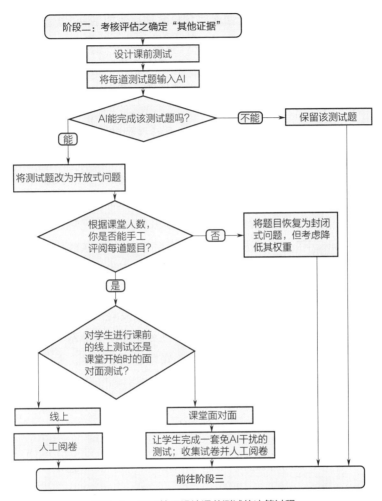

图 9-3　AI 环境下设计课前测试的决策过程

学习、设定学习目标和调整学习策略。"以评自学"通过目标
设定或个人反思等活动，让学生能够自我衡量他们对知识的理
解程度，找出困惑所在，并将新旧知识联系起来，以此培养元
认知和独立学习的能力。这种评估方式不仅能推动学生积极参

与学习活动，进行自我管理和自我激励；还能培养出积极填补自身知识缺口、将挑战视为成长机会的主动型学习者。此外，"以评自学"还可以使学生掌握学习的主动权，丰富对知识的理解，并培养终身学习所需的各种技能。然而，ChatGPT 的出现会对此产生怎样的影响？

ChatGPT 实时反馈功能的一个潜在优势在于，它能帮助学生立刻发现其学习上的薄弱之处。然而，完全依赖 AI 生成的反馈可能会导致浮于表面的自我评估，学生只是采纳 ChatGPT 的建议，却可能无法把握自身学习中存在的更深层问题。同样，在帮助学生掌握学习主动权和设定学习目标方面，ChatGPT 也会有所贡献。它能引导学生根据自我评估的结果来制定个性化的学习目标和策略。然而，在这方面过于依赖 ChatGPT 可能会导致对个体学习体验的忽视，以及对个人学习目标设定的阻碍。ChatGPT 提出的启发性问题能够激励学生深刻反思，但单纯依赖 AI 生成的反思可能会抑制学生自我反思能力的真实提升。解决这些潜在隐患需要采取一种平衡的手段，即在充分利用 AI 各项长处的同时，不忘培养学生的各种基本技能。比如，ChatGPT 的实时反馈能为学生提供及时的自我评估，但学生应对 AI 生成的见解进行批判性的分析和补充，从而加深自我认识。尽管 ChatGPT 能够支持学习目标设定，但学生在制订目标时的自主权也必须得到坚决维护。平衡依赖 AI 生成的反思与个人反思也是保障学生真实成长所必需的。总之，当学生"以评自学"的自我评估方式与 ChatGPT 所生成的评估建议相互影响时，将发挥 AI 优势与培养学生基本技能相融合的"平衡法"才是促进学生整体发展所必需的。

在完成了对"在 ChatGPT 时代建立可适应 AI 的评估体系"的调查后，我们坚信，以上所提的种种策略都是切实有效的。

不仅如此，我们还认为这些策略还会带来额外的好处。将评估性考核贯穿于学期始终的做法（以下简称"过程考核"）有助于减少教师在期末时的忙碌，防止学生以作弊或抄袭的方式"走捷径"，并激励学生创作出独创性与意义兼备的作品。日常更少的作业量也能增强学生的自信，并鼓励他们进行有意义的学习。此外，过程考核还能加速师生间的反馈循环。来自教师的持续指导使学生能够记录学习进度，发现不足之处，并始终与自己的学习目标保持一致——最后这一点是仅依靠期中和期末考试所无法做到的。我们的方法能将学生反馈无缝地融入其学习过程，通过反复循环的学习周期[○]推动学生技能的持续提高和他们对知识的深刻理解，从而实现高效学习。此外，我们认为采取这种评估方法能让我们的毕业生更好地适应现代世界的种种挑战，而忽视适应性则可能使他们对瞬息万变的世界毫无准备。有趣的是，教育专家们多年来也一直都在倡导"教育应适应社会需求"，我们相信 ChatGPT 可能正是实现这一改变所需的动力。但我们也无法否认，大学入学考试、教育认证机构乃至各高等教育部门目前都尚未跟上变革的步伐。因此，我们认为大学应担负起领导责任，积极倡导各方面的教育变革，让我们能够共同赋能学生，使他们具有在由 AI 主导的世界中获取成功的能力。

为迎接 AI 时代而调整教学

现在，让我们讨论 AI 对教学规划的第三阶段"制订教学计划（教学实践）"的影响。首先，我们还是要在此简要重温

○ 学习周期（Learning Cycle），又译"学习环"，是由美国教育理论家大卫·科尔布（David Kolb）所提出的体验式学习理论的核心概念。——译者注

一下第三阶段的相关知识以助理解。在 UbD 教学框架中，该阶段的重点是设计出与第一阶段所设定的教学目标相一致的学习体验。以下关键问题是该阶段的引导：我们应如何支持学生理解重要知识点？我们应如何帮助学生做好自主迁移其所学知识的准备？学生需具备哪些知识和技能才能有效完成学习任务并取得预期成果？为达成学习目标，最适合的教学活动、教学顺序和教学资源是什么？（Wiggins & McTighe, 1998）从期末表现任务起，本项目任课教师就确认了课程中的关键知识点和技能，再将它们拆分到各个教学单元以引导学生逐一掌握。此后，教师再根据"加涅九事件教学模型"精心设计每个单元的具体内容和安排。因此，我们将在此重温一下我们为适应翻转学习法而重新排序的"九事件"。我们的方法涉及以下要素。课前的在线预习阶段应包括：单元概述、关键术语介绍、先验知识活动、重要概念介绍（通过视频或论文）、课前测试（以验证学生是否认真完成课前预习）。课堂阶段应包括：承上启下 / 复习课前预习内容的过渡活动、以学生为中心的结构性课堂练习、以学生为中心的半结构性课堂练习、以学生为中心的课堂自由练习，以及自我反思（即每节课 / 单元末尾的"以评自学"，可在课上或课下进行）。

在本小节中，我们仔细梳理了教学中可能会受到 ChatGPT 影响的组成部分，以及我们所能采取的各种应对措施，从而避免 ChatGPT 对学习成果产生负面影响。不过，由于我们已经在上一小节"可适应 AI 的评估策略"中详细讨论了"以评促学"（AfL）的评价方式在课前测试中的使用，在本小节中，我们关注的重点会转移到对课内活动的探索。在我校所采用的翻转学习法中，教师通常会在一节课的最开始安排一个复习环节，让学生通过重温课前的预习内容来巩固对本节课先导内容

的理解。该环节结束后，课堂内容将围绕各种以学生为中心的
活动展开，让学生能够积极练习和应用其所学概念。接下来，
我们将对这些课堂环节逐一进行更为详细的介绍。

开启一节课的复习环节，又称"过渡活动"，是翻转学习
教学策略中的关键一环，通常被安排在一节课的开端，起到将
预习内容与课程内容无缝衔接的作用。此类活动的主要目的是
激活学生的先验知识，并为即将学到的内容做好准备。通过参
与此类简短且互动性强的复习活动，学生能增强对基础知识的
记忆和理解，从而更顺利、更有效地过渡到对新内容的学习。
为达到该教学目的，教师有多种形式的复习活动可以选择。比
如，教师可针对预习内容中的关键概念出一套随堂测试的试卷
或提出若干问题，要求学生现场作答以考核其记忆力。教师也
可要求学生制作概念图或图表，将预习内容中的各个概念之间
的关系进行可视化呈现，从而加深他们对知识点的理解。教师
还可以要求学生根据教师所给的提示词，在一分钟内将预习内
容中的要点写成摘要，从而锻炼学生的快速回忆能力。此外，
教师还可以采用"思考—讨论—分享"（Think-Pair-Share）的
形式，让学生先独立回忆预习内容，再与同桌或小组成员讨论
其中的关键概念。教师的其他选择还包括使用互动记忆游戏或
教学卡片以帮助学生回忆重要术语或概念，让学生对预习内容
中的要点进行简短口述，或是将预习内容变成问题的形式且由
学生组队进行抢答竞赛。教师可根据主题内容、课堂人数、教
学风格的不同，对复习活动进行调整，从而确保教学的灵活性
和学生的参与度。我们所建议的复习活动都秉持同一个设计原
则，即防止学生利用 ChatGPT 轻松作答，让这些活动能够避
开 ChatGPT 的"插手"。然而，在复习环节之后的课堂活动中，
由 ChatGPT 带来的特定挑战就开始逐一亮相了。

结构化/半结构化活动

在翻转学习中，课堂活动的主要目的在于让学生应用从课前资料中学到的知识。要实现教学效果最大化，教师需精心安排渐进式的课堂活动。在教育学领域，"支架式（scaffolding）教学"，又称"渐进式教学"，是指在学生完成学习任务或练习时为他们提供暂时性的帮助、指导和支持，从而促进其各项技能和理解力的逐渐发展并使其最终具备独立解决任务的能力，并且随着他们能力和自信的增强，再逐渐减少外部帮助的一种教学模式。整个教学过程好似在建筑工地上先一点点搭建，而后又逐步拆除"脚手架"的施工过程，"支架式教学"也就因此而得名。因此，理想的课堂活动编排方法应遵循从结构化课堂活动开始，而后过渡到半结构化课堂活动，并最终以自由课堂活动收尾的次序。

基于我们进行的探索性案例研究"法律语言学与ChatGPT"，我们发现 ChatGPT 会对有效学习造成最大妨碍的环节是结构化和半结构化课堂活动。因此，对教师而言，在课前先使用 ChatGPT 去完成他们设计的结构化活动是极为重要的。如果 ChatGPT 能够游刃有余地完成该课堂任务，教师要么换一项任务，要么重新设计一项学生无法依靠 ChatGPT 且只能由自己独立完成的任务。还有一种情况，就是 ChatGPT 能够完成任务的某些部分。对此，教师应想方设法地对该课堂活动进行改动，将任务重心转移到 ChatGPT 无法完成的部分。当然，此事知易行难。因此，我们将以出现在"法律语言学"课堂上的实际问题为例，说明该课程的教学过程中曾出现哪些挑战，以及任课教师又是如何有效应对的。

● 词汇分类活动

　　由于选修该课程的学生都不是英语母语者，因此任课教师在每节课都安排了词汇复习环节，以便学生熟悉每周所授不同案例中的重要词汇。这项练习不仅能帮助学生复习案例，还能让他们熟悉案例中的关键术语。在 ChatGPT 开放给大众使用之前，教师通常会让学生按照教师预先设计好的类别，将教师给出的案例关键词汇进行归类。接下来，教师还会要求学生用每个单词写出一个与案例有关的句子。然而，由于 ChatGPT 可以轻而易举地完成此类任务，任课教师随即对该任务做出了如下改动。首先，教师将学生分成若干小组，但只为他们提供了单词，并未提供分类。而学生们的任务就是将手中的单词依照他们的标准进行适合的分类。而后，学生们会将他们自己创建的分类与 ChatGPT 建议的分类进行比较，并就哪一方的分类能更好地概括案件核心词汇展开全班讨论。接下来，教师也并未依照惯例让学生造句，而是由她自己口头描述一些词汇，让学生推断出相应的单词。教师也可以将单词交由各小组的某个学生去描述，再由其他组员去猜词。如此一来，ChatGPT 只起到了词汇复习工具的作用，无法直接代替学生完成学习过程。

● 绘制时间线

　　为概述每起案件的要点，教师要求学生使用 Padlet 在线教学平台的时间线功能，为课程中用到的案例创建时间线。尽管 ChatGPT 无法生成视频内容，但它却能够列出一桩案件的要点清单。学生无须深度思考，只需照抄该清单的内容，就能轻松创建出案情时间线。这样一来，教师设计的这项课堂活动也就变得毫无意义了。为解决该问题，任课教师将该任务分为两个步骤。首先，她要求学生们根据记忆画出一条时间线，再由学生让 ChatGPT 也执行同样的任务。通过两条时间线的对比，学生们就能清晰发现自己是否遗漏了任何信息，或者 ChatGPT 在哪些地方出了错。接着，教师为该任务新增了一个口头讨论环节。她要求学生们对时间线上各个事件的关联性进行讨论，学生们需要回答出某些事件是如何引发其他事件的。如此一来，ChatGPT 再次被学生用作核对答案的工具，而不是被用于完成学习任务。此外，该任务新增的口语环节让学生得以更深入地思考案情中各事件的发生次序和内在联系。这项教师此前从未动用过的额外手段带来了额外的好处——该口语环节丰富了教学内容，为原本的课堂活动增添了新价值。

• SWOT 分析

在一节课上，教师要求学生就"ChatGPT 对法律行业的影响"进行 SWOT 分析（又称"强弱利弊"分析）。然而，ChatGPT 快速生成一份 SWOT 分析表的能力对该课堂任务构成了挑战，因为学生们无须动用自己的批判性思维就能获得分析结果。为解决这个问题，任课教师采用了以下方法。首先，她要求学生们在没有 ChatGPT 的帮助下独立做出一份 SWOT 分析表，彼此交流各自的发现，并将自己的见解整理成一份格式统一的表格。接着，该教师为学生们提供了以"ChatGPT 对法律行业的影响"为主题的最新视频和读物，这些材料都未被 ChatGPT 的数据库收录。学生们会根据这些新资料对自己的表格进行润色。而后，学生们要求 ChatGPT 也根据同一主题创建一份 SWOT 分析表。通过比较人机双方的分析表，他们不仅可以收获新思路，还能将 ChatGPT 生成的表格与刚刚浏览过的最新材料相互印证，从而精准发现前者中的过时信息并据此评判 ChatGPT 的局限性。这一比较过程会以对 ChatGPT 现有缺陷的全班讨论做结尾。在这个充满互动的课堂活动中，学生们的批判性思维得到了增强，学习内容也延展到了 ChatGPT 能力所不及的范围。这一优势通过"情境式角色扮演"得到了进一步的放大。这种角色扮演是由学生们扮演律所合伙人等不同角色，讨论 ChatGPT 对法律业务的潜在影响。该练习为课堂活动添加了复杂性和情境性，使 SWOT 分析更加细致入微，这也是 ChatGPT 无法企及的。综上，与 ChatGPT 只能制作一份表格相比，学生们这一整套 SWOT 分析过程是 ChatGPT 无法匹敌的。任课教师构建该课堂活动的目的正是为了让学生通过 SWOT 分析，获得 ChatGPT 无法轻易复制的宝贵见解和技能。

• SPRE 报告

在原本的课程计划中，教师曾要求学生为课程中的每一起代表性案例都撰写一篇"情境、问题、反应与评估"（SPRE）报告。然而，如果该案例被收录进 ChatGPT 的数据库，它就能完全绕过学习过程，立刻生成这份报告。对此，任课教师对该任务进行了以下调整。首先，学生使用 ChatGPT 为案例创建一份 SPRE 报告。而后，教师为学生提供一系列细节问题，从而引导他们了解 ChatGPT 生成的 SPRE 报告的每个组成部分。这份了解会鼓励学生对 ChatGPT 的输出内容发表评论并为其查缺补漏，这一过程有助于加深学生的分析力和理解力。在可能的情况下，教师还会为学生提供基于同一个法律语言学知识点（如表情符）且未被收录于 ChatGPT 数据库的近期同类案例——但需要说明的是，要找到这种相关度高的新案例，任课教师需要进行全网搜索，有时还未必能找到。在找到新案例的情况下，教师会要求学生也同样为新案例撰写一份 SPRE 报告，并对比新旧两起案例，观察是否判决结果有所改变，或是两起案例之间是否有新法制定。在这一过程中，学生需要动用他们能够识别模式、差别和趋势的高阶思维能力。接下来，学生们会以小组为单位，想象自己是原案的控方或辩方，并将案件中有关法律语言学的要点整理为简短的笔记。之后，全班同学会被混合在一起进行角色扮演，就有争议的语言点进行控辩双方的辩论。以上调整增加了原本 SPRE 分析活动的复杂性和深度，最终由学生做出的报告也远比 ChatGPT 单独生成的分析报告更为可靠。

通过以上这些巧用 ChatGPT 的实例，对于如何使结构化或半结构化的课堂活动能被 ChatGPT 提升或抵御 ChatGPT 的干扰，我们建议教师采取以下做法：

- **评判性地分析 ChatGPT 的输出内容**

  教师可鼓励学生对 ChatGPT 生成的建议进行批判性评价，发现 ChatGPT 的知识缺口、局限性、错误与有待改进之处。

- **结合外部资源**

  教师可指导学生利用 ChatGPT 数据库之外的信息资源拓展学识。

- **发起讨论与进行角色扮演**

  教师可引导学生与 ChatGPT 进行互动讨论，将自己的观点与 ChatGPT 生成的见解进行比较；同时鼓励学生通过情境式角色扮演，对一项课堂任务进行多方面的探索。

- **进行比较分析**

  教师可指导学生将他们的作业与 ChatGPT 的产出内容进行比较，从而准确定位两者间的不同之处并评估哪一方的答案是正确的。

- **独立评估**

  教师可鼓励学生参照自己的理解去评估 ChatGPT 生成的建议，从而培养学生独立判断的能力。

- **综合两方见解**

  教师可引导学生将 ChatGPT 生成的见解与他们自己的发现相结合，从而获得对主题内容的全面理解。

- **探索案例研究与整体学习**

  教师可鼓励学生挑战 ChatGPT 数据库之外的新近案例，并同时参与口头讨论、案例比较、人际与人机交流，以便得出一个全面的观点。

● 情境化与迭代操作

教师可鼓励学生思考现实世界的情境、影响与行业变化，并通过融合了 ChatGPT 的见解与学生独立理解的迭代反馈，不断完善他们的作业。

总而言之，尽管 ChatGPT 能作为完成上述课堂活动中某些特定部分的有效工具，但学生们能够凭借自身努力将其课堂活动的成果改善并提高至 ChatGPT 的能力范围之外。这些活动是为了提升学生在现实世界中综合、评估与应用其所学知识的能力而特别设计的。此外，这些活动还包含了 ChatGPT 能力范围之外的讨论和情境。因此，此处所概述的各种课堂活动并非完全不受 ChatGPT 的影响，而是被 ChatGPT 增强了其教学效果。从本质上讲，我们认为在教学中融入这些结构化与半结构化的课堂活动有助于促进主动学习、深刻理解，以及发展 ChatGPT 等 AI 文本生成器所无法复制的能力。接下来要讨论的是课堂自由活动环节——这是我们认为 ChatGPT 等 AI 聊天机器人能够真正发挥作用，有效提高学生学习水平的关键一环。

自由活动

首先，让我们了解一下自由活动的概念及其意义。自由活动鼓励学生创造性地独立运用所学知识，并锻炼其高阶思维和解决问题的能力。自由活动包括开放式提问、辩论、研究课题、角色扮演、现实情境型任务等，在完成此类课堂活动的过程中，学生能够展现出他们解决现实问题的真实能力。自由活动的教学目标包括培养学生的实际知识应用能力、批判性思维、创造力、有效沟通能力、语言表达能力、自主能力、现实世界适应能力，以及提升教学活动的参与度。最终，课堂自由活动能让学生逐渐成长为自信、主动并擅长应对各种挑战和情境的学习者。根据我们之前的讨论，ChatGPT 或许能代替学习者完成上述自由活动中的许多环节。但正如我们所见，它也是一件能够促进学习的利器。我们相信，只要对 ChatGPT 善加利用，它就能发挥出更多的潜力；其潜力足以真正、彻底地改变学习体验。接下来，我们将通过案例研究中的两个实例来说明 ChatGPT 的潜在实力。

我们在第六章中曾简单提到过，一名选修了法律语言学课程的学生通过"伊拉斯谟"欧盟大学生交流项目，即将于下学期前往波兰的一所法学院作交换生。为了完成该选修课的期末项目，他决定使用 ChatGPT 为他的交换生体验做好准备，并且在最后一节课的"期末项目口述"环节，与全班同学分享他使用 ChatGPT 的体验。他希望借助 ChatGPT 的帮助，对即将前往的大学、所学课程、居住的城镇以及当地文化有所了解，从而为在异国他乡度过新学期做好准备。事实证明，ChatGPT 出色地完成了以上各项任务。然而，真正引人注目的是这名学生在语言学习中对 ChatGPT 的创新使用。为了学一些日常的波兰语，他向 ChatGPT 寻求建议并和它用波兰语进行简单对话。这种对话练习对他的帮助极大，因为 ChatGPT 在此的作用等同于一个免费且随叫随到的"对话搭子"——考虑到在伊斯坦布尔市找一位波兰语练习搭档的难度，ChatGPT 的这份优势简直是独一无二。他本人也承认，这个经历的确对他外语水平的提高大有裨益，让他在抵达波兰前就学到了一些地道的波兰语。这就是 ChatGPT 真正且彻底地改变学习体验的一个例子。本项目的首席研究员库班博士也在其研究过程中的分析环节发现了 ChatGPT 的类似用途。在调研过程中，该研究员通过参考四位理论家的真知灼见，为本研究创建了一套理论框架，并以此对研究发现进行分析。尽管该研究员的理论功底深厚，但她仍希望提升分析环节的品质。为此，她使用了"AI前线"（Forefront AI）网站的"自定义角色"功能，为每位理论家创建了一个自定义人物（Forefront AI, n.d.）。而后，库班博士就将她仍在完善中的分析拿出来与这四位个性化聊天机器人进行讨论。这种与AI角色进行的学术讨论，有点类似于与理论家本人在进行对话，因此讨论效果也极为惊人。研究员感觉自己茅塞顿开，思路被拓展到了单纯依靠她本人的思维能力所无法到达的境界。尽管不依靠AI聊天机器人的支持，她也有可能完成分析工作，但要找到有时间也具备专业能力的同行进行类似的讨论，必将会既困难又耗时。因此，在这两个实例中，ChatGPT都起到了一件变革性学习工具的作用，展现出它能够提升学习体验的独特能力，而在没有AI帮助的情况下，这种层次的体验将很难获得。甚至可以说，ChatGPT等AI工具已不仅仅是提升，而是真正变革了学习过程。

那么，我们能从中得出什么结论？我们认为，ChatGPT是一件大有可为的教学工具。它不仅能够提高各种课堂教学方法的教学效果，还有助于改善学生的学习方式。但我们也主张对它谨慎使用，尤其是在基础学习阶段。因此我们建议，在基础学习活动中，教师应避免ChatGPT的使用，并用"含AI量为零"的其他教学手段取而代之；而在结构化与半结构化的课堂活动中，ChatGPT都应发挥关键作用。作用一：承担"引导者"的角色，在不取代学生完成主要学习过程的前提下，提高学生的参与度和理解力。作用二：增加学生的学习兴趣和学习投入，让他们得以体验专属的、互动的学习之旅。作用三：提升学生的批判性思维，学生通过细致审核ChatGPT生成的回复，能够查缺补漏并积极投入到能进一步提升他们认知参与的讨论当中。但在我们看来，ChatGPT 的最大潜力要在课堂自由活动环节才得以发挥。在该环节中，ChatGPT 起到了变革性的作用，推动学生获取传统学习材料之外的见解、资源和观点。总之，在制订教学计划时，为了顺利实现学习目标，我们认为教师应考虑以下因素。首先，教师应尽量在学生的基础学习中杜绝 AI 的使用。比如，在一上课时的课前内容复习阶段，学生就不应借助 AI。在此后的结构化活动中，AI 可作为一件学习辅助工具"出场"，但教师应提醒学生谨慎评估其输出内容。在接下来的半结构化活动中，教师可鼓励学生借鉴并拓展 AI 所生成的思路。在课程收尾时的自由活动阶段，ChatGPT 起到的作用是变革性的，能帮助学生进行深度探索和分析。为帮助教师们在设计课堂教学活动时进行决策，我们推荐使用表 9-1。

表 9-1　AI 环境中课堂活动设计决策

阶段三：教学（制订学习体验与教学计划）		
基础学习活动	避免 AI 融入	AI 免入环节
结构化活动	谨慎使用 AI	AI 助力环节
半结构化活动	参考 AI 生成的想法	AI 助力环节
自由活动	将 AI 用于深入探索	AI 变革环节

尽管对我们所制定的 ChatGPT 课堂使用策略有信心，但它们的效果显然还有待于在下学年接受检验。此外，虽然我们制定出了策略，但学生们仍可能会在"AI 免入环节"无意中使用 ChatGPT。要解决这一问题，关键还是要让学生认识到肆意使用 ChatGPT 不仅有可能会破坏他们的学习体验，还会为他们日后的学术或职业生涯埋下隐患，从而获得学生对该策略的支持。因此，正如我们在本章开头所建议的，教师应投入时间向学生强调基础学习的重要性。随后，教师可以将图 9-1、

图 9-2 和图 9-3 中提供的问题作为引导，向学生们说明教师制定的有关何时使用、如何使用 AI 才能有助于学习等使用策略背后的依据。但重要的是，课程的评估方式和学习活动应与图 9-1、图 9-2 和图 9-3 中概述的建议一致，这种说服学生不要滥用 AI 的方法才能奏效。这种"一致性"对在线课程甚至更为重要，因为教师无法直接监督学生使用 ChatGPT 的情况。通过让学生充分理解完全依赖 AI 工具的种种潜在弊端，我们可以获得他们的合作，从而保障学习过程的诚信度。因此，以上这些方面也应被纳入 AI 素养培训计划，具体内容我们会在本章的末尾小节进行讨论。但在讨论 AI 素养培训之前，我们认为有必要先研究一下该培训项目的关键一环——"提示词库"的重要性。

利用 AI 提示词库

据我们研究，用户输入 ChatGPT 的内容明显会直接影响它的输出。如果用户不为 ChatGPT 提供明确的上下文，就可能无法获得想要的回复；如果用户所提的请求质量不高，那么 ChatGPT 的输出结果也可能会低于预期水平。此外，用户通常需要对所提问题进行多次迭代，才能让 ChatGPT 生成最理想的回复。然而，用户通常只会提出单次请求。所谓"单次请求"，是指用户与 ChatGPT 没有任何后续互动，只向它输入了一条提示指令的询问。对于这种单独一条的询问，语言模型也只能完全基于这条缺乏语境或对话的初始指令生成回复。这种单次请求适用于特定任务或快速信息检索，但在语境和连贯性方面都存在问题。而对于互动性更强的对话，用户最好能与一款语言模型进行多轮互动，这样才能让该模型停留在同一个语境当中，并基于之前的互动为用户提供准确、连贯的回复。遗憾的是，用户往往意识不到这一点。那又该如何纠正这种情况呢？我们认为，最佳方案是提供或开发用户专用的提示词库。

"用户提示词库"是指用户在与 AI 语言模型互动时可参考的一整套预先备好的提示指令或问题范例。它的设计是为了引导用户以更恰当的方式提出问题或输入信息，以便从 ChatGPT 那里获得更准确、更相关的回复。由于提示词库的目的是为用户提供向 ChatGPT 进行有效提问时可用的提示语示例或建议，所以它应涵盖用户在使用 ChatGPT 时可能会遇到的各种话题、情境或互动方式。通过访问一个提示词库，用户得以了解能让 ChatGPT 生成更理想结果的提示词类型，并提升他们与 AI 模型互动的整体体验。比如，一个 ChatGPT 的提示词库可能包括信息搜索、创意写作、问题解决、语言翻译等方面的提示词范例。用户可以参考这些示范，并根据自己的具体需求进行调整，从而更高效地从 ChatGPT 获得所需的回复。通过使用提示词库，用户不仅能在与 ChatGPT 的互动中更自信，还能通过提供清晰且与上下文相关的输入来提高该 AI 工具的输出质量。作为 ChatGPT 用户的一项宝贵资源，提示词库不仅有助于用户探索该语言模型的各种能力，还能在各种任务和应用中最大限度地发挥出使用 ChatGPT 的优势。

虽然我校仍在开发用户提示词库，但我们还是在下文中提供了一些范例与大家分享。在编写这些提示词时，我们再次借鉴了布鲁姆分类法。这是因为通过布鲁姆分类法，用户可以从较低层次的知识性问题开始向 ChatGPT 提问，再逐步过渡到让它解答层次较高的分析性问题，如此操作，才能从 ChatGPT 处获得更有意义和见地的回复。接下来，我们会将提示词分为"初始提示词"和"改进提示词"分别举例。以下是我们按照布鲁姆分类法列出的六类初始提示词：

知识：

- 定义……术语。
- 列出……的主要特征。
- 列举……的关键组成部分。

理解：

- 解释……的工作原理。
- 总结……的主要观点
- 形容……的过程。

应用：

- 使用……解决该问题。
- 将……概念应用于一个现实情境。
- 展示如何在一个实际情况下使用……

分析：

- 将……分解为其各个组成部分。
- 比较与对比……和……的不同。
- 找出……中的因果关系。

信息综合：

- 为……创建一个新设计或解决方案。
- 结合来自……和……的观点撰写一篇文章。
- 基于所提供的数据，为改善……制订一份计划。

评价：

- 评价……在实现其目标方面的有效性。
- 判断……中所提论点的正确性。
- 评价……的优缺点

同样，我们还可以根据四种知识领域对提示词进行分类。

这种分类法适用于提升学生对不同科目或学科的学习和理解。
以下是这四类提示词的实例：

元认知知识

策略性知识：
- 解释你将如何解决 [某领域 / 学科] 的一个复杂问题。

有关认知型任务的知识：
- 讨论 [某领域 / 学科] 中分析与综合的区别。
- 解释批判性思维的过程及其在 [某领域 / 学科] 中的重要性。

适当的背景和条件知识：
- 举例说明在 [某领域 / 学科] 中何时会应用 [某项特定技能]。
- 描述会影响 [某领域 / 学科] 决策的各项因素。

自我认知：
- 说明我如何根据 [个人学习偏好] 调整学习策略。

过程性知识

学科特有的技能和算法：
- 演示解决 [某领域 / 学科] 中 [某一具体问题] 的步骤。
- 解释 [某领域 / 学科] 中 [某一特定过程] 使用的算法。

学科特有的技术和方法：
- 描述 [某领域 / 学科] 中使用的不同研究方法。
- 解释对 [某特定数据] 进行统计分析的关键步骤。

何时该使用哪种适当程序的判断标准：
- 讨论对何时在 [某领域 / 学科] 中使用定性或定量研究方法
  的起决定作用的各项因素。
- 解释在 [某领域 / 学科] 内，[某项特定技术] 在什么条件
  下能起到最大效果。

概念性知识

有关分类的知识：
- 对 [某领域 / 学科] 中的 [某些特定要素] 进行分类。
- 根据有机体在 [某领域 / 学科] 中的特征解释其分类。

有关原理和概括的知识：
- 描述 [某领域 / 学科] 中 [某一特定理论] 的基本原理。
- 讨论 [某领域 / 学科] 中对 [某一特定研究] 所做的概括。

有关理论、模型和结构的知识：
- 解释 [某领域 / 学科] 使用的 [某一特定模型] 的重要组成部分。
- 讨论能够影响 [某领域 / 学科] 中 [某一特定研究方向] 的主要理论。

事实性知识

有关术语的知识：
- 定义 [某领域 / 学科] 中的下列术语： [术语 1]、 [术语 2]、 [术语 3]。
- 提供与 [某领域 / 学科] 中 [某一特定主题] 相关的基本词汇列表。

有关特定细节和要素的知识：
- 列出 [某领域 / 学科] 中促成 [某一特定过程] 的各项要素。
- 确定与 [某领域 / 学科] 中 [某一历史事件] 相关的重要事件和日期。

以上就是我们对初始提示词的建议。但为便于对 ChatGPT 的输出进行修改和迭代，我们又列举了以下五类改进提示词：

理解：

- 说明型提示词：能否提供有关 [某主题] 的更多细节？
- 扩展型提示词：能否详细说明 [某想法或概念]？

应用：

- 更正型提示词：事实上，[某事实或信息] 并不准确。正确的信息是 [更正内容]。
- 重新表述型提示词：能用更简单的语言重新表述 [某句子或段落] 吗？

信息综合：

- 创意内容提示词：想象一个发生了 [某种情况] 的情境。描述接下来会发生什么。
- 可替代观点提示词：考虑与 [某观点或论点] 截然相反的看法。

分析：

- 比较分析提示词：比较并对比 [两种概念、产品或解决方案]。

评价：

- 深入解释提示词：对 [某一特定方面或主题] 进行更详细的分析。
- 摘要与结论提示词：用几句话概括你所做回复的要点。
- 对话延续提示词：请在之前回复的基础上，探讨 [下一个方面或问题]。

　　尽管我们列举的提示词都是适用于所有学科的通用型提示词，但我们认为，开发出学科专用的提示词库会更为有效。因此，MEF 大学为下学年所规划的新举措之一就是让各院系都根据其特有学科和独特需求创建专属的提示词库。该方法旨在通过为学生提供与其所属学术领域紧密相关的提示词来增强他们的学习体验，并确保他们与 ChatGPT 进行更具相关性、也更符合其专业需求的互动。不过，另一种替代方案是由个人创建他们自己的个性化提示词库。事实上，这正是本书的两位作者在撰写本书过程中使用的方法。

在 AI 驱动的教育和学习环境中，创建个人提示词库会为使用者带来诸多益处。通过创建和管理个人专属的提示语，使用者能获得与其独有的目标、兴趣和关注领域相一致的学习体验。这种个性化的方法不仅能加深使用者的参与感，还能让使用者与 AI 系统进行更有意义、更相关的互动。个人提示词库的突出优势之一在于，它使用户有机会定制自己的学习旅程。通过挑选出能满足其特定学习需求的提示词，ChatGPT 等 AI 工具的用户可以消除困惑、挑战自我，以及更深入地探索各种研究主题。打理个人提示词库这一行为本身就是一种激励，促使用户积极投入到对学习内容的自行定制中。此外，个人提示词库还是一件适用于持续学习和练习的动态工具。用户可以重新思考那些与高难度概念相关的提示词，逐步加深他们对这些概念的理解。当用户使用自己打理的提示词与 AI 系统互动时，他们可以根据收到的回复不断完善和调整提示词库，从而改善互动效果与学习成果。该过程还能鼓励用户积极投入其学习之旅并与 AI 技术互动。此外，打理该词库还有助于培养用户的数字素养、适应能力等技能。在一个以 AI 为中心的世界中，这些技能的价值都在与日俱增。除了这些当下的好处，从长期看，一个被精心打理的提示词库还会发展为一项宝贵资源，适用于不断变化的学习需求。就本质而言，个人提示词库的创建为用户赋予了自主性和能动性，提升了学习体验的针对性和丰富性。在该词库的帮助下，用户不仅能够积极主导自己的教育，使教育符合其个人偏好与需求，还能更加深入地理解并参与到由 AI 驱动的教育环境中。

培养 AI 素养

我们的研究已明确强调了对师生开展 AI 素养培训的迫切性。然而，AI 素养究竟包含哪些内容？从本质上讲，AI 素养的涵盖范围超出了数字素养，包括对各种 AI 应用的理解、应用、监督与批判性反思能力——这些是即便缺乏开发 AI 模型的专业知识也可以具备的能力。此外，AI 素养也不仅仅局限于对 AI 各种功能的了解，还包括对 AI 用作教育工具的开放性态度。AI 素养之所以能成为一项师生皆不可或缺的技能，是因为该素养使他们具备了有效使用 AI 工具的自信心与责任心。在提高师生们的 AI 素养时，以下两大主要目标必须被考虑进来。其一，全面探索用户将 ChatGPT 作为一件教育利器娴熟使用的各种方式。其二，引导教师们在保持课程、评估与教学完整性的同时，将 ChatGPT 无缝融入其教学实践——确保学生既无法跳过必不可少的学习过程，也不会忽略基础知识。大学内的 AI 素养培训应针对学生和教师各自的需求制订不同的方案，但两套培训方案也会出现一定程度的重合。对于学生来说，他们必须掌握 AI 的基本概念、应用及其对各个领域的潜在影响。这些知识将使他们有能力做出明智的决定，并积极使用 AI 技术。教师们的 AI 素养培训则应重点关注那些由 AI 驱动的研究工具，包括各种数据分析工具和自然语言处理工具。这些知识将有助于他们把握其相关研究领域的最新发展动态。此外，教师需负责任地引导学生将 AI 工具用于学术研究，包括培养学生的原创力、让学生避开使用 AI 工具进行剽窃或其他不合伦理的做法，并确保学生获得对他们有助益的学习体验。尽管 AI

素养的几大核心概念可能具备一些共同点，但我们对这些概念的强调程度和培训深度都需要根据实际情况进行调整。学生需全面了解这些概念才能应对由 AI 驱动的不同领域，而教师则需更专注于将 AI 融入其教学实践和研究方法。实现这一目标的方法将根据每所大学的具体要求和可用的技术资源的不同而有所不同。为给大家提供一些灵感，我们在本书的附录中提供了 MEF 大学目前正在开发的一系列 AI 素养培训课程，包括教师 AI 素养培训项目（详见附录 A）、学生 AI 素养培训项目（详见附录 B），以及一门拟为学生开设、时长一学期的 AI 素养课程（详见附录 C）。

总之，本章讨论了与"将 AI 融入教育"相关的几大关键主题。我们探讨了 AI 对基础学习的影响，通过使用翻转学习应对了由 AI 带来的诸多挑战，并开发了一套课程设计体系以设计出"面向未来的课程"。我们还讨论了可适应 AI 融入的各种教学评估策略，以及为迎接 AI 时代调整教学的重要性。AI 提示词库的使用，以及培养师生 AI 素养的必要性也在本章得到了强调。这就把我们引入了本书的最后一章。在第十章中，我们将论述本研究对"高等教育中的 AI"这一主题在知识与研究这两个方面所做的贡献。

第十章
学术贡献

研究范围与方法论回顾

在本研究中，我们充分探讨了 ChatGPT 与 AI 聊天机器人对高等教育的影响。我们的研究基地是位于伊斯坦布尔市、以融合 AI 的教学与创新教学法而闻名的 MEF 大学。经过数次尝试以及开展教师间的讨论，我们最终发起了本研究项目，旨在调查 ChatGPT 可能会对高等教育机构、学生和教师产生的影响。我们的研究目标是理解这些 AI 技术导致的动态变化。由此，我们围绕"伴随 ChatGPT 的出现，学生、教师和高等教育机构的角色变化"提出了若干研究问题。通过探讨这些问题，我们期望能够深入了解 AI 聊天机器人在教育领域所引发的变革性影响，并为在教学中顺利融入此类技术提供指导。为从整体上了解 AI 和 ChatGPT，我们不仅回顾了其发展过程，还对与其相关的伦理问题（如隐私、偏见和透明度）进行了考察。我们还强调了 ChatGPT 的各种缺陷，包括它有可能生成误导信息，以及解决这些缺陷给我们带来的挑战。此外，我们也讨论了 AI 会对未来的工作和教育造成的更广泛的影响。我们还提到公众愈发担忧 AI 可能会造成的威胁，并讨论国内与国际应着手制定哪些政策来缓解此类威胁。为深化理解，我们还从批判理论和现象学等理论视角，探讨与 ChatGPT 相关的权力动态、社会结构和主观体验。而后，我们用四个月的时间投入文献综述环节，分析了以"ChatGPT 融入教育"为主题的多类型学术论文，包括文献分析、内容分析、元文献综述、使用案例等。通过文献综述，我们确认了反复出现的主题，现有文献的不足以及有待进一步研究的问题。在本项目的研究中，我们主要采用了定性研究法，用于探索主观体验以及与 ChatGPT 互动的意义。此外，我们还通过案例研究法，从多种来源收集数据，包括关键事件、研究者日志、访谈、观察、学生所完成的课程项目、学生反思等。接下来，我们通过主题分析，确认了本研究的六大主题：ChatGPT 的输入质量与输出效果、ChatGPT 的局限性与挑战、与 ChatGPT 的真人感互动、作为个人助理 / 导师的 ChatGPT、ChatGPT 对用户学习的影响以及教育环境中通用型机器人的局限性。通过从研究问题、数据、文献、理论框架等各方面逐一探讨各个主题，我们得以全面理解本研究所获发现的影响和意义。

主要见解与发现

我们发现，尽管 ChatGPT 用途广泛，但它的使用效果取决于其输入内容的质量和明确性，明确的提示词（指令）就能让它生成正确的回复。不过，用户可能必须要对提示词进行多次迭代与修订，才能最终确认什么样的提示词能让 ChatGPT 生成他们所预期的结果。ChatGPT 是通过预测机制运行的，因而缺乏对上下文的全面把握，这就是它的一个局限性。在使用 ChatGPT 的过程中，用户可能会遇到的问题包括：缺乏一套专为 ChatGPT 制定的标准文献引用指南；ChatGPT 可能会生成错误回复；ChatGPT 可能存在固有偏见。在使用过程中，用户会觉得 ChatGPT 与真人高度类似，从而模糊了人际交流与人机交流之间的界限——对此，用户必须提高自身的批判性思维能力与信息素养技能。在教育领域，ChatGPT 已展示出它的多功能性和实用性，但随之而来的是，人们愈发担心学生对 ChatGPT 的过度依赖可能会有碍他们批判性思维和知识独立习得能力的发展。此外，通用型 ChatGPT 可能会因为过于通用，一旦遇到特定的学科与文化背景，就会暴露出其短板。

基于上述发现，AI 的融入显然会给学生、教师乃至高校这三方"角色"带来显著转变。这一转变可以从不同的视角进行解读。从克里斯坦森"待办任务理论"的视角看，学生现在可以选择利用 ChatGPT 来完成特定的学习任务，这意味着在 AI 的支持下，一个时间优化时代已然开启。这三方角色的转变也可以用布尔迪厄的文化和社会资本理论来解读，因为过度依赖 AI 可能会导致学生对知识的简单复制而非真正理解，这或将影响学生通过其社会文化背景而形成的教育惯习。而从马克思主义的视角看，该转变现象还可以被解读为"技术决定论重塑学生教育动态"的一桩实例，因为 AI 技术可能会导致学生批判性思维的衰退和学习过程参与度的降低。此外，对 AI 生成信息的引用也是 ChatGPT 的使用者要面对的特有挑战，根据海德格尔的技术哲学，这种"引用难"体现了对知识的"技术框定"，即现代技术对知识的控制。因此，学生被委以与 AI 技术积极互动的重任，目的在于培养他们对知识的真正理解，同时促使他们在教育之旅中从被动接受者转变为积极参与者。

至于 ChatGPT 对教师的影响，正如克里斯坦森的"待办任务理论"建议的，教育者现在可以选择使用 ChatGPT 自动化完成日常的教学琐事与生成教学资料，从而腾出时间优化教学。然而，教师需验证 ChatGPT 的输出内容，这揭示出该 AI 技术仍有可微调的空间。从布尔迪厄的视角看，在教师们应对

AI 融入教学法的过程中，教师角色也在逐渐做好蜕变的准备，这正是文化资本的一种体现。为防止学生借助 ChatGPT 略过学习过程，同时也为了保持教学的真实性，教学法也必须随之同步发展。从马克思主义视角看，AI 自动化的引入可被视为商品化的一种形式；而教师需要不断验证 ChatGPT 的输出内容并为学生创建各种可有效避免 AI 插手的学习任务，正是对这种"完全异化"趋势的反击。从海德格尔存在主义的视角看，在这种"人机交锋"中，教师承担着引导学生谨慎使用 AI 的职责，从而确保技术成为揭示真理的一条渠道，而非对知识的"框定"（又称"集置"）。因此，即便在技术不断进步的过程中，教师在营造一个倡导真实性和审慎参与的教育环境方面，仍发挥着举足轻重的作用。

让我们将视角扩展到高等教育机构，ChatGPT 的融入为大学开辟了一条提高生产力与精简教育流程的途径。然而，使该技术的飞跃与学生和教师的需求相一致是我们必须面对的一项新挑战。这种一致性与布尔迪厄的资本理论和社会结构理论密切相关，能够促使高校更新相关政策，改进考核评价方法并采取有力的 AI 素养培训措施。从布尔迪厄的视角看，作为一种新的文化资本形式，ChatGPT 有助于提高院校的声誉和信誉。然而，确保学生对 ChatGPT 等 AI 资源的平等使用、解决 ChatGPT 的偏见问题是防止社会差距固化的关键所在。从马克思主义的视角看，ChatGPT 的融入可被视为教育商品化的一种表现形式。但在教育领域，保障教学资源公平使用、培养学生对教学过程的批判性参与等举措都维护了"人类监督技术的使用"这一做法的持久价值。根据海德格尔的理论，学校肩负着平衡学生、教师和技术内在本质之间相互作用的任务。因此，学校在使用 AI 技术时，一方面要充分发挥它在揭示真相、提高人类理解能力方面的优势，另一方面则要注意保留人类在教育中的核心作用。

理论进步

本研究将批判理论和现象学的理论框架融入"ChatGPT 对高等教育的影响"研究，这意味着我们在推进该领域的理论研究方面迈出了重要的一步。通过运用这些哲学视角，我们的研究超越了单纯的考察，进入到深入理解、细致分析和全面探索的层面。通过批判理论与现象学的结合，我们并非单视角分析，而是得以从权力动态、主观体验、存在层面和真实性等多个角度去理解 ChatGPT 融入教育所产生的影响。这种全面探索使我们更深刻地把握了该技术对学生、教师和高校的影响。批判理论对权力动态的关注揭示了原本被隐藏起来的不平等与系统结构。借助该理论，我们的研究发现了采用与使用 ChatGPT 过程中的潜在差异，阐明了技术对现有等级制度的固化或挑战作用。这种对隐藏动态关系的曝光丰富了有关"技术在高等教育中的变革性潜力"的讨论。现象学对主观体验的强调使我们的研究并未止步于"技术应用"这一浅层。通过深入研究各利益相关方的意识体验，我们的研究将对 ChatGPT 的探讨提升到了其技术功能之上的层面，旨在探索个体在理解、适应 ChatGPT 及与之互动时的细微差别。这种以人为中心的探索为我们正在取得的理论进步增加了深度和真实性。海德格尔哲学将我们的研究引入了一个存在主义层面，促使我们思考存在的本质以及技术对人类存在的深刻影响。这一哲学视角将有关 ChatGPT 的探讨提升至反思的高度，这在实证研究中并不多见。该视角能引发研究者、教育者和决策者去思考他们在

"AI 技术融入教育"方面所做选择和决策的哲学基础。而批判理论和现象学这两大学术框架的组合,更有助于我们从伦理、社会与个人这三个层面,对 AI 技术与教育的融合问题进行全面思考。因此,我们的研究并不只是关注 ChatGPT 的各项功能,而是更注重考察它对权力结构、教学关系以及相关人员真实体验的影响。这种全面分析有助于我们在研究过程中做出周密、明智的决策,从而为本研究在理论上取得的进步做出了贡献。我们的研究为深入探讨 ChatGPT 的影响铺平了道路,并为今后的同主题的调查研究提供了一个范例。我们的研究还证明,将哲学与技术相结合来研究教育问题的研究方法是值得借鉴的。对"新兴技术与教育的相互影响"这一主题感兴趣的研究者可以从本研究的哲学基础中获得启发,进一步推进这方面的理论研究。

对高等教育机构的影响

就整体而言,AI 对高等教育机构的影响是广泛的、深刻的,影响到了学术界的方方面面。这些影响包括伦理考量、有关 AI 产品的调整、教育方法的显著转变——所有这些都需要经过仔细审查和谨慎改动。在所涉及的伦理考量中,我们强烈建议避免使用各种 AI 检测系统,因为它们不仅缺乏透明度和准确性,还可能自带偏见。此外,我们还评估了权威机构对"AI 参考文献引用系统"提出的两套试行建议,但最终认定它们都缺乏实用性和实效性。在各种伦理考量中,我们主要围绕"在 AI 时代重新评价抄袭行为"进行了讨论。抄袭行为本身就是对传统道德规范的挑战,而这个老问题又被新技术放大了。当涉及 AI 时,该行为的复杂性进一步加深——由于 ChatGPT 等 AI 工

具生成的内容中并未标注原创者的身份，因此有人打趣地说，
ChatGPT 的存在本身就堪比抄袭。面对这些错综复杂的挑战，
我们强调了培养学生、教育者乃至高校精通 AI 伦理的必要性。
此处的"精通"不仅包括对 AI 可能引发的伦理后果具备充分认
识，还要确保 AI 负责任地、有根据地融入学术环境。因此，我
们确信大学的伦理委员会应在驱动这一变革方面发挥关键作用。
随着 AI 生成内容的日渐盛行，各高校也应在细致把握 AI 与现
有学术标准之间互动关系的前提下，重新定义"抄袭"的概念，
为这个被 AI 全面影响的时代贡献一分力量。在谈及 ChatGPT
对产品开发的影响时，我们坚决提倡各高校应以"公平分配 AI
机器人资源"为优先考量。为达成这一目标，高校要么可以和
开发商签订服务供应协议，从而确保全体师生都能使用该 AI 程
序；要么指点学生去使用现成的开源机器人程序。随着 AI 逐渐
成为教育领域不可或缺的一部分，解决与 AI 产品相关的各种问
题也变得愈发重要。为防止在学生资源分配方面出现任何差异，
高校的首要任务就是确保每位学生都能公正且平等地使用 AI 机
器人。此外，我们还强调了大学与各行业开展密切合作的重要
性。在认识到 AI 对这些行业的影响，并了解雇主希望大学毕业
生应具备的技能组合之后，各大学就获得了优化其课程设置的
宝贵洞见。为了与就业市场不断变化的需求保持一致，向学生
提供与时俱进的教育服务，这种高校与行业间的合作是必不可
少的。这种合作可以确保学生充分具备基本的 AI 技能，从而在
愈发受到 AI 技术影响的行业中脱颖而出。此外，通过促进此类
合作，大学可深入了解 AI 在特定行业中的应用发展。而这些宝
贵信息随后能为大学创建或收购符合行业趋势的专用机器人提
供依据。这种有针对性的做法将很好地解决通用机器人在教育
领域的局限性问题。创建学科专用 AI 机器人的想法不仅为打造

"定制型"的学习体验开辟了一条探索之路，还能精准满足不同院系的独特要求，从而加深 AI 与各个学术领域的融合。此外，我们强烈建议各大学立刻以自行开设或提供慕课学习通道的方式，为学生引入"提示词工程"这门课程。这种抢占先机的做法将赋能学生具备应对 AI 技术领域飞速发展的所需技能。同时，提供该课程还将显著提高学生驾驭 AI 的水平，深化他们对最优 AI 互动策略的理解。就 AI 对教育的影响而言，我们着重强调各高校必须彻底评估 AI 技术对学生基础学习造成的潜在影响。随着 AI 为教学不断引入新方法和新工具，"基础学习"这一传统概念也面临着各种新挑战。要想顺利通过重重阻碍，教师必须调整其教学方法，重点培养学生的批判性思维能力、问题解决能力和创造力——这些能力都是 AI 目前尚无法有效复制的。在这样的背景下，我们建议教师将翻转学习教学法作为一个基础的教学框架，从而有效应对基础学习教学道路上的新障碍。用 AI 工具配合翻转教学法不仅可以丰富课前预习活动的内容，从而提高学生的参与度，还能让教师得以把课堂时间留给学生，让他们进行互动讨论、项目合作与实际操作。此外，为使学生有准备地面对由 AI 主导的世界，课程开发也势在必行。由于 AI 的发展，教师有必要重新设定某些现有课程的学习成果。因此，我们建议教师与行业合作进行职业分析，从而评估 AI 对职场所造成的影响；再根据评估结果，对课程的学习成果进行适当的调整，从而确保这些成果和职场需求始终保持一致。为有效考核学生的所学知识和 AI 素养技能，重点在于制定能抵御 AI 干扰的考核评估策略。这些考评策略必须能够反映出受 AI 影响的现实，要求学生兼备学科专业知识以及与各种 AI 技术熟练互动的能力。同时，教师在班级活动中也应采取类似的评价策略，以便增加学生对 AI 的适应力并预防可能出现的学习缺口。为给教师提供实际指导，我们提出了一整套由若干流程图构成的课程设计体系，这些流程图主要由相关问题构成，旨在引导教师逐步设计出能适应未来发展的课程，制定能抵御 AI 影响的考核评估方式，并调整教学方法以符合 AI 时代的需求。我们还特别强调了创建提示词库的重要性。作为一项有助于提升 AI 优化使用的宝贵资源，提示词库包含一整套经过精心设计、内容丰富的提示词，引导人们与 ChatGPT 等 AI 平台进行有效互动，从而使 AI 系统的能力得以最大化地发挥。作为初始线索，这些提示词能激发 AI 系统生成回复、建议或解决方案。我们建议开发"学科专用提示词库"，从而满足大学院系和专业的特定需求。同时，我们还主张鼓励学生和教师根据他们各自的喜好和需求，编制个人提示词库。接下来，我们强调了培养师生 AI 素养的意义——尽管对两者的培养目标不尽相同。学生应擅长对 ChatGPT 的有效使用，而教师应能将 ChatGPT 无缝融入其教学方法之中。在为师生各自定制的 AI 素养培训课程中，学生应掌握 AI 的基本原理、各种应用、AI 伦理与批判性思维能力；而教师则应精通将 AI 工具融入教学，以及指导学生对它们进行合乎伦理的使用。因此，师生所接受的培训深度也有所不同，培训学生的重点是让他们学会驾驭 AI 工具的方法，而培训教师则重在指导他们将 AI 工具与专业知识相融合。具体的培训方法最终取决于每所大学的特殊要求与可用资源。为此，我们在本书附录中提供了关于 AI 素养培训项目和课程的建议，旨在让师生们精通使用 AI 的各种基本技能。就本质而言，将 AI 融入高等教育标志着一个教育变革阶段的到来。各院校必须谨慎应对 AI 对伦理、产品和教育的影响，从而确保学生为迎接一个由 AI 技术塑造的未来做足准备。该变革过程需要在接纳技术进步与维护教育核心价值之间取得微妙的平衡。不过，我们认为大学在该过程中起到的作用应不止于本文所讨论的内容，日后还会出现有待它们面对的更为宏观的局面。

全球行动与协作

AI 领域目前存在着大量涉及各个层面的问题。随着 AI 技术的不断进步，越来越多的伦理困境不断涌现，由此引发了人们对它的诸多质疑，诸如，AI 是否符合人类价值观？AI 是否可能造成不良后果？目前，据我们观察所得，AI 系统在常识推理、稳健性和对世界的全面把握等关键方面表现出诸多局限性——这有碍于我们创建一个真正且可靠的智能系统。此外，AI 系统在透明度、可解释性和问责制方面的问题也对人们构成了严峻挑战，尤其是在医疗保健、金融和法律等能对人们生活造成重大影响的领域。有时，AI 的发展轨迹似乎呈现出"以特定目标为先、未对人类价值观予以充分考虑"的倾向，从而凭空增加了人们要应对意外挑战和复杂管理的风险。此外，围绕着 AI 对就业市场、经济、治理和社会福利的潜在影响，人们也愈发担心 AI 可能会加剧这些领域中本就普遍存在的不平等和偏见。值得注意的是，某些专家认为 AI 会威胁到人类生存，原因是该技术有能力超越人类智慧，并因此会对社会和人类构成重大风险。为防止这种可能性的出现，全球的专家、政府，甚至 AI 公司皆纷纷呼吁对 AI 进行监管，我们也开始看到此类 AI 监管政策的出台。英国竞争与市场管理局（CMA）就正在对 AI 开展一次彻查，重点关注由 AI 引发的虚假消息与失业问题。与此同时，英国政府也正在修订 AI 管理条例以应对相关风险。在美国，白宫召集了各家 AI 公司的 CEO，就 AI 可能引发的安全与安保问题进行会谈。美国联邦贸易委员会也积极参与到了对 AI 影响的调查活动中。此外，欧盟的《AI 法案》也正在开发一个"AI 应用风险分级体系"，并大力提倡负责任的 AI 实践。此外，科技巨头开智、Anthropic、微软和谷歌已经联合建立了一个名为"前沿模型论坛"（Frontier Model Forum）的 AI 联盟组织，重点关注 AI 的安全问题、政策讨论与建设性应用。该论坛建立在英国政府和欧盟所做贡献的基础上，与美国白宫 AI 会谈所传达的精神相一致，同时表明科技行业内部也在持续不断地发展。很明显，针对 AI 的措施正在全球展开。但一个关键问题依然存在：这些监管方面的努力是否能化为有效的行动，从而真正解决潜在问题并推动负责任的 AI 发展？答案似乎是否定的。

目前，一些令人不安的迹象都在预示着负面结果出现的可能性——微软对其伦理团队的缩减，开智公司 CEO 萨姆·奥尔特曼对欧盟的《AI 法案》持有保留意见，这些皆是明证。这两桩事件还表明，大公司甚至大人物都对 AI 政策的发展持有巨大影响力。这一看法与 AI 监管专家拉姆曼·乔杜里所表达的担忧不谋而合。她指出，一些公司一面呼吁 AI 监管，另一面又四处游说反对监管，并且往往将对 AI 的风险评估置于伦理考量之上，这种两面派的做法已成为行业趋势。然而，如果对此不加以谨慎管理，这种由 AI 资源驱动的权力集中很可能会导致偏见乃至各种不良后果。因此，乔杜里提议应以各利益相关方合作参与的方式，对当前过于集中的 AI 权力进行重新分配。《麻省理工科技评论》的编辑郝凯伦同样对这种科技巨头公司对高级 AI 技术影响力过大的现状表示担忧。她呼吁应由众多来自不同背景的利益相关方参与制定透明且包容的 AI 政策，同时强调了来自各方的不同观点在推动负责任的 AI 发展方面起到的重要作用。以色列新锐历史学家赫拉利教授也颇为担忧与 AI 技术发展相关的各种潜在挑战（Harari，2018）。他认为，面对大公司和大企业自我吹嘘其技术创新的惯伎，社会学家、哲学家和历史学家应增强大众识破此类伎俩的意识，并尽量杜绝此类行为的发生。他还强调，当务之急是各国政府快速制定相关政策以有效规范 AI 技术的影响，并防止这些技术被市场力量强加给社会。考虑到 ChatGPT 在 AI 行业中的快速发展，以及该行业正在催促其他 AI 公司展开竞争以推出 ChatGPT 的竞品，AI 政策制定正是当前的重中之重。然而，AI 领域的飞速发展往往会超出政府在推出政策方面的响应能力。我们只得再次向几位 AI 专家求助，他们分别是迈克斯·泰格马克、盖瑞·马库斯、欧内斯特·戴维斯和斯图尔特·罗素。在迈克斯·泰格马克于 2017 年出版的《生命 3.0：人工智能时代生而为人的意义》一书中，他为"负责任的 AI 监管"列出了若干框架，强调了 AI 遵守"以人类价值观、福祉和社会进步为先"这一伦理原则的重要性。他还着重指出了 AI 系统的透明度和可解释性对确保人类理解 AI 决策过程的意义。为此，他建议应将通用人工智能（AGI）的目标设定为与人类价值观保持一致，还应建立对 AI 的监管机制。依照泰格马克的设想，包括专家和决策者在内的众多背景不同的利益相关方应以协作、最好是国际合作的方式联合制定 AGI 的规章制度（Tegmark，2017）。他还主张为 AI 搭建能紧跟其领域发展步伐的可调整性治理框架。总之，泰格马克的总体目标为：①使 AI 与人类价值观保持一致，从而严防 AI 误用，并且推动社会进步；②使人们认识到，在 AI 治理过程中始终需要进行跨学科讨论与政策制度的微调。马库斯和戴维斯主张对 AI 的研究轨迹进行一次全面的重新评估，并建议采用跨学科的路径破解当前 AI 系统所固有的局限性（Marcus & Davis，2019）。

他们的方法包括，通过结合认知科学、心理学和语言学等不同领域的洞见，创建出与人类认知过程更加一致的 AI 系统。他们还为 AI 发展引入了一个重要概念——将"基于规则的系统"与统计学方法相融合的"杂交法"（Marcus & Davis, 2019）。他们认为该方法能扬长避短，有助于设计出更具智慧也更可靠的 AI 系统，从而有效处理真实世界的各种复杂情境（Marcus & Davis, 2019）。罗素为 AI 治理引入了 AI 伦理中的一个基础组成部分"价值对齐理论"（Russell, 2019）。该理论以使 AI 系统与人类价值观和目标相"对齐"这一重要目标为中心，强调设计 AI 系统必须能够体现人类的意图和愿望，防止潜在的负面结果并且确保 AI 系统合乎伦理地运行（Russell, 2019）。就其核心而言，价值对齐理论不仅力图确保 AI 系统能够实现其预定目标，还试图兼顾人类价值观与伦理这些范围更广的考量因素；该理论还承认，AI 系统有可能以有违人类意图的方式实现其目标，尤其是当它们获得自主权时（Russell, 2019）。罗素建议，AI 系统可以通过纳入"人际互动与反馈学习机制"的方式，理解并尊重人类的价值观。这种方法还强调了 AI 系统需具备透明度和可解释性，以便人类能够理解 AI 的决策制定过程，并能在有需要时对该过程加以干预。罗素对"价值对齐"的强调旨在避免 AI 系统做出有违人类价值观的行为，同时在 AI 开发过程中推动以人为中心的设计原则，并兼顾增强人类能力与维护伦理标准（Russell, 2019）。所以，基于上述 AI 专家提出的针对 AI 固有问题的解决方案，大学应起到什么作用？

我们认为，对于"负责任的 AI 开发与治理"这项任务，大学即便不需要对此尽一份道德义务，也依然起到了至关重要的作用。因此，我们建议各大学可以通过以下方式为解决方案做一份贡献。第一，大学可以充当研究与教育的枢纽，在为 AI

技术进步做出贡献的同时，向学生逐步灌输合乎伦理地使用
AI 的意识。第二，大学还可以为学生提供融合了计算机科学、
伦理学、认知科学、心理学以及其他相关领域的跨学科课程，
鼓励学生对 AI 的社会影响进行批判性思考。第三，依照泰格
马克的思路，大学可以联合专家、决策者和各利益相关方进行
讨论并制定 AI 治理章程，从而起到促进各方合作的作用。第
四，大学可通过主办能促进国际合作和思想交流的学术会议、
研讨会、工作交流会，构建可适应新情况的 AI 治理体系，从
而应对不断变化的 AI 领域。第五，马库斯和戴维斯呼吁采用
一种跨学科的方法来进行 AI 治理，而各大学恰好都有能力推
动不同院系间的合作。因此，各大学可以鼓励各院系开展联合
研究，将 AI 专业知识与来自心理学、语言学等领域的见解相
结合，从而创造出能更好模拟人类认知过程的 AI 系统。第六，
正如罗素所提议的，大学还可以在推进价值对齐理论方面发挥
关键作用，如围绕 AI 的伦理层面开展的研究和教育，培养学
生（未来的 AI 开发者和研究者）具备以人类价值观和社会福
祉为先的意识。第七，大学还可以为有关 AI 伦理影响的讨论
提供平台，并培养在 AI 发展中重视透明度和问责制的文化。
总之，大学有责任成为知识中心，促进 AI 的跨学科研究、伦
理考量、国际合作和提升透明度。我们认为，在 AI 时代，大
学的作用远不止培养学生的 AI 技术专长，而是涵盖了促进 AI
技术整体发展和负责任治理等更广泛的方面。以上就是我们对
大学的具体期待。

本研究的局限性与解决方案

尽管我们的研究结果颇具针对性，并为 ChatGPT 融入我

校提供了指导策略，但我们也必须承认并尽力弥补研究本身存在的一些局限性。本研究是在土耳其的 MEF 大学进行的，这是一所非营利性的私立大学，以英语作为授课语言，并以在全校范围内开展翻转学习教学而闻名。因此，尽管本研究收获的见解颇有价值，但本校的各种特性可能会限制这些研究结果在其他教育环境中的适用性。我们在研究过程中遇到的一个明显阻碍是研究文献的数量有限。这种文献稀缺性主要是因为：①那时 ChatGPT 才公开发布不久；②我们进行文献综述环节的时间有限。结果就是，我们一部分的文献综述依赖于包括预印本在内的灰色文献，这可能会影响分析的全面性和深度。本研究还有意采用了宽泛且开放式的研究问题，以便我们进行探索性调查。但必须要承认的是，这种方法虽有助于全面探索，但由于本项目的主研究员身兼学术研究者和授课教师的双重身份，她在解释研究发现时可能会存有偏见。此外，本研究还存在样本规模偏小的问题。在我们进行的案例研究中，研究对象为选修人文学科中"法律语言学"课程的 12 名法学院学生。如果换成人数更多的班级或是其他学科的课程，所得结果也可能会发生变化。另外，对包括教师和行政人员在内的其他各方的观点，我们采用对关键事件、电子邮件、工作交流会、临时性互动进行随机取样的方式呈现——这么做可能略有些随意。最后，本研究只进行了一学期，因此可能无法反映出 ChatGPT 对教育的长期影响。为在今后的研究中避免上述局限性，我们将做出以下调整。第一，为了让我们的研究发现更具实用性，可用于不同的教育环境，我们会对更多的学科进行研究。第二，为确保理论基础的稳固性，我们会持续关注权威的学术资源，以便了解 ChatGPT 和相关 AI 技术的最新研究进展，并据此不断更新我们的文献综述。第三，我们将采用定量与定性研究相结合的方式，更为完整地了解 ChatGPT 产生的影响。具体而言，我们将结合数字数据和来自学生、教师和行政人员的丰富叙述，全面把握 ChatGPT 的实际效果和现有问题。第四，为确保研究的客观性，我们将邀请多名研究者参与数据收集与分析过程，并让他们增加自我反思的比重；同时，我们还会使用数据三角测量法对来自不同研究者的发现进行验证与核查。第五，为增加研究的效度和代表性，我们还将扩大研究对象的规模和多样性，邀请更多来自不同学科和学术水平的学生、教育者和决策者参与进来。第六，要想更深刻地了解 ChatGPT 随时间推移所造成的影响，我们必须对它进行长期调查。通过观察 ChatGPT 为教育领域带来的种种改变、调整和潜在挑战，我们将细致入微地了解该技术的各种长期影响。在长期调查的过程中，尤为重要的是探索我们建议的教学策略能否促进 ChatGPT 有效融入教育。通过研究我们所提建议对教与学的影响，我们就为 ChatGPT 在教学中进一步的实际应用积累了宝贵见解。总之，将上述六条建议融入我们的后续研究，不仅能丰富我们自己对"ChatGPT 对教育的影响"这一研究主题的理解，还能为那些寻求有效利用 AI 技术的教育者和教育机构提供可借鉴的洞见。

对后续研究的建议

我们的研究为进一步探索和调查高等教育中的 AI 聊天机器人开辟了多条路径。在此，我们将介绍一些未来可能的研究方向，希望它们能扩展我们的研究发现，以及为学术界提供一些有价值的研究思路。

• 应对伦理影响

目前,对于 AI 融入教育所产生的伦理影响仍亟待研究,这些影响包括数据隐私、学生的知情同意、算法偏见和社会文化影响等。因此,研究者可扩大研究范围,探索教师与教学机构为落实 AI 在教育中的负责任的使用,在操作 AI 聊天机器人时以及在确保数据隐私与消除偏见方面合乎伦理的实践时所面临的挑战。

•AI 融入的长期影响

研究者可对 AI 融入教育的长期影响进行调查,从而了解 AI 聊天机器人的使用随着时间的流逝发生了怎样的改变,以及它对学生学习成果与教师教学实践的影响。此处建议采用研究法,该方法将有关结果的定量数据与有关使用者体验的定性见解相结合,能为研究者提供一个全面的视角。

• 机器人的文化差异

研究者可探讨各教学机构在挑选 AI 系统时,应如何考虑不同 AI 机器人数据库中存在的细微文化差别? 这项研究将为不同的 AI 机器人如何适应多样的文化背景提供宝贵见解,从而影响它们在教育环境中的有效性。

• ChatGPT 在大学其他部门的应用

在大学内部,ChatGPT 除教育用途之外,还有许多潜在应用领域有待开发,如客户服务或行政任务。研究者可以从提高工作效率、改善用户体验的角度出发,评估 AI 技术的融入带来的益处、挑战和影响。

• AI 机器人融入数字平台

包括培生教育(Pearson)在内的多家数字平台公司都在积极致力于将 AI 聊天机器人嵌入其平台。因此,一旦这些平台发布其融合了 AI 技术的新版本,探索此类融合为教与学带来的益处与挑战应极具研究价值。

- **对教师职责与事业发展的影响**

　　研究者可评估 AI 的融入对教师作用和职责造成的长期影响，并研究该长期影响对学术领域的职业发展与工作满意度起到的作用。这项研究可以为教师指明方向，帮助他们把握职业发展与职业调整中的潜在机会。

- **ChatGPT 等 AI 聊天机器人的协作功能**

　　对于 ChatGPT 和其他支持多人共享聊天内容的 AI 聊天机器人，研究者可探索其协作功能。具体来说，就是调查学生、教师和教育机构是如何将 ChatGPT 等 AI 机器人用于教育环境中的协作学习、知识共享以及集体解决问题的。

- **ChatGPT 等 AI 聊天机器人对语言学习的影响**

　　我们认为，研究者有必要调查 ChatGPT 和其他 AI 聊天机器人对语言学习的影响。考虑到这些机器人在翻译、总结、提高写作以及作为聊天伙伴等方面的用途，我们建议，研究者可以就它们对语言习得和语言水平的正面影响和负面影响展开进一步研究。

- **研究 AI 与人的人机交流界面**

　　我们特别感兴趣且觉得特别有意义的一个未来研究方向是，探索 AI 与技术（如 ChatGPT）融于教育的过程如何与海德格尔的技术理论与存在本质理论相一致。比如，对"人与聊天机器人的关系会如何影响学生的学习成果"的研究能够揭示出技术的"框定"倾向会在多大程度上影响到真正的人际交流和人的理解力。此外，正如特莱利等人（Tlili et al., 2023）以及费瑞纳和苏伊泽罗（Firaina & Sulisworo, 2023）所讨论的，用传播理论和符号互动理论研究受 AI 影响的人际互动，有助于我们深刻了解技术使人们对"交流"的认识发生了哪些改变。另外，使用媒介理论研究 AI 与教育的融合能使我们更深刻地理解，技术作为一种媒介形式是如何影响人际互动和信息获取的。最后，如翟小铭

（Zhai, 2022）所主张的，在这个教育由 AI 驱动的时代，用海德格尔有关"技术对人类存在的不利影响"的理论去解读教育中的优先事项，可以指导我们在加强学生技能与维护真实的人类体验之间保持平衡。这一未来的研究方向可能会帮助我们从技术与哲学的双重视角去全面理解 AI 融入教育所产生的影响。

通过对上述未来研究方向的探索，我们认为本研究领域能够更加全面地理解 AI 对教育的影响，制定出能充分利用 AI 潜力的策略，同时保障优质教育和"人本学习"（Human-Centric Learning）的核心价值。

反思与结语

本研究以 AI，尤其是 ChatGPT 等 AI 聊天机器人的影响为中心，为 AI 对教育机构、各行各业和社会所造成的普遍影响提供了有意义的深刻见解。如我们所见，AI 既是一件工具，也是一项具有变革性的要素，能够重塑传统学习环境、重新定义各方角色并且挑战既定规范。但我们的发现远超学术界的范围，触及到了有关 AI 广泛影响的全球对话。从工作岗位流失到重塑权力动态，我们研究了由 AI 快速发展所带来的种种挑战和机遇。此外，我们还概述了影响 AI 未来发展轨迹的几项关键考量因素，即优先治理、包容性决策、严格遵守伦理原则。本研究以克里斯坦森、布尔迪厄、马克思和海德格尔的理论为指导，剖析了 AI 的变革性潜力、对权力结构的影响以及所引发的关乎人类生存的深刻问题。在这些理论的武装下，我们得以应对 AI 高速发展的复杂局面，并为其他试图理解这些问题的同人提供了一个可用的理论框架。我们将大学视为讨论这些重要问题的关键角色，大学在塑造知识和推动创新方面起到的举足轻重的作用，使其成为负责任地使用和治理 AI 的领导者，有潜力引导 AI 朝促进集体利益、增强个人能力并提高社会福祉的方向发展。当所有人——学生、教育者、研究者、决策者乃至整个社会——都在努力应对这些变化时，我们应牢记本研究的关键信息：AI 不仅仅是一件可用的工具，更是一股不容忽视且需要我们理解、与之互动并且负责任引导的巨大力量。在放眼未来时，我们必须牢记人类才是 AI 叙事的作者，有能力确保 AI 技术被人类的共同价值观和期望所塑造。我们的研究之所以具有意义，是因为我们呼吁应采用一种意识与意图明确的方法来引导 AI 与教育的融合。这使我们得以展望并积极实现一个能促进公平、理解与共享繁荣的未来。本研究既是一个起点，也是一份指南，希望它能有助于我们在未来实现负责任的 AI 治理，并让 AI 有益地融入生活的方方面面。

附　录

附录 A　教师 AI 素养培训

基于本研究，以下是我们为教师 AI 素养培训提供的建议：

课程名称

促进教与学的 AI 素养

整体教学目标

课程结束时，学员将掌握有关"将 AI 聊天机器人有效融入教育环境"的全面知识与技能，从而实现有效的教与学。

课程形式

本课程将采取线上非同步授课的方式，教师可按照自己的进度灵活使用学习内容。课程资料会上传至大学的学习管理系统供教师们自主学习、思考与实践。为提升课程的参与度和互动性，与课程相关的线下研讨会将贯穿整个学期，聚焦于课程内容的各个方面。这些研讨会将为教师们提供提问、参与讨论和获得实时指导的机会。

课程描述

这门动态的沉浸式课程将引导教育者深入了解 AI 机器人技术及其对教育环境所产生的伦理影响。从基础概念到高级策略，教育者们将通过本课程的学习，纵览 AI 机器人世界为教

育领域带来的重大变革。课程参与者们将探索 AI 聊天机器人
重塑教育版图的各种方式，如个性化学习体验、高效行政支持
等。本课程还会深入探讨由 AI 融入教育所引发的一系列伦理
问题（如隐私、偏见和责任追溯）及其解决方案。通过本课程
的学习，教育者们将了解到 AI 在助益教学方法、提高学生参
与度、彻底改变评估策略等方面起到的关键作用。本课程旨在
引导教育者将 AI 聊天机器人无缝融入其教学实践，并同时确
保他们始终将使用 AI 工具所涉及的伦理因素放在首位。通过
学习课程的各个互动单元，参与者们将了解 AI 机器人的出现
与发展过程，它们在提高教学效率方面的潜力，AI 技术对教
育所产生的伦理影响，以及现实教学中涉及 AI 伦理挑战及其
解决方案的真实案例。在课程末尾，教育者们还将学习到各种
实用技能。通过这些技能的学习，他们能够推动 AI 有责任地
融入教学实践，设计出面向未来的课程，并利用 AI 工具进行
有效授课。

持久理解

本课程旨在利用 AI 聊天机器人为教育者赋能，内容包括
掌握 AI 聊天机器人的实际应用、伦理影响、调整教学实践以
适应被 AI 提升的教育领域。

基本问题

- 教育者如何才能在兼顾伦理考量的前提下，将 AI 聊天机
  器人有效地融入教学实践？
- 在教育中使用 AI 聊天机器人会产生哪些道德困境？教育
  者该如何应对？
- AI 聊天机器人可以通过哪些方式提高学生对学习过程的参
  与度、反馈和支持？

- AI 为教与学带来了哪些机遇和挑战，以及教育者该如何利用其潜力？
- 教育者应如何设计课程，才能让学生为一个被 AI 融入的未来做好准备并培养学生具备关键的 AI 素养？
- 教育者应采取哪些策略来应对被 AI 增强的评估方法，同时确保评估的公平性和透明度？
- 教育者应如何调整教学方法，才能创建出可以抵御 AI 影响的学习环境以满足学生的不同需求？
- 要将 AI 聊天机器人无缝融入教育环境，哪些工具、平台和最佳实践是必不可少的？
- 教育者将 AI 聊天机器人融入教学实践时，应考虑哪些关键的伦理原则？
- 教育者应如何促进包容性以及所有学生对 AI 聊天机器人的公平使用？
- 在被 AI 提升的教育领域，教育机构和行业之间存在哪些合作机会？

课程学习成果与目标能力

在课程结束时，教育者将能够：
- 将 AI 聊天机器人融入其教学方法，从而提高学生对学习过程的参与度、反馈和支持。
- 批判性地评估和应对由 AI 聊天机器人融入教育所引发的伦理挑战。
- 将 AI 聊天机器人用于个性化学习体验、高效完成行政任务与评估策略的创新。
- 创建 AI 强化课程，从而让学生为迎接一个由技术驱动的未来做好准备，并同时培养学生具备关键的 AI 素养。
- 调整教学方法，从而创建能抵御 AI 影响的学习环境来满足学生的不同需求。

- 实施能够抵御 AI 影响的评估策略，确保评估的公正性与透明度。
- 与行业展开协作，以便借助 AI 的融入提升教学实践。

课程内容

（1）第 1 单元　理解教育中的 AI 聊天机器人

- 概述教育环境中的 AI 聊天机器人
- 探索 AI 在促进教与学中的作用
- 界定教育者在采用 AI 技术时应尽的伦理义务

（2）第 2 单元　利用 AI 聊天机器人为教育引航

- AI 聊天机器人在教育中的出现与发展
- AI 在提高教学效率和学生参与度方面的潜力
- AI 聊天机器人融入教育过程中的挑战和机遇

（3）第 3 单元　将 AI 聊天机器人用于教育的伦理考量

- AI 融入中的伦理：隐私、偏见与问责
- 应对 AI 驱动下真实教育环境中的伦理困境
- AI 融入中的伦理挑战与解决方案

（4）第 4 单元　用 AI 聊天机器人提高学生参与度和学习水平

- 通过 AI 聊天机器人实现个性化学习体验
- 利用 AI 获得有效反馈与支持
- AI 提升学生参与度的伦理影响

（5）第 5 单元　为 AI 时代调整教学：策略与挑战

- 为与 AI 融合的未来设计课程
- 创建能抵御 AI 影响的学习环境
- AI 驱动型教学法的伦理因素

（6）第 6 单元　被 AI 增强的评估策略：公平与透明度

- 重新定义 AI 融合下的评估
- 以伦理诚信引领可抵御 AI 的评估策略

（7）第 7 单元　AI 增强型教育中的协作

- 为实现 AI 的有效融入，建立行业与教育者的伙伴关系
- 培养教育和行业的协作以通过 AI 提升教育实践

（8）第 8 单元　AI 伦理学：教育者的指导原则

- AI 融入中教育者应遵循的主要伦理原则
- 确保所有学生公平地使用 AI 聊天机器人

（9）第 9 单元　培养 AI 素养：让学生为 AI 驱动的未来做好准备

- 培养学生具备 AI 素养的关键技能
- 让学生能应对有关 AI 的伦理与技术问题

总之，这门 AI 素养课程将赋能教育者，使他们能够把 AI 聊天机器人无缝融入其教学方法。课程在强调 AI 使用伦理的同时，还为教师提供了在 AI 时代进行有效教学的基本技能以及培养学生的关键 AI 素养的方法。

附录 B　学生 AI 素养培训

基于本研究，以下是我们为学生 AI 素养培训提供的建议：

课程名称

促进学习的 AI 素养

整体教学目标

在本课程结束时，学生将能够掌握与 AI 有效互动的各种技能，评估 AI 的伦理影响，借助 AI 加强学习，以及批判性地评价 AI 的局限性。学生还能够把 AI 作为一件提高创造力和效率的工具善加利用，同时承认使用 AI 工具可能会导致他们跳过某些学习环节的情况发生并对该问题加以解决，从而在 AI

时代促进负责任的学习实践。

课程形式

本课程将采取线上非同步授课的方式，学生可按照自己的进度和时间安排灵活使用学习内容。课程资料会上传至大学的学习管理系统以供学生自主学习、思考与实践。

课程描述

本课程旨在发展学生使用 AI 的基本技能，使其能够有效地与 AI 互动，进行伦理评估以及通过各种 AI 策略全局性地加强学习。在本课程结束时，学生将会掌握以下能力：批判性评估 AI 的局限性，利用 AI 的潜力实现创造性与效率，确保负责任的学习实践以防利用 AI 走捷径的情况发生。通过灵活的在线学习，学生将探索 AI 在教育领域起到的变革性作用、AI 对学习策略的影响以及应对 AI 所造成的伦理问题——这些能力使他们能够在 AI 时代充分驾驭 AI 的力量，并同时推动有责任的学习实践。

持久理解

在 AI 时代，掌握 AI 素养不仅使学生具备了与 AI 互动、协作以及有效适应 AI 的各种技能，还使他们能够在这个高速发展的技术领域内强化学习策略，并同时防止他们在学习之旅中借助 AI 走捷径。

基本问题
- 掌握 AI 素养将如何赋能学生在不同环境中有效地与 AI 进行互动与协作？
- 哪些是学习者有效适应不断发展的 AI 环境并同时确保学

习诚信所必须掌握的特定技能？

- AI 素养如何能够强化学习策略以满足一个高速变化的技术环境的需求？
- AI 的存在会给学习带来哪些潜在的捷径？学习者该如何防范这些捷径？
- AI 素养在哪些方面有助于提升学习者为达成教育目的而进行批判性的评估和使用 AI 工具的能力？
- 学习者应如何在"利用 AI 的优势"与"维护学习体验的深度和质量"之间保持平衡？
- 在学习过程中，学习者与 AI 合作时应注意哪些伦理因素？
- 在一个由 AI 驱动的时代，AI 素养能够如何培养学习者的责任感和积极参与意识，从而影响教育的未来？
- 在学习过程中，学习者应采取哪些策略以有效驾驭不断发展的 AI 技术？

课程学习成果与目标能力

在本课程结束时，学生将能够：

- 确定和评估有效使用与适应 AI 所需的特殊技能，从而增进与 AI 的合作并能借助 AI 做出明智的决定。
- 评估在学习过程中使用 AI 的伦理影响，形成负责任地使用 AI 的意识，并对 AI 带来的潜在挑战有所了解。
- 掌握通过 AI 提升学习体验的各种策略，包括优化输入质量、输出效果和个性化互动。
- 批判性地评价与 AI 技术相关的局限性与挑战；承认可靠性与伦理考量因素的重要性。
- 将 AI 用作个人助理与导师，从而提升创造力、效率和知识习得能力。
- 确认使用 AI 可能会导致略过重要学习环节的各种情况，并制定能够避免此类情况发生的策略，从而在 AI 时代做到负责任地学习。

课程内容

（1）第 1 单元　开启 AI 聊天机器人之旅

- AI 聊天机器人概述
- AI 聊天机器人带来的挑战
- 课程目标与范围

（2）第 2 单元　AI 聊天机器人整体格局概览

- 聊天机器人的出现与发展
- AI 对就业市场的影响
- AI 对教育的影响

（3）第 3 单元　AI 的输入质量与输出效果

- 提升用户体验：语境在与 AI 互动中的作用
- 打造优质输入：最大化 AI 输出效果
- 迭代优化：通过用户学习提高与 AI 互动的质量
- 开发个人提示词库
- 调整与 AI 的互动以满足个人需求

（4）第 4 单元　应对 AI 的局限性与挑战

- 了解 AI 输出内容存在的问题
- 确保 AI 生成信息的可靠性
- AI 中的伦理考量因素
- 现有 AI 工具与系统的局限性

（5）第 5 单元　理解与 AI 互动的"真人感"

- 感受与真人对话类似的交流：与 AI 交流的动态性
- 解读 ChatGPT 的输出："观点"还是"预测"

（6）第 6 单元　作为个人助理与导师的 AI：提升用户体验

- 增加用户创意与效率
- 学术之外的各种功能与辅助
- 反馈、提升与知识传授

（7）第 7 单元　应对 AI 对学习和责任的影响
- 了解 AI 对学习的影响
- AI 时代避免绕开学习过程的策略
- AI 时代学习者的责任

综上所述，这门学生 AI 素养培训课程将帮助学生具备与 AI 有效互动、评价 AI 的伦理影响、强化学习策略以及应对 AI 时代各种潜在挑战的各种基本技能。

附录 C　学生 AI 素养课程

基于本研究，以下是我们为学生 AI 素养课程提供的建议：

课程名称

AI 聊天机器人入门

整体教学目标

在本课程结束时，学生不仅将全面掌握使用 AI 聊天机器人的各种基本技能，包括深刻理解其技术基础、关乎其发展的各种问题以及关于其社会影响的诸多挑战，还将具备在各种环境下调整并使用这些 AI 工具的能力。

课程形式

本课程将采用翻转学习法进行教学，为期一学期，线上与线下同步授课，同学可酌情选择上课方式。

课程描述

本课程的主要目标是让学生深入了解 AI 聊天机器人，并学习如何在不同环境中有效使用和应用此类 AI 工具。通过本课程的学习，学生将熟练掌握 AI 聊天机器人的相关知识和技能，既通晓其相关技术，又能对其进行策略性的使用。在课程中，学生将探索聊天机器人的基础知识，同时评估其对教育、工作和社会的影响。学生还将深入探讨 AI 对他们自己、其他人以及他们与学习、技术和社会的关系所产生的影响。此外，学生还会在兼顾道德考量的同时，探索能够切实提升其 AI 用户体验的各种方法。他们还将调查 AI 聊天机器人的局限性和挑战，以及它们在学习中所起到的作用。学生将讨论有关 AI 的伦理考量因素及其现实案例，从而为 AI 机器人的发展提供见解。此外，学生还将研究 AI 带来的威胁、AI 伦理准则，以及教育者、学校和大学在此背景下所应承担的责任。他们还将探索 AI 聊天机器人的未来发展趋势与创新，从而为面对这一不断变化的 AI 技术领域做好准备。本课程将偏重实际操作，并要求学生在课程结束时自行设定并训练一款能满足他们个人需求的 AI 聊天机器人。由此，学生将具备 AI 的认知、批判性思维、伦理考量和实际应用等方面的技能，从而能够更有效地应对 AI 世界的诸多挑战。

持久理解

本课程主要包括理解 AI 聊天机器人对人类、社会和伦理的影响，以及技术进步带来的各种广泛影响。

基本问题

- 哪些趋势会决定 AI 聊天机器人的发展及其对不同领域的影响？
- 如何与 AI 聊天机器人进行有效互动，并获得高质量回复？
- AI 聊天机器人的局限性会引发哪些伦理问题？我们该如何解决这些问题？

- AI 聊天机器人能在哪些方面模仿与真人交流高度类似的互动方式？什么使它们的输出内容只能是"预测"而非"观点"？
- AI 聊天机器人如何在不同情境下提高用户效率、获得用户支持以及改善用户想法？
- AI 会对学习产生什么影响？学习者在 AI 环境下该承担什么责任？
- 通用型和专用型 AI 聊天机器人各自的局限性与所适用的文化范围是什么？
- 在 AI 聊天机器人的发展过程中出现了哪些伦理挑战？现实世界的实例又为解决这些挑战提供了哪些启示？
- AI 聊天机器人会带来哪些威胁，以及为何伦理政策对管理这些机器人至关重要？
- 大学应如何负责任地促进 AI 聊天机器人的发展与伦理讨论？
- 哪些工具、平台和实践可用于发展 AI 聊天机器人？
- 在技术发展与技术融入方面，各种新兴趋势和技术会如何影响 AI 聊天机器人的未来？

课程学习成果与目标能力

在结束本课程的学习后，学生将能够：

- 制定各种策略来培养一种负责任的学习方法，从而适应 AI 技术带来的影响。
- 分析 AI 对个人、教育、社会、各行各业乃至全球格局的影响。
- 批判性地评价现实世界中的 AI 困境及其当前的应对之法。
- 利用各种工具和平台配置并培训一台能满足学生的特定需求的基础款 AI 机器人。
- 通过有效的互动策略、伦理考量和明智决策，展示学生对

AI 聊天机器人的熟练使用。

评价方式

（1）课前测试：各单元授课前进行（20%）

（2）活动参与：遍及课堂授课始终（40%）

- 点评一款 AI 检测工具（5%）
- 进行个人反思，讨论 ChatGPT 先被用作一款搜索引擎，而后用户对照一手资料对其生成内容进行事实核查的过程（5%）
- 撰写一篇反思型小论文，讨论基础学习的重要性、AI 可能对基础学习产生的负面影响以及如何避免此类影响（5%）
- 点评"可抵御 AI 影响的教与学流程图"（5%）
- 创建个人提示词库（5%）
- 撰写一份个人日志，记录 ChatGPT 如何被用于教育领域之外的其他任务（5%）
- 对比通用型与专用型 AI 聊天机器人，并对它们进行 SWOT 分析（5%）
- 参与有关"现实 AI 困境的伦理影响"的课堂辩论。辩题举例：是否应为了拯救更多人的性命，为自动驾驶汽车编入杀人程序？人脸识别软件是否应被用于追踪人们的行踪？（5%）

（3）期末表现任务：设定一款自用的 AI 聊天机器人（40%）

期末表现任务的目标为：对一款现有的 AI 聊天机器人进行个性化设置以满足你的特定需求。你将扮演一位 AI 爱好者的角色，对一款现有的 AI 聊天机器人进行改造，使它能够为你工作。通过调整这款机器人的互动、回复等功能，你将展示出自己有效调试 AI 技术的能力。该任务包含了本课程的各个关键概念，并为你提供了一个将所学知识用于实际场景的操作机会。你最终将创建出一款符合你兴趣和要求的个性化 AI 助理。该任务的评价标准如下：

• 功能与定制

设定完成的 AI 聊天机器人应展示出对所选情境或背景的明确了解。它所做出的互动与回复应具备相关性并符合该情境的特定需求。此外，该聊天机器人还应具备有效处理用户输入信息并对此做出恰当回复的能力。

• 精通各工具与平台

学生应借助各种工具与平台有效设定个人的聊天机器人。学生能使用相关技术调试并将这些技术融入聊天机器人的能力，就是他们技术熟练度的证明。

• 设计决策的依据

学生应能够明确解释他们在设定聊天机器人时所做的各种设计决策，并证明他们基于场景需求而选定的聊天机器人的功能、回复与互动是合理的。

• 考虑用户体验

学生设计出的聊天机器人应为用户提供一种友好且顺畅的互动体验，包括能有效回复用户咨询、保持所做回复符合上下文、为用户提供适当的帮助等。

• 伦理考量

学生应设法解决聊天机器人在互动和回复中可能出现的伦理问题，各种保障措施应准备到位，以防聊天机器人提供任何有误导性的、有害的或有偏见的信息。

• 调整与未来改进

学生应讨论今后能对聊天机器人所做的进一步的改进或调整，并能根据潜在的用户反馈或不断变化的需求，为优化聊天机器人的功能提出建议。

• 记录与解释

学生应清晰记录他们对聊天机器人的设定过程，包括所用工具、安装步骤等，并对其聊天机器人的功能、目的和预期用户体验进行详细解释。

课程内容

（1）第 1 单元　开启 AI 聊天机器人之旅

- AI 聊天机器人概述
- AI 聊天机器人带来的挑战
- 本课程将如何帮助你掌握 AI 聊天机器人

（2）第 2 单元　AI 聊天机器人领域导航

- 聊天机器人的出现与发展
- AI 对就业市场的影响
- AI 对教育的影响

（3）第 3 单元　AI 会如何影响我

- 了解 AI 影响个人的方式
- AI 与我：权力动态、社会结构与文化影响
- AI 与我自己：探索我与 AI 的关系

（4）第 4 单元　AI 的输入质量与输出效果

- 提高用户体验：语境在与 AI 互动中的作用
- 准备优质输入：最大化 AI 输出的效果
- 迭代优化：通过用户学习提高与 AI 的互动

（5）第 5 单元　开发个人提示词库

- 调整与 AI 的互动以满足个人需求

（6）第 6 单元　应对 AI 的局限性与挑战

- 了解 AI 输出内容存在的问题
- 确保 AI 生成信息的可靠性
- AI 中的伦理考量因素
- 现有 AI 工具与系统的局限性

（7）第 7 单元　理解与 AI 互动的"真人感"

- 感受与真人对话类似的交流：与 AI 交流的动态性

- 设定和训练一款基础型 AI 聊天机器人
- 机器人设定中的最佳实践、选项定制与故障排除

（15）第 15-16 单元　对个人化机器人的口头陈述与评论

　　总之，本门 AI 素养课程将赋能学生精通 AI 聊天机器人的使用，包括掌握技术、解决挑战以及探索伦理问题。借助实用技能与批判性思维，学生将能够熟练调整 AI 聊天机器人，了解其社会影响，并在教育和其他领域驾驭它。

参考文献

Abdul, G. (2023, May 30). Risk of extinction by AI should be global priority, say experts. The Guardian. https://www.theguardian.com/technology/2023/may/30/riskof-extinction-by-ai-should-be-global-priority-say-tech-experts.

Aceves, P. (2023, May 29). 'I do not think ethical surveillance can exist': Rumman Chowdhury on accountability in AI. The Guardian. https://www.theguardian.com/technology/2023/may/29/rumman-chowdhury-interview-artificial-intelligenceaccountability

Adamopoulou, E., & Moussiades, L. (2020). An overview of chatbot technology. In IFIP advances in information and communication technology (Vol. 584). https://doi.org/10.1007/978-3-030-49186-4_31

Alshater, M. M. (2022). Exploring the role of artificial intelligence in enhancing academic performance: A case study of ChatGPT. https://ssrn.com/abstract=4312358

Althusser, L. (1971). Lenin and philosophy, and other essays. New Left Books.

Anyoha, R. (2017, August 28). Science in the news [Harvard University Graduate School of Arts and Sciences]. The History of Artificial Intelligence. https://sitn.hms.harvard.edu/flash/2017/history-artificial-intelligence/

Armstrong, P. (n.d.). Bloom's taxonomy. Vanderbilt Center for Teaching. https://cft.vanderbilt.edu/guides-sub-pages/blooms-taxonomy/

Baker, T., & Smith, L. (2019). Educ-AI-tion rebooted? Exploring the future of artificial intelligence in schools and colleges. Nesta. https://media.nesta.org.uk/documents/Future_of_AI_and_education_v5_WEB.pdf

Bellan, R. (2023, March 14). Microsoft lays off an ethical AI team as it doubles down on OpenAI. TechCrunch. https://techcrunch.com/2023/03/13/microsoft-lays-off-anethical-ai-team-as-it-doubles-down-on-openai/

Bensinger, G. (2023, February 21). ChatGPT launches boom in AI-written e-books on Amazon. Reuters. https://www.reuters.com/technology/chatgpt-launches-boom-aiwritten-e-books-amazon-2023-02-21/

Bhuiyan, J. (2023, May 16). OpenAI CEO calls for laws to mitigate 'risks of increasingly powerful' AI. The Guardian. https://www.theguardian.com/technology/2023/may/16/ceo-openai-chatgpt-ai-tech-regulations

Bida, A. (2018). Heidegger and "Dwelling". In Mapping home in contemporary narratives. Geocriticism and spatial literary studies. Palgrave Macmillan.

Bloom, B., Engelhart, M., Furst, E., Hill, W., & Krathwohl, D. (1956). Taxonomy of educational objectives: The classification of educational goals. Handbook 1. Cognitive domain. David McKay Company.

Blueprint for an AI Bill of Rights. (n.d.). The White House. https://www.white house.gov/ostp/ai-bill-of-rights/

Bourdieu, P. (1978). The linguistic market; a talk given at the University of Geneva in December 1978. In Sociology in question (p. 83). Sage.

Bourdieu, P. (1982). Les rites d'institution, Actes de la recherche en sciences sociales. In J. Richardson (Ed.), Handbook of theory of research for the sociology of education (pp. 58–63). Greenwood Press.

Bourdieu, P. (1986). The forms of capital. In J. Richardson (Ed.), Handbook of theory of research for the sociology of education (pp. 241–258). Greenwood Press.

Braun, V., & Clarke, V. (2006). Using thematic analysis in psychology. Qualitative Research in Psychology, 3(2), 77–101.

Brockman, G., & Sutskever, I. (2015, December 11). Introducing OpenAI. OpenAI. https://openai.com/blog/introducing-openai

Brown-Siebenaler, K. (2023, March 28). Will ChatGPT AI revolutionize engineering and product development? Here's what to know. PTC. https://www.ptc.com/en/blogs/cad/will-chatgpt-ai-revolutionize-engineering-and-product-development

Cassens Weiss, D. (2023, March 16). Latest version of ChatGPT aces bar exam with score nearing 90th percentile. ABA Journal. https://www.abajournal.com/web/article/latest-version-of-chatgpt-aces-the-bar-exam-with-score-in-90th-percentile

Christensen, C. (1997). The innovator's dilemma: When new technologies cause great firms to fail. Harvard Business School Press.

Christensen, C., Hall, T., Dillon, K., & Duncan, D. S. (2016). Competing against luck: The story of innovation and customer choice. HarperCollins.

Cresswell, J. W., & Poth, C. N. (2016). Qualitative inquiry and research design: Choosing among five approaches. Sage Publications.

D'Agostino, S. (2023, May 19). Colleges race to hire and build amid AI 'Gold Rush'. Inside Higher Ed, Online.

Elster, J. (1986). An introduction to Karl Marx. Cambridge University Press.

EU AI Act: First regulation on artificial intelligence. (2023, June 8). European Parliament News. https://www.europarl.europa.eu/news/en/headlines/society/20230601STO93804/eu-ai-act-first-regulation-on-artificial-intelligence

Fauzi, F., Tuhuteru, L., Sampe, F., Ausat, A., & Hatta, H. (2023). Analysing the role of ChatGPT in improving student productivity in higher education. Journal of

Education, 5(4), 14886–14891. https://doi.org/10.31004/joe.v5i4.2563

Felten, E., Manav, R., & Seamans, R. (2023). How will language modelers like ChatGPT affect occupations and industries? ArXiv. General Economics, 1–33. https://doi.org/10.48550/arXiv.2303.01157

Firaina, R., & Sulisworo, D. (2023). Exploring the usage of ChatGPT in higher education: Frequency and impact on productivity. Buletin Edukasi Indonesia (BEI), 2(1), 39–46. https://journal.iistr.org/index.php/BEI/article/view/310/214

Forefront AI. (n.d.). Forefront AI chat. https://chat.forefront.ai/

Fowler, G. (2023, March 16). How will ChatGPT affect jobs? Forbes. https://www.forbes.com/sites/forbesbusinessdevelopmentcouncil/2023/03/16/how-willchatgpt-affect-jobs/?sh57fc6d501638b

Gagne's 9 events of instruction. (2016). University of Florida Center for Instructional Technology and Training. http://citt.ufl.edu/tools/gagnes-9-events-of-instruction/

Gates, B. (2023, March 24). Bill Gates: AI is most important technological advance in decades – But we must ensure it is used for good. Independent. https://www.independent.co.uk/tech/bill-gates-ai-artificial-intelligence-b2307299.html

Girdher, J. L. (2019). What is the lived experience of advanced nurse practitioners of managing risk and patient safety in acute settings? A phenomenological perspective. University of the West of England. https://uwe-repository.worktribe.com/output/1491308

Global education monitoring report 2023: Technology in education - A tool on whose terms? (p. 435). (2023). UNESCO.

Gollub, J., Bertenthal, M., Labov, J., & Curtis, P. (2002). Learning and understanding: Improving advanced study of mathematics and science in U.S. high schools (pp.1–564). National Research Council. https://www.nap.edu/read/10129/chapter/1

Griffin, A. (2023, May 12). ChatGPT creators try to use artificial intelligence to explain itself – and come across major problems. The Independent. https://www.independent.co.uk/tech/chatgpt-website-openai-artificial-intelligenceb2337503.html

Grove, J. (2023, March 16). The ChatGPT revolution of academic research has begun. Times Higher Education.

Hammersley, M., & Atkinson, P. (1995). Ethnography: Principles in practice (p. 16). Routledge.

Hao, K. (2020, September 23). OpenAI is giving Microsoft exclusive access to its GPT-3 language model. MIT Technology Review. https://www.

technologyreview.com/2020/09/23/1008729/openai-is-giving-microsoft-exclusive-access-to-its-gpt-3-language-model/

Harari, Y. N. (2018). 21 lessons for the 21st century. Vintage.

Harreis, H. (2023, March 8). Generative AI: Unlocking the future of fashion. McKinsey & Company. https://www.mckinsey.com/industries/retail/our-insights/generativeai-unlocking-the-future-of-fashion

Higher education that works (pp. 1–8). (2023). University of South Florida.

Hinsliff, G. (2023, May 4). If bosses fail to check AI's onward march, their own jobs will soon be written out of the script. The Guardian. https://www.theguardian.com/commentisfree/2023/may/04/ai-jobs-script-machines-work-fun

How will ChatGPT & AI impact the financial industry? (2023, March 6). FIN. https://www.dfinsolutions.com/knowledge-hub/thought-leadership/knowledge-resources/the-impact-of-chatgpt-in-corporate-finance-marketplace

How do I cite generative AI in MLA style? (n.d.). MLA Style Center. https://style.mla.org/citing-generative-ai/

Hunt, F. A. (2022, October 19). The future of AI in the justice system. LSJ Media. https://lsj.com.au/articles/the-future-of-ai-in-the-justice-system/

Inwood, M. (2019). Heidegger: A very short introduction (2nd Ed.). Oxford University Press.

Jackson, F. (2023, April 13). "ChatGPT does 80% of my job": Meet the workers using AI bots to take on multiple full-time jobs - and their employers have NO idea. MailOnline. https://www.dailymail.co.uk/sciencetech/article-11967947/Meetworkers-using-ChatGPT-multiple-time-jobs-employers-NO-idea.html

Jiminez, K. (2023, April 13). Professors are using ChatGPT detector tools to accuse students of cheating. But what if the software is wrong? USA Today. https://www.usatoday.com/story/news/education/2023/04/12/how-ai-detection-toolspawned-false-cheating-case-uc-davis/11600777002/

Johnson, A. (2022, December 12). Here's what to know about OpenAI's ChatGPT—What it's disrupting and how to use it. Forbes. https://www.forbes.com/sites/ariannajohnson/2022/12/07/heres-what-to-know-about-openais-chatgptwhat-its-disrupting-and-how-to-use-it/?sh=7a5922132643

Kahneman, D. (2011). Thinking, fast and slow. Random House.

Karp, P. (2023, February 6). MP tells Australia's parliament AI could be used for 'mass destruction' in speech part-written by ChatGPT. The Guardian. https://www.theguardian.com/australia-news/2023/feb/06/labor-mp-julian-hill-australiaparliament-speech-ai-part-written-by-chatgpt

Klee, M. (2023, June 6). She was falsely accused of cheating with AI — and she won't be the last. [Magazine]. Rolling Stone. https://www.rollingstone.com/culture/culture-features/student-accused-ai-cheating-turnitin-1234747351/

Klein, A. (2023, July 25). Welcome to the 'Walled Garden.' Is this education's solution to AI's pitfalls? Education Week. https://www.edweek.org/technology/welcome-tothe-walled-garden-is-this-educations-solution-to-ais-pitfalls/2023/07?fbclid=IwAR2Wgk8e8Ex5niBsy6npZLnO77W4EuUycrkTpyH0GCHQghBSFla2DKhzoNA

Liberatore, S., & Smith, J. (2023, March 30). Silicon valley's AI civil war: Elon Musk and Apple's Steve Wozniak say it could signal "catastrophe" for humanity. So why do Bill Gates and Google think it's the future? Daily Mail. https://www.dailymail.co.uk/sciencetech/article-11916917/The-worlds-greatest-minds-going-war-AI.html

Marcus, G., & Davis, E. (2019). Rebooting AI: Building artificial intelligence we can trust. Pantheon Books.

Martinez, P. (2023, March 31). How ChatGPT is transforming the PR game. Newsweek. https://www.newsweek.com/how-chatgpt-transforming-pr-game-1791555

Maslej, N., Fattorini, L., Brynjolfsson, E., Etchemendy, J., Ligett, K., Lyons, T., Manyika, J., Ngo, H., Niebles, J. C., Parli, V., Shoham, Y., Wald, R., Clark, J., & Perrault, R. (2023). The AI Index 2023 Annual Report (AI Index, p. 386). Institute for Human-Centered AI. https://aiindex.stanford.edu/wp-content/uploads/2023/04/HAI_AI-Index-Report_2023.pdf

McAdoo, T. (2023, April 7). How to cite ChatGPT. APA Style. https://apastyle.apa.org/blog/how-to-cite-chatgpt

McLean, S. (2023, April 28). The environmental impact of ChatGPT: A call for sustainable practices in AI development. Earth.org. https://earth.org/environmentalimpact-chatgpt/

McTighe, J., & Wiggins, G. (2013). Essential questions: Opening doors to student understanding. Association for Supervision and Curriculum Development.

M´esz´aros, I. (2005). Marx's theory of alienation. Merlin.

Mhlanga, D. (2023). Open AI in education, the responsible and ethical use of ChatGPT towards lifelong learning. https://papers.ssrn.com/sol3/papers.cfm?abstract_id=4354422

Milmo, D. (2023a, February 3). Google poised to release chatbot technology after ChatGPT success. The Guardian. https://www.theguardian.com/technology/2023/feb/03/google-poised-to-release-chatbot-technology-after-chatgpt-success

Milmo, D. (2023b, April 17). Google chief warns AI could be harmful if deployed wrongly. The Guardian. https://www.theguardian.com/technology/2023/apr/17/google-chief-ai-harmful-sundar-pichai

Milmo, D. (2023c, May 4). UK competition watchdog launches review of AI market. The Guardian. https://www.theguardian.com/technology/2023/may/04/ukcompetition-watchdog-launches-review-ai-market-artificial-intelligence

Milmo, D. (2023d, May 20). UK schools 'bewildered' by AI and do not trust tech firms, headteachers say. The Guardian. https://www.theguardian.com/technology/2023/may/20/uk-schools-bewildered-by-ai-and-do-not-trust-tech-firms-headteachers-say

Milmo, D. (2023e, July 11). AI revolution puts skilled jobs at highest risk, OECD says. The Guardian. https://www.theguardian.com/technology/2023/jul/11/airevolution-puts-skilled-jobs-at-highest-risk-oecd-says

Milmo, D. (2023f, July 26). Google, Microsoft, OpenAI and startup form body to regulate AI development. The Guardian. https://www.theguardian.com/technology/2023/jul/26/google-microsoft-openai-anthropic-ai-frontier-model-forum

Mok, A., & Zinkula, J. (2023, April 9). ChatGPT may be coming for our jobs. Here are the 10 roles that AI is most likely to replace. Business Insider. https://www.businessinsider.com/chatgpt-jobs-at-risk-replacement-artificial-intelligence-ai-labor-trends-2023-02

Moran, C. (2023, April 6). ChatGPT is making up fake Guardian articles. Here's how we're responding. The Guardian. https://www.theguardian.com/commentisfree/2023/apr/06/ai-chatgpt-guardian-technology-risks-fake-article

Nelson, N. (2001). Writing to Learn. Studies in Writing. In P. Tynj¨al¨a, L. Mason, & K. Lonka (Eds.), Writing as a learning tool (Vol. 7). Springer. https://doi.org/10.1007/978-94-010-0740-5_3

Neumann, M., Rauschenberger, M., & Sch¨on, E.-M. (2023). We need to talk about ChatGPT: The fFuture of AI and higher education [Education]. Hochschule Hannover. https://doi.org/10.25968/opus-2467

O'Flaherty, K. (2023, April 9). Cybercrime: Be careful what you tell your chatbot helper. . .. The Guardian. https://www.theguardian.com/technology/2023/apr/09/cybercrime-chatbot-privacy-security-helper-chatgpt-google-bard-microsoft-bingchat

Paleja, A. (2023a, January 6). In a world first, AI lawyer will help defend a real case in the US. Interesting Engineering.

Paleja, A. (2023b, January 30). Gmail creator says ChatGPT-like AI will destroy

Google's business in two years. Interesting Engineering.

Paleja, A. (2023c, April 4). ChatGPT ban: Will other countries follow Italy's lead? Interesting Engineering.

Patton, M. (2002). Qualitative research and evaluation methods (3rd Ed.). SAGE Publications.

Pause Giant AI experiments: An open letter. (2023, March 22). Future of Life Institute. https://futureoflife.org/open-letter/pause-giant-ai-experiments/

Ramponi, M. (2022, December 23). How ChatGPT actually works. AssemblyAI. https://www.assemblyai.com/blog/how-chatgpt-actually-works/

Ray, S. (2023, May 25). ChatGPT could leave Europe, OpenAI CEO warns, days after urging U.S. Congress for AI Regulations. Forbes. https://www.forbes.com/sites/siladityaray/2023/05/25/chatgpt-could-leave-europe-openai-ceo-warns-daysafter-urging-us-congress-for-ai-regulations/?sh=83384862ed85

Rethinking classroom assessment with purpose in mind: Assessment for learning; Assessment as learning; Assessment of learning. (2006). Manitoba Education, Citizen and Youth. https://open.alberta.ca/publications/rethinking-classroom-assessment-with-purpose-in-mind

Robertson, A. (2023, April 28). ChatGPT returns to Italy after ban. The Verge. https://www.theverge.com/2023/4/28/23702883/chatgpt-italy-ban-lifted-gpdp-dataprotection-age-verification

Rudolph, J., Tan, S., & Tan, S. (2023). ChatGPT: Bullshit spewer or the end of traditional assessments in higher education? Journal of Applied Learning and Teaching, 6(1), 1–22. https://doi.org/10.37074/jalt.2023.6.1.9

Russell, S. (2019). Human compatible: Artificial intelligence and the problem of control. Viking.

Sabarwal, H. (2023, April 18). Elon Musk to launch his AI platform "TruthGPT". WION. https://www.wionews.com/technology/elon-musk-to-launch-his-aiplatform-truthgpt-583583

S¸ahin, M., & Fell Kurban, C. (2019). The New University model: Flipped, adaptive, digital and active learning (FADAL) - A future perspective. FL Global Publishing.

S´anchez-Adame, L. M., Mendoza, S., Urquiza, J., Rodr´ıguez, J., & Meneses-Viveros, A. (2021). Towards a set of heuristics for rvaluating chatbots. IEEE Latin America Transactions, 19(12), 2037–2045. https://doi.org/10.1109/TLA.2021.9480145

Sankaran, V. (2023, July 19). Meta unveils its ChatGPT rival llama. Independent. https://www.independent.co.uk/tech/meta-llama-chatgpt-ai-rival-b2377802.html

Schamus, J. (2023, May 5). Hollywood thinks it can divide and conquer the writers' strike. It won't work. The Guardian. https://www.theguardian.com/commentisfree/2023/may/05/hollywood-writers-strike-james-schamus

Sharma, S. (2023, May 24). AI could surpass humanity in next 10 years – OpenAI calls for guardrails. Interesting Engineering.

Shum, H., He, X., & Li, D. (2018). From Eliza to XiaoIce: Challenges and opportunities with social chatbots. Frontiers of Information Technology & Electronic Engineering, 19(1), 10–26.

Smith, J. (2023, March 29). "It's a dangerous race that no one can predict or control": Elon Musk, Apple co-founder Steve Wozniak and 1,000 other tech leaders call for pause on AI development which poses a "profound risk to society and humanity". Daily Mail. https://www.dailymail.co.uk/news/article-11914149/Musk-expertsurge-pause-training-AI-systems-outperform-GPT-4.html

Stacey, K., & Mason, R. (2023, May 26). Rishi Sunak races to tighten rules for AI amid fears of existential risk. The Guardian. https://www.theguardian.com/technology/2023/may/26/rishi-sunak-races-to-tighten-rules-for-ai-amid-fears-ofexistential-risk

Stake, R. E. (1995). The art of case study research. SAGE.

Stern, J. (2023, April 4). AI is running circles around robotics. The Atlantic. https://www.theatlantic.com/technology/archive/2023/04/ai-robotics-research-engineering/673608/

Sullivan, M., Kelly, A., & McLaughlan, P. (2023). ChatGPT in higher education: Considerations for academic integrity and student learning. Journal of Applied Learning and Teaching, 6(1), 1–10. https://doi.org/10.37074/jalt.2023.6.1.17

Tamim, B. (2023, March 30). GPT-5 expected this year, could make ChatGPT indistinguishable from a human. Interesting Engineering.

Tarantola, A. (2023, January 26). BuzzFeed is the latest publisher to embrace AI-generated content. Engadget.

Taylor, J., & Hern, A. (2023, May 2). 'Godfather of AI' Geoffrey Hinton quits Google and warns over dangers of misinformation. The Guardian. https://www.theguardian.com/technology/2023/may/02/geoffrey-hinton-godfather-of-ai-quits-googlewarns-dangers-of-machine-learning

Tegmark, M. (2017). Life 3.0: Being human in the age of artificial intelligence. Penguin.

Thurmond, V. A. (2001). The point of triangulation. Journal of Nursing Scholarship, 33(3), 253–258. https://doi.org/10.1111/j.1547-5069.2001.00253.x

Tilley, C. (2023, May 16). Now even the World Health Organization warns against artificial intelligence - Says it's "imperative" we pump the brakes. Daily Mail. https://www.dailymail.co.uk/health/article-12090715/Now-World-Health-Organization-warns-against-artificial-intelligence.html

Tlili, A., Shehata, B., Agyemang Adarkwah, M., Bozkurt, A., Hickey, D. T., Huang, R., & Agyeman, B. (2023). What if the devil is my guardian angel: ChatGPT as a case study of using chatbots in education. Smart Learning Environments, 1–24. https://doi.org/10.1186/s40561-023-00237-x

Tonkin, S. (2023, March 31). Could YOU make $335,000 using ChatGPT? Newly-created jobs amid the rise of the AI bot have HUGE salaries (and you don't even need a degree!). MailOnline. https://www.dailymail.co.uk/sciencetech/article-11924083/Could-make-335-000-using-ChatGPT.html

Tyson, L. (2023). Critical theory today A user-friendly guide (4th Ed.). Routledge.

Vincent, J. (2022, December 8). ChatGPT proves AI is finally mainstream—and things are only going to get weirder. The Verge. https://www.theverge.com/2022/12/8/23499728/ai-capability-accessibility-chatgpt-stable-diffusion-commercialization

Waugh, R. (2023, March 14). ChatGPT 2.0: Creator of AI bot that took world by storm launches even more powerful version called "GPT4"—and admits it's so advanced it could "harm society". MailOnline. https://www.dailymail.co.uk/sciencetech/article-11860115/ChatGPT-2-0-Creator-AI-bot-took-world-stormlaunches-powerful-version.html

Webb, J., Schirato, T., & Danaher, G. (2002). Understanding bourdieu. SAGE.

White, J. (2023). Prompt engineering for ChatGPT (MOOC). Coursera. https://www.coursera.org/learn/prompt-engineering

Wiggins, G., & McTighe, J. (1998). Understanding by design (2nd Ed.). ASCD.

Williams, T. (2023, August 9). AI text detectors aren't working. Is regulation the answer? Times Higher Education.

Williams, T., & Grove, J. (2023, May 15). Five ways AI has already changed higher education. Times Higher Education.

Yin, R. K. (1984). Case study research: Design and methods (1st Ed.). SAGE.

Yin, R. K. (1994). Case study research design and methods (2nd Ed.). SAGE.

Yin, R. K. (2011). Applications of case study research. Sage.

Zhai, X. (2022). ChatGPT user experience: Implications for education. [Education] https://ssrn.com/abstract=4312418